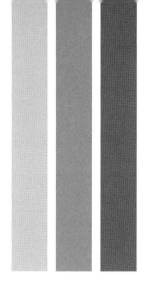

女性に対する暴力

被害者学的視点から

秋山千明

尚学社

は し が き

　本書は，総論（第1章，2章）と各論（第3章，4章，5章），そして，結論（第6章）から構成されています。総論では，被害者学的観点から，歴史的にみて，女性が男性優位社会において，性支配と階級支配の下に置かれてきたこと，すなわち，そこで形成されたジェンダーバイアスが，女性に対する暴力を生む要因ではないかという問題提起を試みていますが，これは，筆者が常磐大学大学院へ進学し，筆者の修士論文「ストーカー被害とその対策──大学生のアンケート調査からの一考察」の研究中に国連の『女性に対する暴力防止法立法ハンドブック』を手にし，女性に対する暴力は許すことのできない大きな問題であると思ったのがきっかけでした。その後，女性学やジェンダー関係の本を読みあさりました。

　そんな中，国連の特別報告者であるクマラスワミ報告書が何冊もあるのを知り，世界ではいろんな形での女性に対する暴力があることを再認識し，研究してみようと考えました。

　まずは，これまでの国連での調査研究の動向を調べ，1975年に国連で「女子に対するあらゆる形態の差別の撤廃に関する条約（女性差別撤廃条約）」を採択し，1985年には，「西暦2000年に向けての女性の地位向上のためのナイロビ将来戦略」が採択されたことが分かりました。そして，そこでは，私的領域での女性への暴力など女性の人権侵害が問題となっていることを発見しました。1995年には，日本から多くの女性が参加した「北京宣言と行動綱領」が採択されています。

　次いで，日本国内での動向を調べました。日本政府は，1985年「女性差別撤廃条約」を批准しています。そして，1999年には，男女共同参画社会の形成についての基本理念を明らかにしてその方向性を示し，将来に向かって国，地方共同団体及び国民の男女共同参画社会の形成に関する取り組みを総合的かつ計画的に推進するため，男女共同参画社会基本法が制定されています。さらに，2015年には，第4次男女共同参画基本計画の第7分野「女性に対するあらゆる

暴力の根絶」の項目において，女性に対するあらゆる暴力の根絶に向けた施策を総合的に推進することとした，基本的な考え方をまとめていることが分かり，本書では，これらの動向を年代を追って説明しました。

その後，この分野に関する研究者や実務家の先行研究を調べてみました。本書は，それらの研究成果を検証しながらまとめ，諸外国の研究をも参照しながら論述を進めています。各論では，主に，我が国での女性に対する暴力として犯罪化されている強制性交等罪等の性暴力犯罪（本書では刑法改正前の文献に関しては「強姦罪」という罪名をそのまま使用している），配偶者からの暴力（DV），ストーカー犯罪について論じています。

性暴力犯罪については，被害者の年齢，加害者と被害者の関係性，暴力の行使やその脅迫の態様，複数の加害者による犯行であるかどうか，攻撃により被害者が被った重大な身体的・心理的結果等を勘案して，刑を加重すべきであることを強調しています。被害者の同意のない性被害は，すべて性暴力犯罪であるとするのが筆者の立場です。

配偶者等からの暴力については，筆者は，DVとは，女性差別社会を背景に，私的領域における親密な関係で起きる女性に対する暴力であるとする基本的立場を貫き，DVは，女性の人権侵害であるとする考えを展開しました。

ストーカー犯罪については，ストーカー規制法制定後も，殺人事件などの凶悪な事件が後を絶たないことから，事件からみた問題点について論じ，ストーカー被害者対策についての検討会や，関係省庁のストーカー対策，犯罪被害者の匿名化，社会保障制度における被害者情報の保護，再被害をなくすための加害者に関する取組等について考察しました。

これらの課題の分析・考察の過程において，既にアメリカには，女性に対する暴力防止法があることを知り，我が国にも，女性に対する暴力を根絶するために，女性に対する暴力についての包括的な法律の立法の必要性を痛感し，女性に対する差別を撲滅するために，女性に対する暴力防止法の立法化の必要性を提案し，基本法としての「女性対する暴力防止法（仮称）」の骨子を挙げています。

最後になりましたが，中央大学法学部，常磐大学大学院修士課程，博士課程を通じての指導教授である中央大学名誉教授の藤本哲也先生には，刑事政策や犯罪学的なものの考え方など，丁寧な中にも厳しく指導をしていただきました。

また，藤本先生からは，保護司になってみないかと勧められ，推薦していただき，保護司としての実践の中で，更生保護の重要性についても身をもって学んでいます。

　また，常磐大学大学院在学中から，常磐大学元学長である諸澤英道先生からは，被害者学の基本となる「被害者の権利」や「被害者のための正義」に向けての国連の取組み等をご教授いただきました。お二人の先生方に対して衷心より感謝の意を表したいと思います。

　また，成城大学の指宿信先生には，本書を出版するにあたり，私の研究テーマに見合う出版社であるとして，尚学社を紹介していただき，今日ここに出版の運びとなったことを感謝いたします。

　また，今回の出版にあたっては，尚学社の苧野圭太氏に数々のアドバイスとご助力をいただきました。記して感謝の意を表します。

2018年12月　　秋 山 千 明

目　　次

はしがき　　i

第1章　女性に対する暴力 3

第1節　本書の目的 3
第1項　女性に対する暴力の定義　　6
第2項　性暴力犯罪の定義　　8
第3項　DV犯罪の定義　　9
第4項　ストーカー犯罪の定義　　9

第2節　女性に対する暴力――国連の取組み 10
第1項　1979年女性差別撤廃条約まで　　10
第2項　差別撤廃条約から選択議定書まで　　13
第3項　ニューヨーク国連特別会議以降　　18

第3節　女性に対する暴力――我が国の取組み 23
第1項　日本国憲法制定から1974年まで　　23
第2項　国際婦人年から1990年まで　　25
第3項　男女共同参画社会基本法制定まで　　26
第4項　男女共同参画基本計画　　33

第4節　女性に対する暴力の原因論の構造 41
第1項　巨視的社会原因論　　42
第2項　社会文化的原因論　　45
第3項　生物学的原因論　　48
第4項　進化心理学的原因論　　51
第5項　被害者・加害者相互関係原因論　　54
第6項　複合的原因論　　56

第5節　小括 58

第2章　先行研究の概観 69

第1節　クマラスワミ報告書の概要 69

第2節　女性に対する暴力に関する調査の概要 76

第3節　女性に対する暴力の学術研究 84

第4節	小括	95

第3章 性暴力犯罪 99

第1節 性暴力犯罪の定義 100

第2節 性暴力犯罪の実態 101

第3節 我が国の現行刑法における性暴力犯罪としての強姦罪と強制わいせつ罪 106

第1項 強姦・強制わいせつ罪の規定の見直し等について 106

第2項 強姦罪と強制わいせつ罪の保護法益 110

第3項 抵抗要件としての「暴行と脅迫」 112

第4項 強姦罪のジェンダー中立化 115

第5項 強姦罪と強制わいせつ罪の非親告罪化の是非 117

第6項 不同意と挙証責任の転換 120

第7項 夫婦間強姦 124

第4節 小括 126

第4章 配偶者等からの暴力 135

第1節 諸外国におけるDVの動向 136

第1項 アメリカの動向 136

第2項 フランスの動向 139

第3項 スウェーデンの動向 141

第2節 我が国におけるDVの動向 143

第3節 我が国のDV防止法の立法に至る経緯 143

第4節 DV防止法の内容 146

第1項 DV防止法の概要 146

第2項 DV防止法制定の意義に関する諸見解 151

第5節 DVの実態 153

第1項 被害調査 153

第2項 DVの背景事情 159

第3項 配偶者暴力の種類 162

第4項 DV暴力のサイクル 164

第5項 DV加害者の特徴 170

第6節 DV対策 173

第1項 諸外国におけるDVの法的対応の変遷 173

第2項 我が国での新たな法的対応 177

目次　v

第3項　シェルターとカウンセリングによる施策　178

第4項　その他の施策　181

第7節　小括 ……………………………………………………182

第5章　ストーカー被害とストーカー規制法 ……191

第1節　ストーカー規制法の制定根拠となった事件 ……191

第2節　ストーカー規制法制定前の背景事情 ……………192

第3節　ストーカー被害の現状 ……………………………194

第4節　ストーカー規制法制定の経緯 ……………………196

第5節　ストーカー規制法の概要 …………………………200

第6節　諸外国のストーカー規制法 ………………………204

第1項　アメリカの反ストーキング法　204

第2項　イギリスのハラスメント保護法　207

第3項　ドイツの暴力防止法　208

第7節　ストーカー規制法の問題点 ………………………212

第1項　初改正に影響を及ぼしたストーカーによる凶悪事件　212

第2項　これらの凶悪なストーカー事件から見られる問題点　216

第3項　ストーカー規制法の第1次改正と第2次改正　221

第8節　ストーカーの類型と人格特性 ……………………223

第9節　ストーカー被害者対策 ……………………………227

第1項　ストーカー行為等の在り方に関する有識者検討会　227

第2項　ストーカー総合対策　228

第3項　犯罪被害者の匿名化　229

第4項　社会保障制度における被害者情報の保護　233

第5項　加害者に関する取組　234

第6項　再被害防止のための連携　236

第10節　更なる改正に向けて ………………………………237

第6章　女性に対する暴力防止法制定への提言 ……245

第1節　犯罪としての女性に対する暴力 …………………245

第2節　「女性に対する暴力防止法（仮称）」の骨子 ……257

第1項　「女性に対する暴力防止法（仮称）」の必要性　257

第2項　「女性に対する暴力防止法（仮称）」の枠組み　259

第3項　「女性に対する暴力防止法(仮称)」の骨子の内容　260

第4項　諸外国の「女性に対する暴力」関係の法律　262

女性に対する暴力
──被害者学的視点から──

第1章　女性に対する暴力

第1節　本書の目的

　近年，世界では，「女性に対する暴力」が問題となり，第2次世界大戦における性暴力犯罪は，テレビや新聞のニュース等でもよく報道されている。我が国でも，性暴力犯罪を始めとして，ドメスティック・バイオレンス（以下，DVとする）やストーカーに関する事件が報道されることが多くなった。しかも，これらの犯罪の被害者の大半は，女性である。

　そこで，筆者は，最近報道されている犯罪には女性が被害者となる犯罪が多いことに着目した。ストーカー犯罪以外にもDVや性暴力犯罪においても被害者の多くが女性であることから，文献を渉猟し分析を試みた結果，歴史的にみて，女性が男性優位社会において，性支配と階級支配の下に置かれてきたこと，すなわち，そこで形成されたジェンダーバイアスが，女性被害者を生む要因ではないかという考えに至ったのである。

　これは改めて指摘するまでもないことであるが，一般的に言って，犯罪学や刑事政策学あるいは被害者学において，暴力について考察する場合には，男女両性に対する暴力を論じることが考えられるのであろうが，本書の筆者自身が女性であることから，女性に対する暴力について限定して論じる方が全体の流れを明確に示すことができると同時に，男性よりも女性の方がいかに日常的に暴力の被害者になっているかを，被害者学的視点から詳論して，男性中心社会の在り方に警告しようとする本書の持つ社会的使命から考えても，その果たす役割には大きいものがあるように，筆者には思われる。

　また，女性に対する暴力防止法ハンドブックや国連のクマラスワミ報告書が，世界的規模での女性に対する暴力を取上げて問題点を指摘し，被害者としての

女性の社会的・法的地位をいかにして回復するかを問題としている現時点における世界的潮流を，我が国での実情を分析しながら改善策を指摘し，女性の立場から対応策を論述することは，現代社会に占める女性の役割を明確にする上からも，また，「女性に対する暴力防止法（仮称）」の制定を提言する本書の最終目的からしても，男性に対する暴力の考察は今後の課題として残し，本書では，女性に対する暴力に特化して論じることが，筆者に与えられた使命であるように思うのである。

筆者はこうした意識のもとに，国際連合（以下，「国連」とする）の『女性に対する暴力に関する立法ハンドブック』[1]を読み，女性に対する暴力が国際的に重大な問題となっていることを発見し，我が国の女性に対する暴力のみならず，国際的視野からも研究を進めることの重要性に思いをはせるに至った。そのことが，国連の女性の地位向上の活動に関心を抱くきっかけとなったのである。

以下においては，国連の動向と，それを受けての我が国の動向について素描してみることにしたい。

国連では，1975年を「国際婦人年」と定め，女性の地位委員会は「平等・開発・平和」の3つを目標に掲げ，女性の自立と地位の向上を目指して世界的に行動することを宣言した。その後，1979年の国連総会において，「女性に対するあらゆる形態の差別の撤廃に関する条約」（以下，「女性差別撤廃条約」とする）が採択された。

この女性差別撤廃条約は，「女性に対する差別が権利の平等の原則・人間の尊厳の尊重の原則に反するもので，社会や家族の繁栄の増進を阻害し，女性の潜在能力の開発を一層困難にするものであるという認識の下に，女性に対するあらゆる形態の差別を撤廃するために必要な措置をとることを目的とするものである。

そして，条約の第1条において，「『女子に対する差別』とは，性に基づく区別，排除又は制限であつて，政治的，社会的，文化的，市民的その他のいかなる分野においても，女子（婚姻しているか否かを問わない）が男女の平等を基礎として人権及び基本的自由を認識し，享有し又は行使することを害し又は無効にする効果又は目的を有するもの」[2]としている。

我が国では，1980年にコペンハーゲンで開催された第2回世界女性会議にお

いて，女性差別撤廃条約の批准を世界に約束する署名をし，その後，国籍法・戸籍法の改正や，男女雇用機会均等法の制定，家庭科の男女必修の検討等の法整備をした上で，1985年に女性差別撤廃条約が批准された。

　また，国際婦人年の最終年にあたる1985年の第3回世界女性会議で，「西暦2000年に向けての女性の地位向上のためのナイロビ将来戦略」（以下，「ナイロビ将来戦略」とする）という綱領が採択されたが，そこでは，私的領域での女性への暴力など女性の人権侵害が問題となったのである。

　1995年には，北京で第4回世界女性会議が開催され，ナイロビ将来戦略の見直しと評価を行い，これまでの10年間の成果を踏まえて「北京宣言」が採択され，西暦2000年に向けて世界的に取り組むべき優先的課題を盛り込んだ「行動綱領」とその実現への決意を示した。行動綱領は，女性の権利を人権として確認するとともに，貧困，教育，健康等12の重要分野において女性の地位向上を促進するための戦略目標と具体的行動を提示している。結果として，国連でも，『女性に対する暴力に関する立法ハンドブック』が作成された。

　こうした流れから，我が国では，このナイロビ将来戦略を受け，1987年には21世紀に向けて男女共同参画社会の形成を目指す「西暦2000年に向けての新国内行動計画」が策定されたのである。

　そして，1996年には，第4回世界女性会議の成果も視野に入れた「男女共同参画2000年プラン」が策定された[3]。さらに，1999年には，男女共同参画社会の形成についての基本理念を明らかにしてその方向性を示し，将来に向かって国，地方共同団体及び国民の男女共同参画社会の形成に関する取り組みを総合的かつ計画的に推進するため，男女共同参画社会基本法が制定されたのである[4]。

　内閣府は，男女共同参画会議に，女性に対する暴力に関する専門調査会を設け，「第4次男女共同参画基本計画」（2015年12月15日閣議決定）では，女性に対するあらゆる暴力の根絶に向けた施策を総合的に推進することとした。

　このような国連や我が国の一連の施策や女性に対する暴力についての動向から，筆者は，女性に対する暴力の典型例である，性暴力犯罪，DV犯罪，ストーカー犯罪等は，被害者にとって，身体的・精神的にも長期にわたる苦痛を与える重大な犯罪であり，到底見過ごすことが出来ない犯罪であると思った。そこで，**最終章**で提案している，女性に対する暴力防止に関する基本法のよう

な包括的な立法が，女性に対する暴力の防止に向けての効果的な対応をするために，必須であると考えるに至ったのである。

　もちろん，改めて指摘するまでもなく，国際法の下では，国家は女性に対するあらゆる形態の暴力に取り組むための法律を制定し，履行し，監視するように義務づけられている。この国際法を前提として，筆者は，女性に対する暴力を防止し，加害者を処罰し，いかなる場所においても被害者の権利が保障される法律を，我が国においても早期に立法化することが必要であると考え，本書により，近く立法化されるであろう基本法制定のための基礎的な資料を提供することができればと考えているのである。

第1項　女性に対する暴力の定義

　まず，ここでは，本書で使用する「女性に対する暴力」「性暴力犯罪」「DV犯罪」「ストーカー犯罪」について概念を整理して，各々の定義をしておくことにしたい。

　「女性に対する暴力の撤廃に関する宣言」(Declaration on the Elimination of Violence against Women: 以下，「女性に対する暴力撤廃宣言」とする)[5]の第2条において，「女性に対する暴力には以下のものが含まれる（ただし，これに限定されない）。(a)家庭内で発生する身体的，性的及び心理的暴力で，殴打，世帯内での女児に対する性的虐待，持参金に関連する暴力，夫婦間強姦，女性性器切除及びその他の女性に有害な伝統的慣行，非夫婦間の暴力及び搾取に関連する暴力。(b)社会内で発生する身体的，性的及び心理的暴力で，職場，教育施設及びその他の場所における強姦，性的虐待，セクシャル・ハラスメント及び脅迫，女性売買及び強制売春。(c)発生場所にかかわらず，国家によって行われた，又は見逃された身体的，性的及び心理的暴力」[6]であると，「女性に対する暴力」が定義されている。

　そして，国連の人権委員会特別報告者であるクマラスワミ（Coomaraswamy, R.）によれば，「女性が暴力にさらされる原因は，女性の性的特質（セクシャリティ，とりわけ，レイプや器官切除は，その結果である），女性と男性の関係（家庭内暴力，持参金殺人，殉死），あるいは女性への暴力が特定集団を辱める手段となっている場所で，その集団に所属していること（武力紛争や民族紛争下でのレイプ）などがあるとし，女性は，家庭内の暴力（暴行，少女に対する性的虐待，持

参金関連の暴力，近親姦，食物を奪う，夫婦間レイプ，女性の性器切除），社会における暴力（レイプ，性的虐待，性的嫌がらせ，人身売買，強制的売春），さらに，国家による暴力（女性の拘留，武装紛争下でのレイプ）にさらされていること」[7]を指摘している。

　これらの女性に対する暴力撤廃宣言やクマラスワミの女性が暴力にさらされる原因を勘案して，本書における「女性に対する暴力」を定義すれば，女性に対する暴力とは，「特定の社会的，経済的，文化的，政治的背景に特徴づけられるものであるが，一般的には，女性に対する肉体的，精神的，性的又は心理的損害又は苦痛が結果的に生じるか若しくは生じるであろう性差に基づくあらゆる暴力行為を意味し，公的又は私的生活のいずれで起こるものであっても，かかる行為を行うという脅迫，強制又は自由の恣意的な剥奪を含んでいるものをいう」[8]。

　たとえば，女性に対する暴力とは，殴打，持参金に関連した暴力，夫婦間の強姦，婚姻外性暴力及び搾取に関連した暴力を含む家庭において起こる肉体的，性的及び精神的暴力，強姦，性的虐待等を含むのである。

　次に，性暴力犯罪であるが，「性暴力犯罪」とは，望まない性行為を暴力や脅迫で強制することの全てであり，その代表的なものが性犯罪である[9]。そもそも性暴力という概念は，1980年代頃，強姦や強制わいせつの被害を告発し闘うために，多くの女性が使い始めた言葉である。改正前の刑法上の強姦や強制わいせつは，犯罪行為の客体として，男性の視点からのみ女性をみるという立場が，これらの犯罪が被害者である女性にいかなる犠牲を強いるかを正確に分析することを妨げてきたという側面がある。歴史的にみれば，強姦罪は，被害者である女性の性的自由の侵害ではなく，女性を所有する男性の所有権の侵害として構成されてきた。それは，多くの刑法学者が性暴力犯罪を性差別の構造として理解しようとしなかったからであろうと思われる。

　しかし，性暴力犯罪が男女間の力関係の差を利用して引き起こされる犯罪であることが理解できれば，性暴力犯罪を絶滅する最善の方法は「性差別」をなくすことにあるということになる。したがって，性暴力とは，女性に対する支配，征服，所有という欲望が性行為という形をとった暴力であり，女性が望まない全ての性的行為であるということになるのである。

　マクドゥーガル（McDougall, G.J.）特別報告者の最終報告書によれば，「性暴

力とは，性的手段を利用して又は性を攻撃目標として行われる，身体的・心理的暴力のすべてを含む」[10]とされている。

また，国連経済社会局女性の地位向上部は，性暴力犯罪とは，「身体の統合性と性的自己決定を侵害するものとして把握すべきであり，少なくとも，被害者の年齢，加害者と被害者の関係性，暴力の行使やその脅迫，複数の加害者による犯行，攻撃により被害者が被った重大な身体的・心理的結果等を勘案して刑を加重すべきである」[11]と考えているのである。このことを前提にすれば，性暴力犯罪は強制力や暴力を用いてなされるという要件，及び性器の挿入を証明する要件を撤廃すべきであるという結論が見えてくるであろうと筆者は考える。

第2項　性暴力犯罪の定義

また，被害者の保護という観点からは，性暴力犯罪については，明確で自発的な合意の存在を求め，その立証にあたっては加害者に対し，被害者から同意を得たか否かを確認するための段階を踏んだことの証明を求めるべきであると思う。そして，その上で，それらの性暴力は強制的な条件下で行われたことを要件とし，その強制的な状況は広く定義されるべきであると思う。

また，それに加えて，何らかの関係にある者との間で起こる性暴力犯罪（たとえば，夫婦間レイプ）に関しては，加害者と被害者との間の関係の性質にかかわらず，将来的には，性犯罪に関する条文を適用するよう規定する[12]ことが必要であろう。そして，その上で，婚姻関係にある又は他の関係にあることが，法の下での性暴力犯罪に対する抗弁を構成しないことを規定する等の配慮をすべきではないかと思う。

これらのことを法律に規定することにより，手続面において被害者の二次被害を最小限にすることが可能となるであろうし，夫婦間レイプを含む，強姦等の性暴力犯罪に関する広範な定義が可能となるであろう。つまり，「意思に反する性交渉はすべて犯罪」と定義づけるのである。

言葉を換えていえば，性暴力犯罪は，個人的問題としてではなく，社会的問題として取り組むべきであり，性暴力犯罪への厳正な対処や，ワンストップ支援センターの設置促進，二次被害の防止など被害者への支援・配慮も要求されることとなろう。

こうした視点のもとに，**第3章**においては，性暴力犯罪の検討を進めていきたいと考えている。

第3項　DV犯罪の定義

次に，「DV犯罪」であるが，一般的には，DVの定義は，あらゆる形態の暴力が含まれる必要があるとして，身体的、性的、心理的、経済的暴力が挙げられている[13]。我が国においては，「配偶者からの暴力の防止及び被害者の保護等に関する法律」（最終改正：平成26年法律第28号：以下，DV防止法とする）が制定され，DV防止法の条文の中で，「配偶者からの暴力」とは，「配偶者からの身体に対する暴力又はこれに準ずる心身に有害な影響を及ぼす言動をいい，配偶者からの身体に対する暴力等を受けた後に，その者が離婚をし，又はその婚姻が取り消された場合にあっては，当該配偶者であった者から引き続き受ける身体に対する暴力等を含むものとする」と定義されている。

しかし，第3次改正法では，第28条の2が追加され，生活の本拠を共にする交際相手からの暴力及び被害者についても，DV防止法を準用する旨の規定が置かれた[14]。こうした点を参酌しながら，**第4章**では，DV被害の対策等について検討を行いたいと考えている。

第4項　ストーカー犯罪の定義

また，「ストーカー犯罪」であるが，ストーカー行為とは，我が国では「ストーカー行為等の規制等に関する法律」（最終改正：平成28年法律第102号：以下「ストーカー規制法」とする）の第2条で「つきまとい等」，「ストーカー行為」の2つを対象として定義がなされている。

ここで言う，「つきまとい等」とは，特定の者に対する恋愛感情その他の好意の感情又はそれが満たされなかったことに対する怨恨の感情を充足する目的で，当該特定の者又はその配偶者，直系・同居の親族その他当該特定の者と社会生活において密接な関係を有する者に対して，①つきまとい，待ち伏せし，進路に立ちふさがり，住居，勤務先，学校その他その通常所在する場所（以下「住居等」という）の付近において見張りをし，又は住居等に押し掛けること。②その行動を監視していると思わせるような事項を告げ，又はその知り得る状態に置くこと。③面会，交際その他の義務のないことを行うことを要求するこ

と。たとえば，拒否しているにもかかわらず，面会や交際，復縁又は贈り物を受け取るよう要求すること。④著しく粗野又は乱暴な言動をすること。⑤電話をかけて何も告げず，又は拒まれたにもかかわらず，連続して，電話をかけ若しくはファクシミリ装置を用いて送信し，若しくは電子メールを送信すること。⑥汚物，動物の死体その他の著しく不快又は嫌悪の情を催させるような物を送付し，又はその知り得る状態に置くこと。⑦その名誉を害する事項を告げ，又はその知り得る状態に置くこと。⑧その性的しゅう恥心を害する事項を告げ若しくはその知り得る状態に置き，又はその性的しゅう恥心を害する文書，図画その他の物を送付し若しくはその知り得る状態に置くことなどである，と定義している[15]。

　そして，ストーカー行為とは，「つきまとい等」の行為を，同一の者に対して反復して，つまり，複数回数繰り返して行った場合を「ストーカー行為」と定義しているのである。したがって，ストーカー犯罪とは，このつきまとい等とストーカー行為を合わせたものである。ちなみに，ストーカー犯罪は**第5章**で論じている。

第2節　女性に対する暴力——国連の取組み

　本節においては，まず，女性に対する暴力がどのような経緯から問題となってきたかを明らかにするために，国連の動向を中心として考察を進め，その後，我が国での取組みの発展過程を沿革史的に考察したいと思う。

第1項　1979年女性差別撤廃条約まで

　国連は，「われらの一生のうち二度まで言語に絶する悲哀を人類に与えた戦争の惨害から将来の世代を救い，基本的人権と人間の尊厳及び価値と男女及び大小各国の同権とに関する信念」（国際連合憲章前文）に基づいて1945年に設立された。

　この国連の基本法ともいうべき国際連合憲章（以下，「国連憲章」とする）は，第1条3で，「人権及び基本的自由を尊重するよう助長推奨することについて，国際協力を達成すること」を目的のひとつとして掲げるとともに，第55条及び第56条で「人権及び基本的自由の普遍的な尊重及び遵守」のためにすべての加

盟国が「共同及び個別の行動をとることを誓約する」と規定している[16]。すなわち，基本的人権の擁護，男女の同権が，国連の活動の目的として掲げられたのである。

　その後1946年に，国連は，経済社会理事会の機能委員会[17]のひとつとして「女性の地位委員会」を設置した。女性の地位委員会は，政治・市民・社会・教育分野等における女性の地位向上に関し，国連経済社会理事会に勧告・報告・提案等を行うこととなっており，国連経済社会理事会はこれを受けて，総会（第3委員会）に対して勧告を行っている。

　また，「世界人権宣言」は，人権尊重におけるすべての人民とすべての国とが達成すべき共通の基準として，1948年12月10日の第3回国連総会の決議として宣言された。それは，すべての国の人々が持っている市民的，政治的，経済的，社会的，文化的分野にわたる多くの権利をその内容としている。

　1952年には，1946年12月の第1回国連総会で採択された女性に男性と平等な政治的権利を与えるべきであるという決議を受けて，第7回国連総会において「女性の参政権に関する条約」が採択された。

　また，国際結婚をすると妻は夫の国籍にならなければならない国が多く，女性にとって色々な不利益があり，人権が否定されていた。そこで妻の国籍は夫の国籍から独立したものであるという「既婚女性の国籍に関する条約」が1957年1月，第11回国連総会で採択された。

　その後，親や家族が当事者の意思を無視して結婚を決めたり，まだ10歳代前半の少女を結婚させることが色々な国で行われていたことから，1962年11月の第17回国連総会で「婚姻の同意，最低年齢，婚姻の登録に関する条約」が採択された[18]。

　そして，1967年第22回国連総会において，「女性差別撤廃宣言」が採択され，女性差別が人権問題として明確に位置づけられたのである。

　国際人権規約は，1966年12月16日の第21回国連総会において採択された「経済的，社会的及び文化的権利に関する国際規約」，「市民的及び政治的権利に関する国際規約」，「市民的及び政治的権利に関する国際規約の選択議定書」及び後の1989年12月15日の第44回国連総会において採択された「市民的及び政治的権利に関する国際規約の第2選択議定書」の4つから成り立っている

　国際人権規約とは，条約であり，締約国は，規約に規定している権利を尊重

第1章　女性に対する暴力　　11

し，確保し，あるいはその完全な実施のための措置をとることを約束しており，この点，法的拘束力を持たない世界人権宣言とは違うのである[19]。

少し時代は離れるが，国連は1975年を「国際婦人年」とし，翌年の1976年からの10年間を国際婦人の10年と定め，第1回世界女性会議で，「世界行動計画」や平和・開発・平和への女性の寄与に関する「メキシコ宣言」が採択されている。

また，1979年には，第3回国連総会で「女性に対するあらゆる形態の差別の撤廃に関する条約（Convention on the Elimination of all Forms of Discrimination against Women）」（以下，「女性差別撤廃条約」とする）が採択された。この条約は，1967年の女性差別撤廃宣言に法的拘束力を持たせるために，国連の女性の地位委員会が中心になって起草作業を進めたものである[20]。

女性差別撤廃条約は，女性に対するあらゆる差別を撤廃することを基本理念として，「女性に対する差別」を定義している。

第1条において，「女性に対する差別とは，性に基づく区別，排除又は制限であって，政治的，経済的，社会的，文化的，市民的その他のいかなる分野においても，女性（婚姻をしているかいないかを問わない）が男女の平等を基礎として人権及び基本的自由を認識し，享有し又は行使することを害し又は無効にする効果又は目的を有するものをいう」と定義しているのである。

そして，この条約は，条約を締結した国に対して，差別的な法律を廃止するだけではなく，積極的に男女平等を促進するような政策を行うことを求めているのである。第2条では，差別の撤廃のための政策，第3条では，女子の能力開発及び向上を規定している。

また，第4条は男女の事実上の平等を促進するための暫定的な特別措置について規定し，さらに，第5条では男女の定型化された役割に基づく偏見や慣習などの撤廃についても，締約国として措置をとることを求めているのである。

女性差別撤廃条約の特徴としては，まず，この条約の守備範囲が，平等権のみではなく，広く第1条に規定されているように「政治的，経済的，社会的，文化的，市民的その他のいかなる分野においても」男女の平等を基礎とした人権と基本的自由を確立することにあるとされている。

また，この条約では，女性の地位の向上を目指しているのではなく，第5条にみられるように，男女の定型化された役割分担（ステレオタイプ）の撤廃を掲

げている。

　また，この条約は本来，国家間での約束を取決めるものであるが，第2条に，個人や団体，企業による女性差別を撤廃することが締約国の義務であると定めている。

　そして，第5条において，差別的な法令だけでなく，慣習や慣行の撤廃も対象とし，慣習や慣行を変えていく義務を国に負わせているのである。

　さらには，第4条1項で，男女の差別の解消のための暫定的な特別措置として，女性を優遇することは差別ではないと明記している[21]。

　このように，女性差別撤廃条約は，国連憲章，世界人権宣言，国際人権規約，女性差別撤廃宣言等に規定されている性差による差別禁止の原則を更に具体化したものであるといえよう[22]。

　1980年には第2回世界女性会議がコペンハーゲンで開催され，「国連婦人10年後半期行動プログラム」を採択した。このプログラムは，1975年の国際婦人年世界会議で採択した世界行動計画の前半期における実施状況の検討及び評価を踏まえて，婦人の地位向上及び婦人に対する差別撤廃のための具体的方針・戦略を提唱し，1975年の国際婦人年世界会議のサブテーマである雇用，健康，教育を中心に留意すべき優先的分野を指摘しつつ，国内的，国際的及び地域的レベルにおいて，各国政府が採るべき行動を掲げ，勧告している[23]。

　また，1982年4月には，女性差別撤廃条約の規定に基づき，女子差別撤廃委員会が設置された。

　1989年には，女性差別撤廃委員会（Committee on the Elimination of Discrimination against Women：CEDAW）[24]は「女性に対する暴力に関する一般勧告12」を採択した。「これは女性に対する暴力の発生や被害に関する統計，現行法制，被害者支援のためのサービス等について，政府報告書に記載することを求めるものである。勧告12においての暴力とは，性的暴力，家庭内の虐待，職場におけるセクシャル・ハラスメントを例示している」[25]と女性差別撤廃委員会のメンバーである林陽子が述べていることにも留意しなければならないであろう。

第2項　差別撤廃条約から選択議定書まで

　1985年には，第3回世界女性会議がナイロビで開催され，女性の地位向上のための将来戦略「西暦2000年に向けた将来戦略」，いわゆる「ナイロビ将来戦

略」[26]が採択されている。このナイロビ将来戦略において，平等に関する基本的戦略とは，「政府は適切な手段を講じて，男女双方が平等な権利，機会及び責任を享受できるようにし，個々の資質や能力の開発を保障し，婦人が開発における受益者かつ活発な行為者として参加できるようにしなければならない」と掲げ，平和に関する基本的戦略では，「平和とこれに関する諸問題についての意思決定に婦人が平等な役割を果たすことは，婦人の基本的な人権のひとつとして認められるべきであり，国，地域，国際的レベルでこれを促進し，奨励すべきである。女性に対するあらゆる形態の差別の撤廃に関する条約に従って，女性が男性との平等の達成を妨げるすべての現存する障害が除去されるべきである。このため，偏見や定型化された考え方，女性に対する職業上の展望や適切な教育を受ける可能性の否定，また国際的，外交的職務への女性の男性と平等な参加に必要な変更に対する決定権者の抵抗を克服するため，あらゆるレベルにおける一層の努力が必要である」としている。

1990年には，ウィーンで開催された第34回女性の地位委員会の拡大会議において，「ナイロビ将来戦略勧告」[27]が合意された。この勧告は，政府，政党，労働組合，職業団体，その他の代表的団体に，指導的地位に就く女性の割合を1995年までに少なくとも30％にまで増やすという数値目標を設定した。そして，1991年には，国連の経済社会理事会専門家会議が「女性に対する暴力」についての報告書を発表している。

1992年には，女性差別撤廃委員会において，「ジェンダーに基づく暴力はジェンダー差別の問題であり，国家はこの問題について女性差別撤廃委員会への報告書を提出するべきである」[28]という「一般勧告19」が採択されたのである。そして，女性に対する暴力とは，「女性であることを理由として女性に向けられる暴力，または女性に対して過度に影響を及ぼす暴力を指すもので，身体的・精神的・性的危害又は苦痛を与える行為をいう」[29]と定義されたのである。

また，一般勧告19は，女性差別撤廃条約が対象とする差別は，「国家によるものだけに限らず，個人，団体，企業による女性に対する差別も含まれ，国家は権利の侵害を防止するために相当の注意をもって行動することと，……暴力を調査し，刑罰を科すことを怠った場合には，私人による行動に対しても，国家に責任があり，被害者を補償する義務がある」[30]としている。

そして，一般勧告19は，女性に対する暴力を強制結婚，女性性器切除，ポルノグラフィ，人身売買，武力紛争下での性的暴力等，広い範囲での暴力の形態を挙げ，国はこれらから女性を保護するために必要な立法その他の措置をとることを勧告しているのである[31]。

　1993年には，国連世界人権会議がウィーンで開催された。そして，ウィーン宣言の前文[32]において，「全世界で女性が継続的に被っている様々な形態の差別や暴力を深く憂慮し，人権分野において国際連合機構を強化し，国際人権基準の遵守に対する普遍的尊重という目標を促進する」と宣言している。また，その人権問題に関する原則の第18節において，「女性及び女児の人権は，普遍的な人権の奪うことのできない，重要かつ不可分な部分である。国，地域及び国際的レベルにおける政治的，市民的，経済的，社会的及び文化的生活への女性の完全かつ平等な参加，並びに，性別に基づくあらゆる形態の差別の根絶は，国際社会の優先的目標である。文化的偏見及び国際的売買に起因するものを含め，性別に基づく暴力並びにあらゆる形態のセクシャル・ハラスメント及び性的搾取は，人間の尊厳及び価値と両立せず，撤廃されなければならない。これは，経済的及び社会的発展，教育，安全な妊娠及び健康管理並びに社会的支援などの分野における法的手段により並びに国内行動及び国際協力を通じて達成され得る。女性の人権は，女性に関連したすべての人権文書の促進を含む国際連合の人権活動の重要な部分を構成すべきである。世界人権会議は，政府，機構並びに政府間及び非政府組織に対し，女性及び女児の人権の保護及び促進のための努力を強化するよう要請する」[33]と書かれているのである。そして，行動計画においても，女性の平等の地位及び女性の人権を採択し女性差別は人権侵害であるとされたのである。

　また，1993年の第48回国連総会においては，「女性に対する暴力撤廃宣言」[34]を採択し，同宣言は，女性に対する暴力は性差に基づくものであるという視点に立っている。すなわち，第1条において，「女性に対する暴力とは，性に基づく暴力行為であって，公的生活で起こるか私的生活で起こるかを問わず，女性に対する身体的，性的若しくは心理的危害または苦痛（かかる行為の威嚇を含む），強制または恣意的な自由の剥奪となる，または，なるおそれのあるものをいう」と定義し，先にも述べているが，その第2条で，「(a)家庭において発生する身体的，性的及び心理的暴力であって，殴打，世帯内での女児に対す

る性的虐待，持参金に関連する暴力，夫婦間における強姦，女性の生殖器切断及びその他の女性に有害な伝統的慣行，非夫婦間の暴力及び搾取に関連する暴力を含む。(b)一般社会において発生する身体的，性的及び心理的暴力であって，職場，教育施設及びその他の場所における強姦，性的虐待，セクシュアル・ハラスメント及び脅迫，女性の売買及び強制売春を含む。(c)どこで発生したかを問わず，国家によって行なわれるまたは許される身体的，性的及び心理的暴力」，すなわち，家庭内若しくは地域社会で起こり，国家によって容認されてきた身体的，性的，心理的暴力であると明確な定義を行ったのである。

そして，1994年，国連人権委員会（現 人権理事会）は女性に対する暴力特別報告者を任命し，世界中の女性に対する暴力について，その原因と結果を含む現状の報告を求めることとなった。

以後，2009年10月までの間，スリランカのラディカ・クマラスワミ，トルコのヤキン・エルトゥク（Erturk, Y.），南アフリカのラシダ・マンジョー（Manjoo, R.）が継続して特別報告者として活動したのである[35]。

また，同1994年，国際人口・開発会議がカイロで開催された。この会議は女性及び男性の権利としてのリプロダクティブ・ヘルス／ライツの考えを大きく発展させ，カイロ行動計画[36]が採択された。

1995年には，第4回世界女性会議が北京で開かれ，我が国からも多くの人が参加した。この会議では，「北京宣言」及び「行動綱領」が採択された。北京宣言及び行動綱領は，男女平等，開発，平和を目標に掲げ，女性のエンパワーメントに向けた課題を定めている。

「北京宣言及び行動綱領」[37]の注目すべき点としては，社会的・文化的性別を示す概念としてジェンダーを使用していること，人権を女性の権利として再確認し，女性に対する暴力を独立の問題として提示していること，1994年のカイロ国際人口・開発会議で提唱された概念である「リプロダクティブ・ヘルス／ライツ」を明記していることである。

そして，北京宣言において，「全人類のためにあらゆる場所のすべての女性の平等，開発及び平和の目標を推進することを決意し，あらゆる場所のすべての女性の声を受けとめ，かつ女性たち及びその役割と環境の多様性に留意し，道を切り開いた女性を讃え，世界の若者の期待に啓発され，女性の地位は過去十年間にいくつかの重要な点で進歩したが，その進歩は不均衡で，女性と男性

の間の不平等は依然として存在し，主要な障害が残っており，すべての人々の安寧に深刻な結果をもたらしていることを認識し，また，この状況は，国内及び国際双方の領域に起因し，世界の人々の大多数，特に女性と子どもの生活に影響を与えている貧困の増大によって悪化していることを認識し，無条件で，これらの制約及び障害に取り組み，世界中の女性の地位の向上とエンパワーメントを更に進めることに献身し，また，これには，現在及び次の世紀へ向かって我々が前進するため，決意，希望，協力及び連帯の精神による緊急の行動を必要とすることに合意する」と宣言している。

　また，北京宣言は，「女性のエンパワーメント及び意思決定の過程への参加と権力へのアクセス（参入）を含む，社会のあらゆる分野への平等を基礎にした完全な参加は，平等，開発及び平和の達成に対する基本である。女性の権利は人権である。男性と女性による平等な権利，機会及び資源へのアクセス，家族的責任の公平な分担及び彼らの間の調和のとれたパートナーシップ（提携）が，彼ら及びその家族の安寧並びに民主主義の強化にとってきわめて重要である。持続する経済発展，社会開発，環境保護及び社会正義に基づく貧困の根絶は，経済社会開発への女性の関与及び平等な機会並びに人間中心の持続可能な開発の行為者及び受益者双方としての女性及び男性の完全かつ平等な参加を必要とする。すべての女性の健康のあらゆる側面，殊に自らの出産数を管理する権利を明確に認め再確認することは，女性のエンパワーメントの基本である」としている。

　北京行動綱領[38]には，女性の地位向上とエンパワーメントを達成するために優先的に取り組むべき12の重大問題領域が明記された。その12の重要分野とは，女性と貧困，教育，保健，暴力，武力紛争，経済，権力と意思決定，人権，環境，メディア，女児及び女性の地位向上に向けた制度的機構である。

　行動綱領では，世界中の男女平等という共通の目標に向けて男性と共に連携して働くことによってのみ取り組むことができる共通の関心事を女性は分かち持っていることが強調され，女性の状況及び条件の多様性を全面的に尊重し評価するとともに，そのエンパワーメントを阻む特別の障害に直面している女性たちもいるという認識を表明している。そして，行動綱領は，女性が人種，年齢，言語，民族，文化，宗教又は障害といった要因のため，また先住民女性その他の立場のために，完全な平等及び地位向上を阻む障害に直面していること

第1章　女性に対する暴力　　17

への認識も示している。

　さらには，1999年の国連総会で，同条約に定められた権利を侵害され，国内で救済を受けられない個人または集団が，国連の女性差別撤廃委員会に直接救済を求めることができる個人通報制度等について規定した選択議定書が採択され，2000年に発効した[39]。

　この議定書の締約国は，「国連憲章が基本的人権，人間の尊厳と価値及び男女の同権に対する信念を再確認していることに留意し，また，世界人権宣言が，すべての人間は，生まれながらにして自由であり，かつ，尊厳及び権利について平等であること，並びに，何人も，性別に基づく差別を含むいかなる差別をも受けることなく，その中に掲げられたあらゆる権利と自由を享有することができることを宣明していることにも留意し，国際人権規約及びその他の国際人権基本文書が，性別による差別を禁止していることを想起し，また，女性に対するあらゆる形態の差別の撤廃に関する条約において，その締約国が，女性に対するあらゆる形態の差別を非難するとともに，すべての適切な手段により，女性に対する差別を撤廃する政策を遅滞なく追及する旨合意していることも想起し，女性によるあらゆる人権と基本的自由の完全かつ平等な享受を確保し，これらの権利と自由の侵害を防止するために効果的な行動をとる決意を再確認し，合意した」[40]のである。

第3項　ニューヨーク国連特別会議以降

　2000年6月にニューヨーク国連本部において行われた国連特別総会では，「女性2000年会議——21世紀に向けての男女平等・開発・平和」[41]が開催された。

　女性が男性よりも劣っているという伝統的な固定観念を克服することにより，加盟国は女性という膨大な人的資源を十分に活用すべきである，という点で多くの発言者は合意した。また，女性を社会で権力のある地位に置くことは，国家経済の利益となること，及び女性に対するあらゆる形態の暴力の廃絶が不可欠であることについても，合意がみられた。

　各国の行動プログラムを説明する際に，多くの国々の代表は，男女平等を確保するための政府による立法面での努力，及び地方選挙における女性枠の義務づけを含め，女性のエンパワーメントを図る措置の概要を示した。各国によって実施された経済的措置として，少額融資プログラム，及び職場での平等を達

成するための労働基準の作成に対する言及があった。各国政府は，女性を意思決定過程に関与させ，その人権を推進することを誓約したのである。

また，会議では，女性と少女に対する暴力は，公私に関わらず，人権侵害にあたることを認めた上で，各国政府は優先課題として，女性に対する暴力に関する実効的な法律について，適切な見直しと導入を行うこと，及びすべての女性と少女が保護され，司法に訴えることができるようにするため，必要な措置を講じることで合意した。

各国政府は，また，すべての年齢の女性と少女に対するあらゆる形態の暴力を，法律で処罰できる犯罪として取り扱うことを決定した。

そして，各国政府は，夫婦間のレイプ及び女性と少女の性的虐待を含め，あらゆる形態の家庭内暴力に対処する法律を制定あるいは強化することで合意したのである。

2005年には，第49回女性の地位委員会（Commission on the Status of Women: CSW）[42]，いわゆる「北京＋10」がニューヨーク国連本部で開催され，我が国からも24人が出席した。この会議は，1995年に開催された第4回世界女性会議（北京会議）から10年目にあたることを記念し，「政治宣言」と北京行動綱領の実施促進のため「更なる行動とイニシアティブに関する文書」の採択を目的に閣僚級会合として開催されたものである。

この会議では，政治宣言として，男女平等の推進に向けて，男性も関与し，女性と共同して責任を分かち合わなければならないことが強調され，「北京宣言及び北京行動綱領」の目的と目標の達成への決意を再確認するとともに，NGOの役割と貢献を再認識した[43]。

また，「更なる行動とイニシアティブ」では，①女性に対する暴力への対応の充実，②開発や平和達成のため，女性の政策・方針決定過程へのより積極的な参画，③情報技術分野の教育や訓練等を通じた女性の雇用の向上などに関して，北京行動綱領から更に進展があったものとして評価できるとしている[44]。

2008年には，"UNiTE to END Violence against Women" キャンペーン[45]を立ち上げた。女性に対する暴力に関するデータベースが構築されたのも，この年である。そして，このキャンペーンは，①女性及び女児に対するあらゆる形態の暴力を取り上げ，処罰するために国内法を整備し，施行する，②国内行動計画を採択して実施する，③女性及び女児に対する暴力の状況に関するデータ

第1章 女性に対する暴力　19

の収集を強化する，④国民意識と社会的動員を強化する，⑤紛争時における性的暴力の問題に取り組む，という5つの目標を掲げ，2015年までに，すべての国において達成することを目指しているのである。

また，2009年には，国連アジア太平洋経済社会委員会（United Nations Economic and Social Commission for Asia and the Pacific: ESCAP）のハイレベル政府間会合がバンコクで開催された。北京行動綱領の実施状況を見直すため，アジア太平洋地域の準備過程の一環として組織されたもので，バンコク宣言を採択した。

北京＋15に向けたバンコク宣言の主なものは，①第4回世界女性会議で採択された「北京宣言及び北京行動綱領」及び第23回国連総会の成果を再確認し，「北京宣言」はジェンダー平等の達成において世界の女性の地位向上への重要な貢献であり，すべての国，国連システム及び他の関連機関により効果的な行動に移されるべきであると強く確信する，②ジェンダー平等及びすべての人権と万人の基本的な自由の完全な享受の促進及び保護は，開発，平和及び安全を促進する上で不可欠であることを確認する，③国連ミレニアム宣言に含まれる目標を含め，国際的に合意された開発目標に示されるように，ジェンダー平等及び女性・女児のエンパワーメントの推進が求められていることを認識する，④市民社会組織の参加に留意する，⑤世界的レベルでのジェンダー平等と女性のエンパワーメントの促進を支援するための国連のジェンダー機構の提案された変更を歓迎し，アジア太平洋地域調整メカニズムも含めて，地域レベルでESCAPと密接に協力するための新しい世界的な機構の必要性を留意することである[46]。

2010年の国連総会では，ジェンダー平等と女性のエンパワーメントのための国連機関（United Nations Entity for Gender Equality and the Empowerment of Women: UN-Women）を設置した。このUN-Women[47]は，国連女性地位向上部（DAW），国際婦人調査訓練研究所（INSTRAW），国連ジェンダー問題特別顧問事務所（OSAGI），国連女性開発基金（UNIFEM）の4機関を統合して設立された。

UN-Womenの目的は，女性や女児のための機会を拡大し，世界中の差別問題に取り組むことであり，女性と女児に対する差別の撤廃，女性のエンパワーメント，開発，人権，人道的対策，平和と安全保障のパートナー・受益者とし

ての男女間の平等の達成を目標としている。

　女性があらゆる分野で経済活動に参加できるように，女性のエンパワーメントを行うことは，より力強い経済の構築，開発と持続可能性への国際的合意であるミレニアム開発目標の達成，そして男女，家族，地域社会の生活の質の向上にとって必要不可欠であり，このジェンダー平等と女性のエンパワーメントへの取組みにおいて，企業や民間団体は重要なパートナーとなることは言うまでもないことを明らかにしているのである。

　また，2010年3月には，国連グローバル・コンパクト（GC）[48]とUNIFEM（現UN-Women）が，共同で女性のエンパワーメント原則（Women's Empowerment Principles: WEPs）[49]を発表した。女性のエンパワーメント原則は，企業や民間団体が，女性のエンパワーメントに取り組む際の実践的な手引きとなっているのである[50]。

　また，同2010年には，第54回国連婦人の地位委員会（「北京＋15」）が，ニューヨークの国連本部で開催され，141か国の代表団及び464のNGO等が参加した。1995年に開催された第4回世界女性会議（北京会議）から15年目にあたることを記念し，「北京宣言及び行動綱領」と第23回国連特別総会「女性2000年会議」成果文書の実施状況の評価を主要テーマとして開催されたのである。

　2015年までの全てのミレニアム開発目標達成に向けた進展の加速に焦点を当てた観点から第4回世界女性会議15周年における宣言において，①第4回世界女性会議で採択された北京宣言・行動綱領及び第23回国連特別総会の成果文書並びに第4回世界女性会議10周年の女性の地位委員会の宣言を再確認する，②男女共同参画及び女性のエンパワーメントを実現するためにこれまでなされた進展を歓迎し，北京宣言・行動綱領及び第23回国連特別総会の成果文書の実施に際して，なお課題や障害が残されていることを強調し，また，この点についてそれらの完全かつ迅速な実施のために更なる行動に着手することを誓う，③北京宣言・行動綱領の完全かつ効果的な実施は，ミレニアム宣言を含む国際的に合意された開発目標を成し遂げるために必要不可欠であることを強調する。また，2015年までの全てのミレニアム開発目標達成に向けた進展の加速に関する国連総会ハイレベル会合におけるジェンダーの視点の確保の必要性も強調する，④北京宣言・行動綱領の実施と女性差別撤廃条約の下での義務の履行は，

男女共同参画と女性のエンパワーメントの達成を相互に強化するものであることを認識する，⑤国連システム，国際・地域機関，NGOを含む市民社会のあらゆる部門，全ての女性と男性が，北京宣言・行動綱領及び第23回国連特別総会の成果文書の実施に対し，完全にコミットし，また貢献を強化することを求められたのである[51]。

2013年3月には，ニューヨークの国連本部において第57回国連女性の地位委員会が，女性に対するあらゆる形態の暴力の根絶と防止をテーマとして開催された。この暴力とは，ドメスティック・バイオレンス，セクシュアル・ハラスメント，レイプ，戦時性暴力，未成熟女児の婚姻，強制売春，人身売買が含まれると述べている。

「職場における女性に対する暴力——経済的差別の形と課題」のパネリストたちは，職場における女性差別を共通課題とし，男女間の経済的格差を暴力として捉えている。オーストラリアのパネリストが「DVが女性の就労意欲や能力に大きな弊害を及ぼしている」と指摘している点が注目される。

本会議は合意結論で，1995年の「北京宣言及び行動綱領」を再確認し，女性に対する暴力が男女間の歴史的・構造的な不平等に基づくこと，女性に対する暴力を根絶するためには，女性が公私において意思決定過程に平等に参加し，経済的な力をつけることが必須であることを指摘している。

また，会議では，各国の政策が不十分であること，すべての参加国に対し実効的な立法措置や政策を強化するように求めている。具体的には，性暴力・DVなどの厳罰化と被害者に対する適切でアクセスしやすい救済措置，実態調査と分析の実施である[52]。

そして，2013年9月に，女性と平和構築ハイレベル閣僚級会合において，平和構築に向けた女性の経済的なエンパワーメントについて宣言がなされた[53]。

2014年に，UN-Womenは，北京宣言後20年が経ち，世界は男女平等のビジョンを実行する用意ができたとして，北京＋20キャンペーンを立ち上げ，ジェンダー平等や成果を強調し，すべての国が20年間にわたる女性・女児の状況を報告するべきであるとしている。また，このキャンペーンはリーダーや一般市民に同じように呼びかけ，北京綱領のビジョン実現に向けその取り組みを新たにするよう促すとしている[54]。

このように，1945年に国連が創設されて以来，女性の平等という問題は，国

連の重要な活動の1つとなってきた。女性の権利の促進と擁護や女性に対するあらゆる形態の差別と暴力の撤廃のために，国連は活動し，女性が政治や公的な活動に完全かつ平等にアクセスし，また参加の機会を与えられるように，努力してきたのである。この国連の動きを受け，日本でもいろいろな取り組みがなされるようになった。

また，女性2000年会議での女性に対する暴力に関する実効的な法律の適切な見直しを導入することに合意されたことにも留意されたい。次節では，我が国の取組について概観したいと思う。

第3節 女性に対する暴力——我が国の取組み

以上のような国連の動向を受けて，我が国の「女性に対する暴力」に関する取組みはどのような経過を辿ったのであろうか。以下においては，我が国の動向を沿革史的に概観したいと思う。

第1項 日本国憲法制定から1974年まで

我が国の男女共同参画社会の形成は，戦前から婦人参政権運動などによっても進められていたが，大きな転機は，戦後になってからの婦人参政権の獲得や日本国憲法の制定にある[55]。

我が国で「女性が参政権を獲得したのは，1945年10月，マッカーサーが日本の民主化に関する五大改革を示し，その第1項目に『参政権の賦与による日本婦人の開放』を掲げたことによる。これにより女性参政権が同年12月に承認され，1946年4月の衆議院選挙では，初めて39人の女性議員が誕生した」のである。「女性は個人の尊重と幸福追求権，法の下の平等を定めた日本国憲法のもとで，ようやく個人として尊重され，男性と同等に人権をもつことを保証された」[56]のである。また，この年に日本国憲法が制定された。

日本国憲法は，第13条において「すべて国民は，個人として尊重される。生命，自由及び幸福追求に対する国民の権利については，公共の福祉に反しない限り，立法その他の国政の上で，最大の尊重を必要とする」と規定し，第14条第1項において「すべて国民は，法の下に平等であつて，人種，信条，性別，社会的身分又は門地により，政治的，経済的又は社会的関係において，差別さ

れない」[57] と規定している。これらの条文は，それぞれ個人の尊重，法の下の平等を謳ったものである。

そして，「1947年に民法の親族・相続編が全面改訂されて旧来の家制度が廃止され，刑法の姦通罪の規定も削除されて，女性が家父長的支配から脱することが可能となった」[58]。

また，労働基準法の制定（昭和22年法律第49号）により男女同一賃金，女性保護規定の明確化がなされ，教育の機会均等等を定めた教育基本法（昭和22年法律第25号）及び学校教育法（昭和22年法律第26号）が制定された。

そして，1946年に連合国最高司令官から我が国に「日本における公娼制度廃止に関する覚書」が公布され，ついで1947年に勅令9号「婦女に売淫をさせた者等の処罰に関する勅令」が施行され，明治以来続いていた公娼制度に終止符が打たれたのである。

1947年9月に労働省の発足及び婦人少年局の設置，1948年5月に労働省に婦人少年問題審議会が設置され，その後，「売春等処罰法案に対する建議書」（1948年10月），「女子の職場拡大方策中，看護婦問題についての答申書」（1949年2月），「女子年少者労働基準規則改正についての建議書」（1954年2月），「未亡人等の職業対策に関する建議書」（1954年9月）等が出された。

これらの女性の地位向上に係る重要な施策は，サンフランシスコ講和条約によって，GHQ（General Headquarters）の占領政策が終了されるまでに行われたものが多い[59]。

1955年に我が国も「女性の政治的権利に関する条約」を批准し，1956年3月に総理府に売春対策審議会が設けられ，売春防止法の立案がなされ，同1956年5月に成立した（昭和31年法律第118号）。

そして，1961年に女子教育職員の産前産後の休暇中における学校教育の正常な実施の確保に関する法律（昭和30年法律第125号。同1961年11月に女子教育職員の出産に際しての補助教育職員の確保に関する法律と改称）を制定するなど教育面での男女共同参画施策も進められた。

また，1964年には母子福祉法（昭和39年法律第129号。1981年に母子及び寡婦福祉法，2014年に母子及び父子並びに寡婦福祉法に改称〔最終改正：2016年〕）が施行された。

1965年には，母子保健法（昭和40年法律第141号）が成立した。また，国内組

織については，1967年に総理府に，「婦人関係の諸問題に関する懇談会」が設置され，1968年には家庭にいる中高年婦人が職業を持つことについての提言が出され，この懇談会は1972年に「婦人に関する諸問題調査会議」となった。

また，国際婦人年の開催決定に伴い，1974年10月には労働省が国際婦人年国内連絡会議を開催，同1974年11月には外務省が，国際婦人年のための関係各省庁連絡会議を設置した[60]。

第2項　国際婦人年から1990年まで

1975年には，第1回世界女性会議での世界行動計画を受け，政府は，国際婦人年世界会議における決定事項の国内施策への取り入れその他婦人に関する施策について，関係行政機関相互間の事務の密接な連絡を図るとともに，総合的かつ効率的な対策を推進するため，婦人問題企画推進本部の設置を閣議決定し，また，同本部に参与制度を設けることを本部長決定とした。さらに，世界会議の決定事項の国内取り入れ，その他婦人に関する施策の企画及び推進に資するため，内閣総理大臣の私的諮問機関として有識者から成る婦人問題企画推進会議も設置された[61]。

そして，本部長を内閣総理大臣として，総理府，経済企画庁，法務省，外務省，大蔵省，文部省，厚生省，農林水産省，労働省，自治省の10省庁の事務次官から成る婦人問題企画推進本部と，民間有識者から成る婦人問題企画会議が設置されたのである。これらは，男女共同参画推進のための初の行政機構である。

1977年には，推進本部は，世界行動計画及び，1976年11月の婦人問題企画推進会議の意見を踏まえ，国内行動計画を策定した。この国内行動計画は，1977年から1986年までの我が国の婦人問題の課題及び施策の方向，目標等を明らかにしたのである。施策の基本的方向としては，①法制上の婦人の地位の向上，②男女平等を基本とするあらゆる分野の婦人の参加の促進，③母性の尊重及び健康の擁護，④老後等における経済的安定の確保，⑤国際協力の推進であった[62]。

また，推進本部は，同1977年10月に国内行動計画の前半期（概ね1980年まで）に特に重点的な取組を必要とする事項を「国内行動計画前期重点事項」として取りまとめた。

第1章　女性に対する暴力　　25

ここで言う重点事項とは，①婦人の政策決定参加の促進，②家業，家庭における妻の働きの評価，③新しい教育機会の創出，④新しい時代に即応する学校教育，⑤雇用における男女平等，⑥育児環境の整備，⑦母性と健康を守る対策，⑧農山漁村婦人の福祉の向上，⑨寡婦等の自立促進，⑩老後における生活の安定，⑪国際協力等である。

また，労働省は，婦人問題審議会が「職場における男女平等の促進に関する建議」（1975年9月），「雇用における男女の機会の均等と待遇の平等の促進に関する建議」（1976年10月）などの検討を進め，教育分野においても，1977年10月に国立婦人教育会館（現 国立女性教育会館）を開館した[63]。

さらに，1980年には，我が国は女性差別撤廃条約に署名している。

また，「国連婦人の10年」中間年世界会議の結果，及び1981年2月の婦人問題企画推進会議の意見（「国際婦人年の10年後半期に向けて」）を踏まえ，婦人問題企画推進本部は，同1981年5月，婦人に関する施策の推進のための「国内行動計画」後期重点目標（1981年～1986年）を決定した。

この後期重点目標とは，①婦人の地位向上のための法令等の検討，②政策決定への婦人の参加の促進，③教育・訓練の充実，④雇用における男女の機会の均等と待遇の平等の促進，⑤育児に関する環境の整備，⑥母性の尊重と健康づくりの促進，⑦老後における生活の安定，⑧農山漁村婦人の福祉と地位の向上，⑨国際協力の推進等である[64]。

こうした流れの中で，日本政府は，国内法の整備を行い，1985年には女性差別撤廃条約を批准し，1986年には，男女雇用機会均等法を施行している。

また，婦人問題企画推進本部は，1987年には，「西暦2000年に向けての新国内行動計画」（以下，「新国内行動計画」とする）を閣議に報告しているのである[65]。新国内行動計画は，総合目的として，男女共同参画型社会の形成を目指すこと，また，施策には，基本的施策と具体的施策があり，①男女平等をめぐる意識改革，②平等を基礎とした男女共同参加，③多様な選択を可能にする条件整備，④老後生活等をめぐる婦人の福祉の確保，⑤国際協力・平和への貢献を挙げた。また，1990年には育児休業法を制定している[66]。

第3項 男女共同参画社会基本法制定まで

1991年には，婦人問題企画推進本部は，「西暦2000年に向けての新国内行動

計画（第一次改定）」を決定した。第一次改定では，21世紀の社会が，男女のあらゆる分野へ平等に共同して参画することが不可欠であるという認識の下に，「共同参加」から「共同参画」へ改められた。そして，推進本部は，5つの基本目標と16の重点目標を定め，男女共同参画型社会の形成を目指すこととした。

また，婦人問題企画推進本部機構に関する検討会の設置が，同1991年8月に決定され，同検討会は1993年5月，「今後の婦人問題企画推進本部機構の在り方について」を報告した。

そして，推進本部決定を受け，総理府本府組織令の一部を改正する政令（平成6年6月24日政令第157号）により総理府に男女共同参画室及び男女共同参画審議会（平成9年3月31日までの時限）が設置された。

同審議会は，「内閣総理大臣の諮問に応じて，男女共同参画社会の形成に関する基本的かつ総合的な事項を調査審議し，及び当該諮問に関連する事項について，内閣総理大臣に意見を述べること」が所掌とされた。

また，1994年7月の閣議決定で従来総理府に置かれていた婦人問題企画推進本部が，内閣に置かれる男女共同参画推進本部に改組された。

1994年8月，村山富市内閣総理大臣は，政令により新たに設立した男女共同参画審議会に対して「男女が均等に政治的，経済的，社会的及び文化的利益を享受することができ，かつ，共に責任を担うべき男女共同参画社会の形成に向けて，21世紀を展望した総合的ビジョンについて」[67]諮問を行った。

1995年4月には，男女共同参画審議会は，「男女共同参画社会への展望」，「男女共同参画の推進のための諸制度」，「国際的な関心事項」を主たる検討事項とする3つの部会を設け，検討を進めた。

その後，審議会は，諮問から約2年後の1996年7月に「男女共同参画ビジョン——21世紀の新たな価値の創造」を内閣総理大臣に答申した[68]。

その答申においては，「男女共同参画ビジョン」が提起した21世紀における男女共同参画社会の実現のためには，多くの重要かつ緊急な課題を解決していく必要があり，本計画は，そのための最初の一歩であるとされた。

政府は，このことを強く認識し，①国内本部機構の更なる充実・強化を図るとともに，本計画に盛り込まれた施策を，できる限り早期に実現すること，②政府は，男女共同参画社会の実現を促進するための基本的な法律の制定に向けて，早急に検討を進めること，③政府は，男女共同参画社会の形成の基盤とな

る民法，税制，社会保障制度等の社会制度・慣行の検討・見直しについては，早期にこれを行うとともに，「女性に対するあらゆる暴力の根絶」，「生涯を通じた女性の健康支援」等，今回の計画において新たに取り上げられた行政課題については，女性の人権を推進・擁護する観点から，従来の施策の枠組みにとらわれず，法制度を含め抜本的かつ総合的な施策のあり方を検討し，実施することとしたのである。

　なお，男女共同参画社会の実現のためには，国及び地方公共団体のいずれにおいても，政策の立案，決定過程への女性の参画が極めて重要であり，関係者による人材の育成，登用等一層の取組みが行われることを期待する[69]という提言が付与されている。

　本答申を受け，1996年12月13日，男女共同参画推進本部は，「男女共同参画2000年プラン——男女共同参画社会の形成の促進に関する西暦2000年度までの国内行動計画」（以下「2000年プラン」という）を決定し，閣議に報告，了承され，策定された[70]。この2000年プランが策定されたことにより，1995年の第4回世界女性会議で採択された「北京行動綱領」が，各国政府に求めていた国際的な要請に，我が国も応えたことになったのである。

　また，男女共同参画推進連携会議も発足した。ビジョンの審議を行っていた男女共同参画審議会では，ジェンダーに対するスタンスとして3つの案が示され，「男女の特性，すなわち生物学的機能の性差に由来する社会的役割の違いを前提とせずに男女平等の実現を目指す立場で，『ジェンダー』からの解放，ジェンダーフリーを志向する方向性である」[71]と説明がなされた案が了承された旨，議事録に記載されている。

　このように，男女共同参画社会基本法の制定に向けて，1996年7月の答申は，「基本的な観点から意見を述べることのできる，法律に基づく諮問機関を設置すべきである」との提言がなされ，また，「男女共同参画社会への取組」の「女性に対する暴力の撤廃」に関して，「売春に関する諸問題を，女性の人権の保障，男女共同参画社会の実現という新たな観点に立って検討するため，当審議会と売春対策審議会の関係のあり方を含め，これらの問題を審議する体制の見直しを進めるべきである」[72]との提言がなされた。

　一方，売春対策審議会は，1996年8月，「内閣総理大臣に『売春防止対策を審議するための体制の見直しについて』と題する要望書を提出した。これは，

体制を見直し幅広い視野に立った審議を行う場と，その下でより専門的な知識，経験に基づき審議を行う場の双方を設置すべきであると要望したものである」[73]といえよう。

　こうした状況を踏まえ，日本政府の「2000年プラン」は，「国内本部機構の組織・機能強化」に「男女共同参画社会の形成を促進するための新たな審議会の設置」を掲げ，「法律に基づく諮問機関として男女共同参画社会の実現を促進するための新たな審議会の設置に向けて検討を進める」ことを明記したのである。

　これを受けて，総理府は，新たな審議会の設置について単独法を国会に提出することとし，男女共同参画社会の定義をし，委員の男女比率規定等を含む男女共同参画審議会設置法案は，1997年2月に閣議決定され，国会に提出された。その後，国会審議を経て，3月に「男女共同参画審議会設置法」（平成9年法律第7号）が公布され，同1997年4月1日に施行されたのである[74]。これに伴い売春対策審議会が廃止されたことはいうまでもない。

　この男女共同参画審議会設置法は，国の審議会等の設置根拠としては，比較的少数に属する単独の設置法形式を採り，全7か条で構成されている。また，法律として初めて男女共同参画社会を定義しているところに意義があるといえよう。さらに，この設置法は，男女の委員の割合を確保するための規定を置いているが，この最後の規定は，いわゆるクォータ制[75]の導入を意味しており，他の法令には例を見ない規定であったと評価できる[76]。

　そして，1997年6月16日には，「内閣総理大臣は，男女共同参画審議会会長に対して，『男女共同参画社会の実現を促進するための方策に関する基本的事項について，貴審議会の意見を求める』との諮問（諮問第1号）をしている。また，同日，『男女共同参画社会の実現を阻害する売買春その他の女性に対する暴力に関し，国民意識の変化や国際化の進展等に伴う状況の変化に的確に対応するための基本的方策について，貴審議会の意見を求める』（諮問第2号）」[77]との諮問も提出しているのである。

　また，1998年2月16日の「第142回国会における施政方針演説」において，橋本龍太郎内閣総理大臣は，「『個人の幸福と社会の活力を共にかなえるためには，個人が相互に支え合い，助け合う社会の連帯を大切にし，人権が守られ，差別のない公正な社会の実現に努力しなければなりません。なかでも，男は仕

事，家事と育児は女性といった男女の固定的な役割意識を改め，女性と男性が共に参画し，喜びも責任も分かち合える社会を実現することは極めて重要であり，そのための基本となる法律案を来年の通常国会に提出致します』と述べ，基本法の国会提出が一層具体化していった」[78]のである。

さらには，1999年1月9日の第145会国会において，小渕恵三内閣総理大臣は施政方針演説で，「少子化の急激な進行も，我が国経済社会に大きな影響をもたらすものであります。私は先般，少子化への対応を考える有識者会議から，家庭や子育てに夢を持てる環境の整備は社会全体で取り組むべき課題であるとの提言を受けました。私は，この問題に適切に対応すべく，各界関係者の参加を募り国民会議を設け，国民的広がりのある取り組みを全力で進めてまいりたいと考えております。今国会には男女共同参画社会基本法案を提出いたしますが，こうした取り組みの大きな推進力になると確信いたしております（衆議院本会議）」[79]と述べている。その後，1999年2月26日に法案は閣議決定され，国会に提出された。

こうした流れを受けて野中広務内閣官房長官・男女共同参画担当は，以下のような提案理由，趣旨説明をしている。

　　「我が国においては，日本国憲法に個人の尊重，法の下の平等がうたわれており，男女平等の実現に向けてさまざまな取り組みが，国際連合など国際社会における取り組みとも連動しつつ，着実に進められてきたところであります。その間には，女子差別撤廃条約も批准されました。……また，少子高齢化など社会経済情勢の急速な変化に対応していく上でも，女性と男性が互いにその人権を尊重し，喜びも責任も分かち合いつつ，性別にとらわれることなく，その個性と能力を十分に発揮することができる男女共同参画社会の実現は，一層緊急の課題とされているところであります。
　　男女共同参画社会基本法案は，男女共同参画社会の形成に関する基本的理念とこれに基づく基本的な施策の枠組みを国民的合意のもとに定めることにより，社会のあらゆる分野において国，地方公共団体及び国民の取り組みが総合的に推進されることを目的としています。この法律案は，男女の人権が尊重され，豊かで活力ある社会を実現し，女性も男性もみずからの個性を発揮しながら，生き生きと充実した生活を送ることができることを目指すものであり，21世紀の日本社会を決定する大きなかぎとなる意義を持つものと考えています。」[80]

と述べているのである

30

続いて，法案の概要を以下のように説明している。

　第一に，男女共同参画社会の形成に関する基本理念として，男女が性別による差別的取り扱いを受けないこと等の男女の人権の尊重，社会における制度または慣行についての配慮，政策等の立案及び決定への共同参画，家庭生活における活動と他の活動との両立，国際的協調という5つの理念を定めるとともに，国，地方公共団体及び国民の男女共同参画社会の形成に係る責務を明らかにしております。
　第二に，男女共同参画社会の形成の促進に関する施策に関し，政府等は基本的な計画を定めて施策の大綱を国民の前に示すこととするとともに，施策の策定等に当たっての配慮，国民の理解を深めるための措置，苦情の処理等，調査研究，国際的協調のための措置，地方公共団体及び民間の団体に対する支援など基本的な施策について規定しております。
　第三に，現在，男女共同参画審議会設置法に基づいて設置されている男女共同参画審議会について，この基本法にその設置根拠を移すことにより，男女共同参画社会の実現に向けた推進体制として明確に位置づけております」

と。当時の政府の意気込みを感じることができるであろう。

　そして，本法案は，1999年6月15日に衆議院本会議で可決され，「男女共同参画社会基本法」（平成11年6月23日法律第78号，最終改正：平成11年12月22日法律第160号）として施行されるに至ったのである。

　この男女共同参画社会基本法は，前文において「我が国においては，日本国憲法に個人の尊重と法の下の平等がうたわれ，男女平等の実現に向けた様々な取組が，国際社会における取組とも連動しつつ，着実に進められてきたが，なお一層の努力が必要とされている。

　一方，少子高齢化の進展，国内経済活動の成熟化等，我が国の社会経済情勢の急速な変化に対応していく上で，男女が，互いにその人権を尊重しつつ責任も分かち合い，性別にかかわりなく，その個性と能力を十分に発揮することができる男女共同参画社会の実現は，緊要な課題となっている。

　このような状況にかんがみ，男女共同参画社会の実現を21世紀の我が国社会を決定する最重要課題と位置付け，社会のあらゆる分野において，男女共同参画社会の形成の促進に関する施策の推進を図っていくことが重要である。

　ここに，男女共同参画社会の形成についての基本理念を明らかにしてその方

向を示し，将来に向かって国，地方公共団体及び国民の男女共同参画社会の形成に関する取組を総合的かつ計画的に推進するため，この法律を制定する」と，その目標を高らかに宣言している。

そして，第1条において目的規定を置き，「この法律は，男女の人権が尊重され，かつ，社会経済情勢の変化に対応できる豊かで活力ある社会を実現することの緊要性にかんがみ，男女共同参画社会の形成に関し，基本理念を定め，並びに国，地方公共団体及び国民の責務を明らかにするとともに，男女共同参画社会の形成の促進に関する施策の基本となる事項を定めることにより，男女共同参画社会の形成を総合的かつ計画的に推進することを目的とする」と規定しているのである。

また，第2条「定義」では，1号で，「男女共同参画社会の形成」とは，「男女が，社会の対等な構成員として，自らの意思によって社会のあらゆる分野における活動に参画する機会が確保され，もって男女が均等に政治的，経済的，社会的及び文化的利益を享受することができ，かつ，共に責任を担うべき社会を形成することをいう」とし，2号で，「積極的改善措置」とは，「前号に規定する機会に係る男女間の格差を改善するため必要な範囲内において，男女のいずれか一方に対し，当該機会を積極的に提供することをいう」と定義している。

「積極的改善措置とは，男女間の格差を改善するため必要な範囲内において，男女のいずれか一方に対し，社会の対等な構成員として，自らの意思によって社会のあらゆる分野における活動に参画する機会を積極的に提供することと説明」[81]している。ここで言う「積極的改善措置」とは，一般にはポジティブ・アクション[82]と呼ばれている。この「ポジティブ・アクションとは，歴史的に継続して差別されてきた社会の一定の構成員に対して，差別を是正するために，優先的な特別の取扱いをすること」[83]である。

また，第3条では，「男女共同参画社会の形成は，男女の個人としての尊厳が重んぜられること，男女が性別による差別的取扱いを受けないこと，男女が個人として能力を発揮する機会が確保されることその他の男女の人権が尊重されることを旨として，行われなければならない」と「男女の人権の尊重」について規定している。

さらに，男女共同参画社会の形成の促進に関する基本的施策として，第13条で，「政府は，男女共同参画社会の形成の促進に関する施策の総合的かつ計画

的な推進を図るため，男女共同参画社会の形成の促進に関する基本的な計画
（以下「男女共同参画基本計画」という）を定めなければならない」と男女共同参
画基本計画について定め，第14条では，都道府県における男女共同参画基本計
画等について定めている。そして，第21条では，内閣府に男女共同参画会議を
置くことを規定しているのである。

第4項　男女共同参画基本計画

　1999年8月9日，内閣総理大臣は，男女共同参画審議会に対して，「男女共同
参画社会基本法」（平成11年法律第78号）第21条2項2号の規定に基づき，男女共
同参画社会の形成については，1996年7月30日に『男女共同参画ビジョン』に
より21世紀を展望した総合的ビジョンが示され，1996年12月13日に国内行動計
画である『男女共同参画2000年プラン』が決定された[84]。その後の男女共同参
画社会の形成に関連する国内外の様々な状況の変化を考慮の上，今後，政府が
基本法に基づく男女共同参画基本計画を策定していく際の基本的な考え方につ
いて」として，「男女共同参画社会基本法を踏まえた男女共同参画社会の形成
の促進に関する施策の基本的な方向について，貴審議会の意見を求める」[85]と
諮問をしている。

　これを受けて，同審議会は，2000年5月に，「男女共同参画社会の形成の促
進に関する施策の基本的な方向に関する論点整理」を公表し，同2000年9月26
日には，内閣総理大臣に「男女共同参画基本計画策定に当たっての基本的な考
え方——21世紀の最重要課題（答申）」を提出したのである。

　なお，本審議会は，政府が標記計画を推進するに当たって，以下の点につい
て十分留意することを，強く要望した。

　①男女共同参画社会の実現は，21世紀の我が国社会のあり方を決定する最重要課題
であり，政府においてはこのことを強く認識し，男女共同参画社会基本法に基づき初
めて定められる男女共同参画基本計画に盛り込まれた施策を，当審議会答申『男女共
同参画基本計画策定に当たっての基本的な考え方』の趣旨を踏まえ，早期に実現して
いくこと。②個人のライフスタイルの選択に大きな影響を与える税制，社会保障制度
等の社会制度については，個人の活動の選択に中立的な制度となるよう，世帯単位の
考え方をもつものを個人単位に改めるなど，制度の検討・見直しに早期に取り組むこ
と。③女性に対する暴力は，女性の人権に直接関わる深刻な問題であり，その根絶を

目指して，既存の法制度の的確な実施や各種施策の充実だけでなく，これまでの状況を踏まえ，新たな法制度や方策などを含め，早急に幅広く検討すること。④平成13年1月からの中央省庁等改革において，内閣府に男女共同参画会議と男女共同参画局が置かれるなど新たな推進体制が発足するところであるが，その機能を十分発揮し，男女共同参画社会の形成のための取組みを整合性をもって，総合的かつ効率的に推進すること。また，そのためにも，内閣の要であり，男女共同参画会議の議長である内閣官房長官が男女共同参画担当大臣としてその任に当たることが必要であること[86]

という要望を提出した。

　その結果，男女共同参画基本計画は，「成果文書」[87]等を踏まえ，基本法に基づく初めての計画として，2000年12月12日に閣議決定されたのである[88]。

　ちなみに，同2000年，「児童虐待の防止等に関する法律」（平成12年法律第82号，最終改正：平成29年法律第69号，以下，「児童虐待防止法」とする）と，「ストーカー規制法」が施行されている。

　ところで，この第1次男女共同参画基本計画策定後の主な取組みであるが，まず，2001年に，男女共同参画局を設置し，男女共同参画会議において，男女共同参画社会の形成の促進に関する基本的な方針等の調査審議，男女共同参画社会の促進に関する施策の実施状況の監視及び政府の施策が，男女共同参画社会の形成に及ぼす影響の調査を実施している[89]。

　そして，同2001年4月，議員立法により「DV防止法」が成立し，2004年には，DV防止法が改正された。我が国では，国連総会の女性2000年会議との関連で，女性に対する暴力に関する法律として，DV防止法を導入したのではないかと筆者は考えるのである。

　また，同2004年7月，小泉純一郎内閣総理大臣により男女共同参画会議に対し，2006年度以降の基本計画の改定に当たって基本的な考え方についての諮問が行われた。これを受けて，同会議と男女共同参画基本計画に関する専門調査会，女性に対する暴力に関する専門調査会において，第2次男女共同参画基本計画の策定のための検討が開始されたのである。

　そして2005年5月，「男女共同参画社会の形成の促進に関する施策の基本的な方向についての中間整理」が出され，7月25日「男女共同参画社会の形成の促進に関する施策の基本的な考え方——男女がともに輝く社会へ」という答申

が内閣総理大臣に提出され，10月に基本計画専門調査会によって再び論点整理がなされた。2005年12月27日には，第2次男女共同参画基本計画が閣議決定されているのである[90]。

　この第2次男女共同参画基本計画は，基本的考え方と構成，重点項目，12の分野毎の施策の目標，基本的方向，具体的施策を記述し，総合的・計画的推進のための整備・強化を掲げている。

　また，第2次男女共同参画基本計画における重点事項としては，①2020年までに，指導的地位に女性が占める割合が少なくとも30％程度になるよう期待し，各分野における取組を促進する，②雇用分野において実質的な男女の均等を確保するための方策についての検討の結果を踏まえ適切に対応し，更なる男女雇用均等法の推進を図る，③男女共同参画社会の形成の男性にとっての意義と責任や，地域・家庭等への男性の参画を重視した広報・啓発活動を推進する，④社会的認識の徹底等女性に対する暴力を根絶するための基盤整備を行うとともに，暴力の形態に応じた幅広い取組を総合的に推進する，⑤本計画に掲げた分野を含むあらゆる分野において男女共同参画の視点に立って関連施策を立案・実施し，男女共同参画社会の実現を目指す等が，盛り込まれたのである[91]。

　ここで注意すべきことは，社会のあらゆる分野において，2020年までに，指導的地位に女性の占める割合が30％程度になるよう数値目標が盛り込まれたことである[92]。この数値目標は，国連では，すでに1990年のナイロビ将来戦略勧告で合意されていたのであるが，日本でも，ようやく，この基本計画で盛り込まれたのである。

　ここで言う，女性に対するあらゆる暴力の根絶の分野の目標とは，暴力は，その対象の性別や加害者，被害者の間柄を問わず，決して許されるものではないが，暴力の現状や男女の置かれている我が国の社会構造の実態を直視するとき，特に女性に対する暴力について早急に対応する必要があるということである。

　筆者は，女性に対する暴力は，女性に恐怖と不安を与え，女性の活動を束縛し，自信を失わせることで女性を支配し，女性を男性に比べて更に従属的な状況に追い込むものであると思う。男女共同参画社会基本法では，男女共同参画社会の形成についての基本理念の一つとして，「男女の人権の尊重」を掲げているが，女性に対する暴力は，犯罪となる行為をも含む重大な人権侵害であり，

第1章　女性に対する暴力　　35

男女共同参画社会を形成していく上で克服すべき重要な課題である。我々，国民のすべてが，その根絶に向けて努力を続けなければならないことを銘記すべきである。

　また，改めて指摘するまでもなく，第2次基本計画では，「女性に対する暴力は潜在化しがちであり，社会の理解も不十分で，個人的問題として矮小化されることもある。しかし，女性に対する暴力は，多くの人々にかかわる社会問題であるとともに，男女の固定的な役割分担，経済力の格差，上下関係など我が国の男女が置かれている状況等に根ざした構造的問題として把握し対処していくべきである」[93]と指摘しているが，筆者も同様に考える。なぜならば，こうした問題意識なくしては，女性に対する暴力を根絶することは不可能であると思うからである。

　また，女性に対する暴力の予防と根絶のための基盤づくりでは，「暴力を予防し，容認しない社会の実現を目指し，広報啓発活動を一層推進する。加害者については，矯正処遇，社会内処遇の充実・強化を図り，再犯防止に努める」という基本的方向を決定した。そこでは，具体的施策として，女性に対する暴力への社会的認識の徹底，体制整備，女性に対する暴力の発生を防ぐ環境づくり，女性に対する暴力に関する調査研究等を盛り込んでいるのである。

　この女性に対する暴力の予防と根絶のための一環として，配偶者等からの暴力の防止及び被害者の保護等の推進では，基本的方向を「配偶者暴力防止法を踏まえ，保護命令制度の適切な運用の実現や被害者の自立支援等の施策を進める。また，配偶者からの暴力は児童虐待と関連が深いことにも留意する」としたのである。そのための具体的施策は，関係機関の取組及び連携に関する基本的事項，相談体制の充実，被害者の保護及び自立支援，関連する問題への対応等である。

　性犯罪への対策の推進では，基本的施策を「加害者の責任を厳正に追及するとともに，被害者が安心して被害を届け出ることができる環境づくり等の性犯罪の潜在化防止に向けた施策を推進する。被害者が心理的外傷等心身に深い傷を負っていること等を十分配慮し，その被害を回復するための施策の充実に努める」としている。そのための具体的な施策として提示されたのは，性犯罪への厳正な対処等，被害者への配慮等，加害者に関する対策の推進等，啓発活動の推進等である。

ストーカー行為等への対策の推進では，「関係機関が連携して被害者の立場に立った迅速かつ適切な対応・支援に努めるとともに，ストーカー規制法の仕組み等について広報活動を推進する」という施策の基本的方向を掲げ，具体的施策として，ストーカー行為等への厳正な対処，被害者等の支援及び防犯対策，広報啓発の推進を掲げている[94]。その他に，売買春への対応の推進，人身取引への対応の推進がある。

その後，2008年には，「女性の参画加速プログラム」が策定され，2010年には，第3次男女共同参画基本計画において，第9分野において，女性に対するあらゆる暴力の根絶が策定された。

しかも，第3次男女共同参画基本計画においては，「男女共同参画社会の実現は，女性にとっても男性にとっても生きやすい社会を作ることであり，政府一体となって取り組むべき最重要課題であることが明記された。そして，その目指すべき目標として，①固定的性別役割分担意識をなくした男女平等の社会，②男女の人権が尊重され，尊厳を持って個人が生きることのできる社会，③男女が個性と能力を発揮することによる，多様性に富んだ活力ある社会，④男女共同参画に関して国際的な評価を得られる社会である」[95]という基本的な方針が掲げられたのである。

この第3次男女共同参画基本計画において強調している視点は，①女性の活躍による経済社会の活性化，②男性，子どもにとっての男女共同参画，③様々な困難な状況に置かれている人々への対応，④女性に対するあらゆる暴力の根絶，⑤地域における身近な男女共同参画の推進等である。特に，④女性に対するあらゆる暴力の根絶については，女性に対する暴力は重大な人権侵害であり，男女共同参画社会を形成していく上で克服すべき重要課題であることから，暴力を容認しない社会的認識の徹底等根絶のための基盤整備とともに，防止対策や被害者支援など，女性に対する暴力の様々な形態に応じた根絶のための幅広い取組を総合的に推進することが必要である[96]とされている。

また，第3次男女共同参画基本計画の第9分野では，「特に，インターネットや携帯電話の普及により，女性に対する暴力は多様化してきており，こうした課題に対しては，新たな視点から迅速かつ効果的に対応していくことが求められる。……こうした状況を踏まえ，女性に対する暴力を根絶するため，社会的認識の徹底等根絶のための基盤整備を行うとともに，配偶者からの暴力，性犯

第1章 女性に対する暴力 37

罪等，暴力の形態に応じた幅広い取組を総合的に推進する」[97]という基本的な考え方を挙げているのである。筆者と同じ思考方法を採用しているといえよう。

さらに，この第3次男女共同参画基本計画では，第9分野の女性に対するあらゆる暴力の根絶に向けての更なる取組について検討を行うために，調査検討を進め，国際機関からの勧告等を始めとする国際的な動向等の社会情勢を踏まえながら，真に求められる施策について，2012年7月の男女共同参画会議女性に対する暴力に関する専門調査会から，「女性に対する暴力を根絶するための課題と対策——性犯罪への対策の推進」の調査検討結果の報告書が提出された。

この報告書においては，①非親告罪化等の強姦罪の見直しによる性犯罪への厳正な対処とワンストップ支援センターの設置促進，②二次被害の防止など被害者への支援，配慮の2項目[98]について，特に重点的な調査検討を取りまとめていることに注意すべきであろう。

2013年6月には，ストーカー規制法が，2000年に制定されて以来，初めて改正された。この時，同時にDV防止法も改正され，2014年1月に施行されたのである[99]。

また，2014年4月には，男女共同参画会議は，「女性に対する暴力を根絶するための課題と対策——配偶者からの暴力の防止等に関する対策の実施状況のフォローアップ」を行い，報告書をまとめている

この報告書は，第3次男女共同参画基本計画の第9分野の配偶者等からの暴力の防止及び被害者の保護等の推進に基づいた，2012年11月からの配偶者からの暴力の防止等に関する対策の実施状況についてのフォローアップである。

この報告の調査検討の重点は，DV防止法の改正点である「生活の本拠を共にする交際相手からの暴力及びその被害者についても，配偶者からの暴力及びその被害者に準じて法の適用対象とすること」と，第3次男女共同参画基本計画の第9分野の配偶者等からの暴力の防止及び被害者の保護等の推進の基本方針の見直しも踏まえ，また近年，交際相手からの暴力が社会的に問題となり，事件も多いことから，保護命令制度，交際相手からの暴力への対応など被害者の安全の確保に関する事項である[100]。

そして，安倍晋三内閣総理大臣は，2014年10月，男女共同参画会議に対し，第3次男女共同参画基本計画策定後の男女共同参画社会の形成に関連する国内外の様々な状況の変化を考慮の上，政府において第4次計画を策定する際の基

本的な考え方について諮問し，同諮問に対して，男女共同参画会議は，計画策定専門調査会，女性に対する暴力に関する専門調査会及び監視専門調査会において，広く国民各層の意見を求めつつ調査審議を進め，2015年12月，「第4次男女共同参画基本計画策定に当たっての基本的な考え方」を答申し，第4次計画は，同答申を踏まえて策定された。そして，2015年12月25日には，第4次男女共同参画基本計画が閣議決定されたのである。

この第4次男女共同参画基本計画の基本な方針では，「①男女が自らの意思に基づき，個性と能力を十分に発揮できる，多様性に富んだ豊かで活力ある社会，②男女の人権が尊重され，尊厳を持って個人が生きることのできる社会，③男性中心型労働慣行等の変革等を通じ，仕事と生活の調和が図られ，男女が共に充実した職業生活その他の社会生活及び家庭生活を送ることができる社会，④男女共同参画を我が国における最重要課題として位置付け，国際的な評価を得られる社会という，4つを目指すべき社会とし，その実現を通じて，基本法が目指す男女共同参画社会の形成の促進を図っていく」[101]ことが掲げられている。

そして，この第4次男女共同参画基本計画は，その第7分野「女性に対するあらゆる暴力の根絶」において，「女性に対する暴力は，犯罪となる行為をも含む重大な人権侵害である。その予防と被害からの回復のための取組を推進し，暴力の根絶を図ることは，男女共同参画社会を形成していく上で克服すべき重要な課題であり，国としての責務である」と，女性に対する暴力を重大な人権侵害であると宣言しているのである。

こうした基本的方針からすれば，配偶者等からの暴力，ストーカー行為等の被害は，後に詳述するように，引き続き深刻な社会問題となっており，こうした状況に的確に対応する必要があると筆者は考えるのである。

また，内閣府男女参画局は，近年，ソーシャル・ネットワーキング・サービス（以下「SNS」という）など，インターネット上の新たなコミュニケーションツールの広がりに伴い，これを利用した交際相手からの暴力，性犯罪，売買春，人身取引等暴力は一層多様化しており，そうした新たな形の暴力に対して迅速かつ的確に対応していく必要があるとの考えを示し，「女性に対する暴力を根絶するため，暴力を生まないための予防教育を始めとした暴力を容認しない社会環境の整備等，暴力の根絶のための基盤づくりの強化を図るとともに，配偶

第1章　女性に対する暴力　39

者からの暴力の防止及び被害者の保護等に関する法律（平成13年法律第31号。以下「配偶者暴力防止法」という）を始めとする関係法令の近年の改正内容等の周知徹底及び厳正な執行に努め，配偶者等からの暴力，性犯罪，ストーカー行為等の形態に応じた幅広い取組を総合的に推進する」[102]という基本的な考え方を取りまとめている。

　この第4次男女共同参画基本計画は，女性に対する暴力の予防と根絶のための基盤づくりの施策の基本的方向として，「女性に対する暴力は，犯罪となる行為をも含む重大な人権侵害であり，男女がお互いの尊厳を重んじ対等な関係づくりを進める男女共同参画社会の形成を大きく阻害するものである。このため，暴力を容認しない社会環境を整備するための教育・啓発を強力に推進する。また，被害者が相談しやすい体制づくりを通じて，被害の潜在化を防止するとともに，関係行政機関を始め，医療機関，弁護士，民間支援団体等との更なる官民連携強化等により被害者に対する効果的な支援の更なる拡充を図る」[103]と明言している。こうした基本的方針は，本書の骨格ともなるものであり，高く評価することができるであろう。

　ちなみに，具体的な取組としては，女性に対する暴力を容認しない社会環境の整備，相談しやすい体制等の整備，女性に対する暴力の被害者に対する効果的な支援，女性に対する暴力の発生を防ぐ環境づくりが提案されている[104]。

　また，配偶者等からの暴力の防止及び被害者の保護等の推進の施策の基本的な方向は，「配偶者等からの暴力の被害者に対する支援に当たっては，その中核としての役割を担う都道府県と最も身近な行政主体である市町村が，適切な役割分担と相互連携の下に，各種取組を効果的に実施する。被害者支援については，どの地域においても質の高い支援が受けられるよう相談体制の充実を図るとともに，都道府県及び市町村の関係機関の連携を核としつつ，民間団体を含めた広範な関係機関の参加と連携協力の下，被害者の保護から自立支援に至る各段階にわたり，男女を問わず，被害者の置かれた状況や地域の実情に応じた切れ目のない支援を行う」[105]ことであるとしている。

　さらに，ストーカー事案への対策の推進についての施策の基本的方向は，「ストーカー事案は，被害者の生活の平穏を害する行為であるとともに，事態が急展開して重大事件に発展するおそれがある行為である。被害者等の安全確保を最優先とした措置を講ずるとともに，被害者が早期に相談することができ

る体制を整備し，関係機関が連携して，被害者の立場に立った迅速・的確な支援を行うための取組を推進する」[106]ことであることを明示している。

　そして，性犯罪への対策の推進の施策の基本的方向は，「性犯罪被害者が，被害を訴えることを躊躇せずに必要な相談を受けられるような相談体制の整備及び被害者の心身回復のための被害直後及び中長期の支援が受けられる体制整備を図るとともに，被害者のプライバシーの保護及び二次的被害の防止について万全を期する。また，法制度の見直しを含め，性犯罪に対する厳正な対処等を推進する」[107]ことであるとしている。本書の目指すところも同じ方向であることを，ここに付言しておきたいと思う。

　我が国での女性に対する暴力の取組みは，以上のような流れとなっているが，第3次男女共同参画基本計画では，「女性に対する暴力」について，配偶者からの暴力，性犯罪等と表記されているが，第4次男女共同参画基本計画では，具体的な暴力の中にストーカー行為も定義されるようになったことは望ましいことである。なぜならば，本書の**第3章**以下の各論部分で具体的に考察の対象とする犯罪類型も，同じ類型であるからである。

　以上，国連の特別報告者であるクマラスワミの報告書を契機として，国連の女性に対する暴力への諸施策を，国際的なレベルで考察すると同時に，我が国における女性に対する暴力への対応策とその動向について検討してきたが，次節においては，女性に対する暴力の構造を解明するために，女性に対する暴力の原因論について検討してみたいと思う。

第4節　女性に対する暴力の原因論の構造

　一般的に見て「暴力の理論」は，各時代の支配的パラダイムを受けて発展してきたと言える。その中でも，近年の女性に対する暴力の原因に関する理論は，犯罪学の原因論と同様，生物学的説明から始まったと言われている。その後，単一要因よりする女性に対する暴力の生物学的理論に対して，社会構造を重視し，家庭内暴力と結びつけた社会文化的理論が生み出され，これらの生物学的理論と社会文化的理論を受けて，フェミニスト理論と巨視的社会原因論（社会政治学的理論）が出現した。意外にも，男性による女性に対する暴力についての心理学的理論が現れたのはごく最近のことである[108]。

第1章　女性に対する暴力　　41

ハーウェイ（Harway, M.）とオニール（O'Neil, J.M.）の編著『パートナー暴力』[109]によると，女性に対する暴力の原因論として重要なのは，第1に，社会の全体構造を基盤とする巨視的社会原因論であるとされている。これは，女性に対する抑圧と暴力を引き起こす家父長的・制度的構造を中心とするものであり，社会学的な理論であると言える。第2に，この巨視的な視点を受けて，男性中心社会の虚偽性を指摘する社会文化的原因論が展開されている。この原因論は，具体的には，女性に対して暴力を引き起こす原因として，生涯の間に学習される男性の性差別的態度・感情・行動を中心とするものである。第3に，女性に対する暴力の原因論として，個人的要因を重視する，生物学的原因論がある。この理論は，女性に対する暴力を引き起こす男性のホルモン次元・神経解剖学的次元を中心とするもので，この原因論には，あらゆる男性の生理学的過程が含まれるのである。第4は，心理と社会的経験を重視する，進化心理学的原因論がある。これは，思考，感情，行動などの男性の心理作用が，どうして女性に対する暴力を生み出すのか[110]という心理学的，社会的経験を中心とするものである。第5に，これは女性に対する暴力に特有なものであるかもしれないが，加害者・被害者関係原因論が提唱されている。これは，男性による女性に対する暴力を引き起こすパートナー間に進行中の対人的・言語的相互作用を中心とするものである。

　筆者がここで提示するこれらの女性に対する暴力の原因論は，『パートナー暴力』で説明されている4つの説明要因とレノア・ウォーカー（Walker, L.E.）の暴力サイクル[111]を参考にしたものであることに注意していただきたいと思う。それでは，以下において，それぞれの原因論について詳細に述べてみたい。

第1項　巨視的社会原因論

　第1の巨視的社会原因論は，直接的あるいは間接的に，より大きな社会的条件や価値観で，男性が女性に対して暴力を振るいやすくさせる原因を究明しようとするものである。そのため，この原因論には，女性を抑圧し，差別するという，過去の歴史において展開されてきたすべての制度的構造や現行の制度的構造が含まれている。従って，ここでいう制度的構造には，明らかに性差別的，家父長的構造だけでなく，その他の形態の個人的，制度的，文化的抑圧も含まれると考えられるのである[112]。

オニールとナダル（Nadeau, R.A.）によれば，アルビー（Albee, G.W.）は，「男性の性役割の社会化が，どうして女性に対する暴力の原因となるのかを説明する重要な要因であるとし，具体的には，家父長制，性差別，性役割ステレオタイプによって女性に対する暴力を説明するのに役立つ状況的原因だ」と述べている[113]。

この理論の中核をなす家父長制という概念は，生活・文化のあらゆる面での父親の家族に対する優位の発現であり，女性や子どもに対する男性支配であると古くから定義されている。そのため家父長制は，女性を虐げる要因となるとするのである。なぜなら，家父長制は権力の濫用を大目にみて，女性の基本的人権を侵害するからである。また，家父長制は，職業，宗教，政治，家族，市民生活における女性に対する公然たる差別，暗黙の差別の原因になると言われている。

また，性差別は，「家父長制の社会的・政治的・個人的表現である。家父長的な価値体系は，それが心理学的に実際に有害で，しばしば精神病理の形をとるとき，性差別を規範として押しつけようとする」というのである。

このような巨視的社会原因論について，フェミニストは，「男性による女性に対する暴力の行使に社会が制裁を科しえない仕組み，あるいは社会が女性に対する男性優位な好意的態度を示し，男性の攻撃や暴力を受容可能な規範として支持する不平等な家父長的権力構造を強化する社会政治的風土」にスポットを当てている[114]。

このように，巨視的社会での権力には，男性・女性それぞれを抑圧する家父長的，性差別的，人種差別的，自民族中心的，階級差別的制度構造が含まれているのである。つまり，ほとんどの社会の中に，あらゆる社会的，政治的，経済的な側面で，男女間の権力不平等が見受けられるというのである[115]。

また，巨視的社会原因論からは，男性によって行われる女性に対する暴力は，女性に対して，下位の社会的地位，政治的地位を強いようとして使われる一種の社会統制であると考えられている。そして，フェミニストの理論家は，パートナー暴力を，女性を従属させるために機能する，より大きな家父長的構造の反映とみなし続け，刑事司法，保健，軍隊，運動競技，宗教などの主な制度とは，家父長的価値を反映するものであり，女性に対する暴力を奨励，維持させるものと考えるのである[116]。

第1章　女性に対する暴力　　43

マリン（Marin, A.J.）とルッソ（Russo, N.F.）によるとコス（Koss, M.P.），ハイゼ（Heise, L.）とルッソは，女性に対する暴力についての特徴として，「暴力がとる形態に関係なく，それは多くの女性の生活の中に広がる執拗な日常的出来事であり，人種，民族性，国籍，階層，宗教，年齢，性的指向の一線を超えて起こる事象である」と論じている[117]。これは，後述するクマラスワミの「女性に対する暴力の報告書」からも明らかとなる事実である。

一方，マリンとルッソによれば，ホッタリング（Hotaling, G.T.）とシュガーマン（Sugarman, D.B.）は，「所得水準，教育水準，社会的地位，人格特性は，女性が受ける被害化率には影響を与えないこと」を見出しているという[118]。

この巨視的社会原因論を基にして，女性に対する暴力の原因となるものについてみてみると，以下のようなものが考えられる。

第1に，あらゆる形態の親密者間の暴力では，男性が加害者で女性が被害者になる可能性が高く，このことは，性役割の分担に関する理解が，そのような暴力の予測や予防の鍵になることを示している。第2に，暴力と権力との関係を理解することが，もう一つの重要な原因である。社会文化的背景が，職場，家庭，コミュニティ内の不平等な権力関係を維持するために，男性が暴力を使うことを方向づけ，助長し，後押ししている。第3に，暴力を経験している女性の多くは，日常環境の中で，一緒に生活し，働いている人々によって虐待を受けている。攻撃行為を行う加害者は，しばしば被害者にとって既知の者であることが多い。このことは，関係期待や関係スクリプト[119]が，暴力の形成と維持に重要な役割を果たしていると解釈できるであろう。

また，我々の社会制度は，女性の暴力経験を矮小化あるいは無視しがちであるという点が問題である。このことは，男性の暴力の合法性の維持に役立つ不平等な男女関係を表し，女性は男性に従属する立場にあるという構造的・観念的な特徴を有している。このような不平等が，男性優位であり，自然であり，期待されるものであるという家父長的な世界観に拍車をかけているのである[120]。

また，現在の司法制度は，既存の権力関係を強制しているということに注意しなければならない。そのことがパートナー暴力を永続化させている原因の1つであるとも考えられるからである。

フェミニストは，男性による暴力の女性・家族・社会に対する破壊的影響を

明らかにしてきた。被害に遭った女性は，身体的・精神的健康に対する即自的な影響や長期的な影響に苦しむのだとするのである。外科治療を必要とする女性の21％はパートナー暴力による被害者であると推定している。

そして，オニールとハーウェイは，「女性のライフスタイルに対する期待と現実に関する最近の社会変化が，男性の喪失恐怖を生み出し，女性に対する暴力を増加させた」という。「女性を支配しようとする力が，男らしさの質の定義となっている限り，男性はそれにしがみつき，それを失わないようにするために暴力の行使さえする」と考えたのである。加害者は，自分の暴力行為を防衛するために，女性の"妻らしくない行動"を指摘することは，広く知られていることである[121]。

このように，巨視的社会原因論は，社会的暴力，差別，文化的抑圧が，男性による女性に対する暴力リスクに直接的な影響を与えているとする。そして，人種的，文化的，民族的，階級的，年齢的，社会文化的原因が，男性による女性に対する暴力リスクと状況的に関連しているとするのである。また，権力と支配の問題が，男性による女性に対する暴力リスクに重要な意味をもっているとも考えられると主張する[122]。

さらに，オニールとハーウェイによれば，「人種差別，階級差別，同性愛嫌悪や異性愛主義，自民族中心主義，年齢による差別，制度化された形の貧困という，これらすべてが，女性に対する暴力を行う巨視的社会原因論の特徴を示している」と述べている[123]。

具体的には，「社会的な暴力，家父長的価値，性役割ステレオタイプ，マスメディア，男らしさの神話と価値システム，男性優位，特権と特典，人種差別・性差別・階級差別，自民族中心の制度的形態，差別と文化的抑圧，女性の従属，経済的要因，貧困などが主な要素である。これらの巨視的社会の概念が，男性による女性に対する暴力リスクの直接的・間接的引き金となる」[124]と考えられているのである。

第2項　社会文化的原因論

第2の社会文化的原因論は，男性の性役割の社会化が，どうして女性に対する暴力の一因となるかについて理論化したものである。この原因論は，権力葛藤や権力濫用，心理的暴力，状況的な出来事，男性の性役割同一性への脅威，

第1章　女性に対する暴力　　45

防衛機能の崩壊が，男性による女性に対する暴力を誘発させる一因となるとするものである[125]。

　ナット（Natt, R.L.）によると，オニールとナダルは，特に男性の暴力について，次のような要因を掲げている。

　まず，①家父長制社会によって性差別的な方法で社会化され，男らしさの神話や制約された価値観をもっている。②限定された性差別的性役割の固定観念を基盤にして，男らしい性役割同一性を発達させる。③性役割の社会化の間に男性性，女性性に関する歪んだ性役割スキーマ[126]を学習する。④女性性恐怖，去勢恐怖，性役割葛藤を生む歪んだ性役割スキーマを学習する。⑤性役割葛藤によって，怒り，恐怖，罪，不安，恥，自己嫌悪，痛み，喪失，悲しみ等の否定的感情を経験する。⑥自衛的防衛戦略を展開し，そして，性役割葛藤や否定的情動に対処するとき，男らしい性役割同一性を守るために防衛機制を使う。⑦機能異常的，虐待的な素因をもち，時々，性役割葛藤や学習された防衛のために，女性に対して暴力的になる。⑧特に，権力あるいは支配力喪失の危機にさらされるとき，男らしい性役割同一性が脅かされるとき，女性との権力葛藤時に権力を濫用したり，防衛的になったりする。⑨自衛的防衛戦略が崩壊し始め，従来の防衛が作動しなくなったとき，女性に対して心理的暴力や脅かしを使う。⑩誘発的なできごとが起こるとき，防衛戦略が作動しないとき，あるいは防衛機能が停止するとき，女性に対して暴力を振るおうとするのである[127]。

　特に，オニールとナダルは，「権力と支配とは，男性の性役割の社会化の間に学習した防衛プロセスである」と概念化する。権力は，「性役割の価値を表現し，男らしい性役割同一性を確立，あるいは維持するために，他者に影響を与え，他者を支配しようとする欲求である」と操作的に定義している。そして，「支配は，権力を得て権力を保持する手段であり，支配には，他者に規制，他者の抑制，また個人あるいは状況を自分の指揮下に置くことが含まれている」と説明している。

　多くの男女は，性役割の社会化の中で，人とのコミュニケーション，特に情動表出に関して異なった取り組み方を学び，女性は，人間交流のうちで情動的で直観的な対人関係の部分により焦点を当てるように学び，一方，男性は，合理的，知的，問題解決的取り組み方を重視するように学ぶのである[129]。

　以上のように考えた場合，男性の防衛と権力及び支配力による自衛的防衛戦

略の崩壊が，女性に対する暴力を生み出す可能性がある。そして，制限された情動性と関連した防衛や自衛的防衛戦略が崩壊すると，男性は怒り，恐怖，恥，激怒を抑えることができなくなるのである。つまり，女性に対する暴力を説明する矛盾のいくつかは，男性の性役割葛藤や性差別的な性役割の社会化から生じると考えられるといえよう[130]。

　サンチェス-ウクレス（Sanchez-Hucles, J.）とドゥットン（Dutton, M.A.）によると，ヒルら（Hill, H. et al.）は，社会文化的原因論における「文化は，集団が基本的な心理的ニーズ，生物学的ニーズを満たし，価値，規範，信念，態度，伝統を取り入れる手段である」としている[131]。

　そして，ナットは，この社会文化的原因論からすると，女性の性役割の社会化とその後に起こる性役割葛藤が，女性の暴力による被害の主要な原因であると考えられるとする。ほとんどの文化では，女性に対して，女性は男性よりも価値がないと教えられ，暴力に必要な予防特性である自尊心，個人の自信，自己主張スキルは女性には教えられてこなかったという経緯があるからである。実際，女性は，被害者となるように仕立てられていると言っても過言ではない[132]。

　特に，この性役割葛藤の概念は，特に女性が暴力の被害者となる説明に役立つ。社会化の間に学習された性差別的な，あるいは制限された性役割が，結果的に個人の制限，価値の引き下げ，他者または自己への侵害を生み出すときに性役割葛藤が起こるのであり，この葛藤がもたらす究極の結果が，個人の人間的可能性に対する，あるいは他者の人間的可能性に対する制限であると言えるであろう[133]。

　ナットは，「女性の制限された性役割の社会化とその結果として起こる性役割葛藤が，女性を暴力的な関係に引き入れ，女性がその関係から抜け出すことを困難にする」と述べている[134]。

　男性は，暴力による権力濫用を内面的に容認する可能性があり，女性には無力感があるために，暴力への抵抗，あるいは暴力の回避を困難な状態にしやすいということ[135]が，女性を被害者にしやすいと考えられるというのである。この点は筆者もそう思う。

　ナットによると，ホッフ（Hoff, L.A.）は，「多くの女性に自尊心障害を引き起こす社会化の問題に加えて，現実の虐待あるいは暴力それ自体が，女性の自尊

心や自己受容をさらに低下させるように作用する」と指摘した[136]。

また，ナットによれば，ベレンキーら（Belenky, M.F. et al.）は，「性役割葛藤，性役割の価値の引き下げ，性役割の制限，性役割侵害の女性への影響は，意見の喪失，ひいては自己概念の喪失のような力の欠落の説明と著しい類似点をもっている」という[137]。

すべての女性は，性役割の社会化と性役割の価値の引き下げ，性役割の制限，性役割の侵害によって特徴づけられる葛藤を共有する。その一方で，あらゆる女性が，社会化それ自体によって，暴力関係に巻き込まれるリスクを高める可能性があるのである。

社会文化的原因は，「男性や女性の社会化，特に性役割の社会化や葛藤が，男性による女性に対する暴力原因となるリスク要因，あるいは暴力を誘発させるリスク要因となりやすい」とする[138]。この理論は，男性による女性に対する暴力を振るいやすくさせる価値，態度，行動の内面化と定義できるであろう[139]。

また，社会文化的原因論は，性役割の社会化の間に学習された，女性に対するステレオタイプで，性差別的な性役割態度や行動が，男性を女性に対する暴力へ傾斜させやすくし，性役割葛藤パターン，たとえば，支配力，権力，同性愛嫌悪や異性愛主義，制限された情動性が，男性を女性に対する暴力へ傾斜させやすくすると主張する。そして，「性役割葛藤を生む性差別的な役割の社会化やステレオタイプな性役割の社会化が，女性を男性による暴力の被害者になるように仕向けやすくしている」とするのである[140]。

第3項　生物学的原因論

次に，生物学的原因論であるが，生物学的原因論は，男性による暴力を理解するために，生物学的原因と環境的原因の複雑な交互作用を含む進化的な枠組を提示している。また，生物学は遺伝学と同じではなく，行動は環境と相互作用する遺伝の産物であるという認識が必要であるとする。

一般に，攻撃行動，特に女性への暴力に対する生物学的原因の影響をみる最も有効な研究手段は，生物学的プロセスと認知的プロセスの相互作用が，情動，特に怒りの情動にどう影響するかを検討することである。怒りは，ダメージを受けた自我を修正する方法となるので，仕返しや復讐の考えと結びつくように

なるというのである。

「生物学的，認知的，関係プロセスの相互作用を考える情動理論には，加害者が彼らの経験をどのように解釈し，情動をどのように高じ，表出するかを明らかにしてくれるのではないかという期待がある」という[141]。マリンとルッソによると，ベン（Bem, S.）は，性役割の社会化には，対人暴力を促す家父長的な関係スクリプトの学習が含まれるという事実に焦点を当てているのである。そこには，男性の優位性を正当化し，性的不平等をエロティックにする基本的な異性愛的文化的スクリプトがあると述べている[142]。

マリンとルッソは，「個人レベルでは，日常生活において，女性を支配できることを期待している男性が，その特権的地位を脅かされるとき，身体的暴力，性的暴力，あるいは両方の暴力に訴えられるよう，家父長的価値が日常的な思考や行動の中に組み込まれているのかもしれない」と述べている[143]。

これは，DVや児童虐待においての説明手段としてよく用いられるものであるが，子どもの頃，父親が母親を殴ったり，暴力を加えているのを目撃した男性は，そうでない男性よりも大人になった時に虐待者になる傾向が高く，暴力の世代間連鎖が起こるとされる[144]。

また，グリーン（Greene, A.F.）によると，生物学的原因論の中でも，すべての現象が生物学的要因で説明できるわけではなく，双生児研究は，犯罪行動の遺伝的影響を支持するが，暴力行動との関連は明白には支持し得ない。また，暴力と攻撃と月経前症候群の関係も明らかではなく，攻撃に関するホルモン理論の追加的支持に対しては役に立たないと結論づけている[145]。このように，生物学的原因論を支持する者の中にも，何を有力な要因とするかという点では，見解が異なることに留意しなければならないのである。

また，脳機能不全理論からすると，グリーンによると，ゴールデンら（Golden, C.J. et al.）は「攻撃的傾向を統制する神経ネットワークは，両側前頭前皮質に始まり，中隔野，海馬，尾状核，視床，扁桃核などの辺縁系システム器官に集中している」と報告されている[146]。

グリーンによれば，ローゼンバームら（Rosenbaum, A. et al.）の研究では，「53人の虐待者サンプル中，50％以上は頭部外傷が虐待の病因的因子である可能性があり，それに対して夫婦仲の悪い非虐待者では，25％に頭部外傷があり，夫婦円満な対象群では16％のみに頭部外傷があったという証拠が示されてい

る」[147]。

　このようにデータから，異常な脳機能が，暴力行為や衝動行為の一因であることが主張されており，そして，これは虐待の加害者に対しても同様に当てはまると推測されるのである。ある研究によると，「虐待者の半数は，幼児期の頭部外傷の後遺症に苦しんでいる可能性がある」とされている[148]。

　また，一方で，シルバースタイン（Silverstein, L.B.）によると，ハーディ（Hrdy, S.D.）は，「人間のすべては，遺伝子によって決定されるという進化説明の歴史的傾向に対して，フェミニストの社会生物学は，漸進的な社会変化を促す環境変数の操作に関する仮説を生み出している」と主張している[149]。

　また，シルバースタインは，「男性の暴力率は，生物学的変数と生態学的変数の複雑な相互作用によって有意に変化する」と述べている[150]。

　さらにまた，シルバースタインは，少し変異的ではあるが，生物学的原因論と関連して，家父長制に関する巨視的社会状況が，一般に男性の高率の暴力，特に男性の女性に対する暴力の必要条件をつくり出し，維持している主要変数であると論じている。「この考え方は，人間，チンパンジー，ボノボ社会のオスの暴力率の比較，異種間分析によって説明できる」とする[151]。

　この異種間分析によれば，「性別暴力の永続化の重大な要素として，個々の男性の生物学的・心理学的・社会学的特徴，または関係パターンの特殊状況よりも，制度化された男性優位性が重要」[152]となるとしている。また，シルバースタインは，「家父長制度を解体する観点から，マクロ環境的な状況の操作に重点的に取り組むことが，男性の暴力を減少させる最も効果的な方法である」[153]とも述べているのである。

　また，ハーディは，生物学的原因論の中でも，社会生物学的アプローチでは，異種間の調査研究を分析し，非ヒト霊長類行動パターンを基にヒト霊長類行動に関する仮説を生み出しているとシルバースタインは述べている[154]。

　一方，シルバースタインによるとスマッツ（Smuts, B.）は，あらゆる人間社会は，進化史を通じて，なぜ男性優位の社会であったのかと疑問を呈している。そして，「性行為の強制による女性の生殖に対する男性のコントロールが，人間関係を理解する重要な部分である」と述べている[155]。

　そしてまた，スマッツは，男性の女性に対する暴力の生起確率を増減させる環境条件を特定しようと試みているシルバースタインはいう。スマッツのこの

分析は，どちらかと言えば，変化の方向を示すことに，より効果があったようである。彼は，女性に対する性行為の強制と暴力の頻度・強度を決定する社会的状況の重要性を指摘しているからである。

シルバースタインによると，スマッツは，また，雄同士の強連合や雌同士の弱連合に関する社会的状況が，ヒト霊長類に対する暴力を増加させることを明らかにした。彼は，「これらのデータは，女性の連携，特に経済的・政治的連帯に関する重要性を指摘しているとし，また，この分析は，女性の経済的自立達成，男性間の不平等の縮小，家父長的な習慣遵守の否定，男女不平等を正当化するイデオロギーの破壊が重要である」としている[156]。

また，シルバースタインは，ボノボの社会では，雄優位を制限して，雌（と雄）の生活の質を改善する一つの重要な変数として，雌の連携の重要性を指摘している。また，この女性連携に重点を置くことが，人間社会の男性の優位性の解体に特に関係するだろうと考え，女性にとって，経済的な安定を得ること，情緒的，社会的，政治的支援ネットワークを確立することが重要であると述べているのである[157]。

このように，生物学的原因論は，社会の変革の方向性を示す構造変数の特定に活用できるようなやり方で，生物学と環境状況の相互作用を取り上げているといえよう。

筆者としては，こうした相互作用理論が正しいかどうかは断言できないが，シルバースタインは，「男性の女性に対する暴力は，家父長的文化の中で男性優位がもたらした一つの結果である」[158]と述べており，また，女性の連携が，男性優位を弱める重要な要因であることを，異種間データにより示していることに興味を抱いているのである。

結局のところ，生物学的理論は，オニール＝ハーウェイの見解によると，生物学的，ホルモン的，解剖学的，神経解剖学的要因が，女性に対する暴力を男性に誘発させるリスク原因となりやすいと説明している[159]と理解することができる。

第4項　進化心理学的原因論

次に進化心理学的原因論であるが，この進化心理学的原因論は，人間の経験を，社会からの期待，要求，抑制，及び個人のニーズや権力の相互作用にある

と定義するものである。そして，男性による女性に対する暴力リスクは，男性の個人的，社会的，心理学的特徴とストレス，緊張，個人的問題を引き起こす社会的な構造間の相互作用等として概念化されているようである。オニール＝ハーウェイによれば，「心理社会的要因の社会的要因の部分は，男性の個人的な社会化を形づくる社会の影響や人口統計学的な影響である」とされている[160]。

また，シルバースタインによると，デーリー（Daly, M.）とウイルソン（Wilson, M.）は，進化心理学的観点に関して広範囲に議論し，多様な人間関係内，すなわち，同性のライバル関係間，異性関係間，両親と子ども間での男性の暴力の発生のメカニズムと発生率を検討している。その中で，「暴力がひどくなる状況とは，妻が浮気をするとき，妻が一方的に関係を絶つとき，妻が自律的であるとき，妻が男性の性的嫉妬メカニズムを活性化するその他の要因に反応したときである」と特定している[161]。しかしながら，こうした考え方は，妻すなわち女性の落ち度論に終始するものであり，男性の責任を回避する理論と直結するおそれがあることに注意しなければならず，筆者としては疑問を感じるところである。

それはともかく，シルバースタインは，進化的説明では，男性の暴力は，男性の暴力を賛美するアメリカの歴史的パターン，男女間の不平等な権力関係を維持する家父長的な組織構造，男性の権力を低下させ，不安を発生させ，暴力を増大させた近年の性役割変化によって，引き起こされるという巨視的社会と一致しているとしている[162]。

また，ゲレス（Gelles, R.J.）によれば，ダットン（Datton, D.）は，親密な間柄のパートナーを攻撃する男性の特性としては，「反社会的パーソナリティ障害，境界パーソナリティ構造，PTSDなどの高発生率の精神病理学的，パーソナリティ障害が多くの研究で見いだされている」[163]とする。これらは，加害者の特徴を病理学的観点から分析したものであり，被害者学的な観点から，こうした加害者類型が，どのように被害者と関係しているかの詳細な分析が必要であるように筆者には思われる。これは将来的な課題であろう。

ごく単純な表現を用いれば，パートナーに対して権力や強制的支配力を行使したいという男性の必要性や欲求から，さまざまな個人的要因や関係要因が存在しており，それら要因の相互作用よって暴力を振るうという現象が生じると

言えるのかもしれない。いわば，加害者は，ゲレスの言うように，非暴力的な男性よりも，妻に対する自己主張に劣る傾向があるとも考えられ，暴力を振るう男性は，社会的に適切な成長志向的なやり方で，欲求や必要性を表現する力が乏しいとも言えるのである[164]。

　こうした見方からすれば，暴力的犯罪者には，高レベルの怒りを表出するパーソナリティ特性が共通に見られるはずであり，さまざまな状況を不公平または脅威と認知して，怒りを引き起こす素質を有するのであり，これをグリーンは「特性怒り」と名付けているのである。グリーンによれば，この「特性怒りは，怒り状態を経験する個人差の比較的安定した傾向をいい，それはしばしば，暴力あるいは攻撃行為に先行して現れる」[165]というのである。

　見方によれば，進化心理学は，現在観察可能な行動の根底にある進化心理学的メカニズムを特定しようとする比較的新しい学問であるとも言える。進化心理学者は，「心理的な適応が，あらゆる人間の感情，認知，情緒の根底に，何らかの形で原因として存在するに違いない」と強調しているのである[166]。

　またシルバースタインによれば，ソンヒル夫妻（Thornhill, R. & Thornhill, N.W.）は，性的強制行動の適応を強調するために，進化的適応環境は進化が起こった生態学的背景にあることについて言及している。そして，「性的に興味を抱かない男性からの口説きに抵抗する性的魅力のある女性が，人間の進化的環境の特徴であったらしい」という考えを打ち出している[167]。

　結論的に言えば，進化心理学的原因論は，心理社会的な要因としてのより大きな社会背景での男性の全般的な社会化や心理的プロセスの影響を基にしたものであると定義できるかもしれない。そこには，「女性との関連で男性のアイデンティティを形づくる，あらゆる社会の影響や社会的影響が含まれ」ているからである[168]。換言すれば，進化心理学的原因論は，オニール＝ハーウェイの言うように，男性の人生におけるさまざまな状況的な因子が関係していると言えるかもしれないのである。

　この進化心理学的原因論を巨視的社会原因論との関係で言えば，オニール＝ハーウェイの言うように，家父長制の心理社会的側面が，男性に，「家父長的スクリプトや家父長的価値，女性に対する女嫌いの態度，男性の権利に対する期待，特権，優位性を学習」をさせる[169]ことになるのであろう。

　結局のところ，進化心理学的原因論は，男性の意識的，無意識的な心理作用，

第1章　女性に対する暴力　　53

特に認知的，情動的処理が，男性による女性に対する暴力を誘発させるリスク要因となりやすく，また，心理社会的な原因や状況が，男性による女性に対する暴力を誘発させるリスク要因となりやすいとする理論であるといえよう[170]。

そして，オニール＝ハーウェイは，「表出されない情動，たとえば，怒り，恐怖，罪，不安，恥，自己嫌悪，痛み，喪失，悲しみが，男性による女性に対する暴力の素因または誘因となる」とする。そして，「男性の自衛的防衛戦略や，その他の防衛に関する心理的な機能停止が，男性による女性に対する暴力の素因または誘因となる」とするのである[171]。

これらの心理学的な要因には，低自尊心，抑鬱，精神病気質，権力と支配の問題，共感欠如，ストレス，非自己主張性，問題解決の欠陥，親交性の問題，性役割葛藤，同性愛嫌悪や異性愛主義，原家族における暴力の目撃，あるいは経験などが含まれるのである。

このように，進化心理学的リスク要因には，女性に対する暴力の素因または誘因となる態度，価値，行動を生み出す男性の認知的，感情的プロセスが関係していると解釈しているのである。

第5項　被害者・加害者相互関係原因論

ところで，女性に対する暴力の原因として最も重要であると考えられるのは，被害者・加害者相互関係原因論である。オニールとナダルは，加害者・被害者関係原因論としいるが，筆者はウォーカーの暴力サイクル理論に基づいて被害者・加害者相互関係原因論と呼びたいと思う。

ウォーカーの暴力のサイクル理論では，暴力のサイクルは，緊張期が高まる第1相，爆発と虐待の起こる第2相，悔恨と愛情の第3相を繰り返していると述べている。

第1相では，①女性は男性の虐待行動を自分の責任にする。②女性は虐待を受けていることを拒否することにより心理的に防御している。また，③虐待者である男性の責任にせず，外的な要因のせいにする。④男性は「自分の女は自分が教育する権利がある」と思う。⑤女性が自分を嫌って離れていくのではないかと恐れ，女性が逃げないように支配的になり，嫉妬深く，残忍になる。このように緊張が高まることにより，第2相へと移行する。

第2相では，①女性も男性も怒りを抑制できなくなる。②男性は自分の行動

を正当化することに専念する。③女性は恐怖や怒りや不安に耐えられなくなる。④恐れは女性の重いストレスの原因となり，不安や鬱などの心身症の症状を訴える。⑤女性は逃げても無駄だと考える。

そして，第3相では，①男性は愛情深く，優しく，後悔に満ちた態度をとる特徴がある。②男性は懺悔のための気持ちを伝え，許しを乞い，二度と暴力を繰り返さないことを誓う。しかし，③男性は，あれだけ教えてやったのだから，女性が二度とあんな態度をとらないだろうから，自分も殴りたいと思うことはないと信じている。このような心の動きが繰り返されて，暴力が繰り返されるのである[172]。

オニールとナダルによると，この理論は，男性による暴力の現実の誘因として，以下のようなものが取り上げられているという。①男性による権力葛藤，権力濫用，心理的暴力は，女性に対する身体的暴行の前触れである，②女性に対する身体的暴力は，男性が自分の男らしい性役割同一性が脅かされ得ると感じるときに，最も生起しやすい，③女性に対する暴力は，男性の防衛や自衛的防衛戦略が，完全に，あるいは部分的に崩壊するときに起こりやすい，④カップルの生活の中に特異な状況的誘因となる出来事があり，それが女性に対する暴力を引き起こす等である[173]。

つまり，ナットによれば，①性役割の社会化の間に学習した男性の女性に対する性差別的態度が，男性による女性に対する暴力の一因となるのではないかということ。②女性もまた女嫌いになるように社会化され，それが男性による女性に対する暴力の一因になるということ。③社会的役割の違い，コミュニケーション・パターン，恐怖，理解の欠如もまた，関係暴力の一因となるということ。④特異的に社会化されたコミュニケーション・パターンや独特の性役割文化が，男性の暴力潜在性の一因となるということ。⑤女性の男性恐怖，男性の女性恐怖が，心理的・身体的な関係暴力の潜在的な一因となるということ。また，⑥相手の性役割の社会化の経験に対する両性の理解欠如が，暴力可能性の一因となるのではないかと考えるのである[174]。

ナットによると，ダウリング（Dowling C.）は，「女性は，いくぶん子どもっぽい依存状態に置かれている」という[175]。それは，女性が自由に自分自身の選択ができず，他人からの指示を必要とすると感じており，自立し自活する自分の能力に自信がないからであるとする。また，ナットによれば，ウォーカー

第1章　女性に対する暴力　　55

は，「多くの女性は，対人関係の中での適切な自他境界の設定を困難にさせる，あるいは暴力的状況からの離脱を困難にさせる」とするのである[176]。この考えは，被害者の有責性，つまり，加害者の責任ではなく，被害者である女性の欠点を指摘するものであると筆者は考える。しかしながら，サンチェス-ウクレス＝ドゥットンの言うように，事実，暴力を受けるのは，パートナーに対する自分の反応の仕方の何かが不十分なところがあるとか，欠けたところがあるからだという考えで，自分自身を非難する被害女性がいることも確かであるという[177]。しかし，筆者はこの考えにくみすることはできない。

しかし一方で，アンダーソン（Anderson, S.A.）とシュロスバーグ（Schlossberg, M.C.）によると，ホワイトチャーチとペイス（Whitchurch, G. & Pace, J.）は，男性は実際には自分の暴力のコントロールが可能であるという結論を下している。その理由は，「大部分の虐待者は家庭外では他者に対して暴力的ではないからである。暴力が通常，虐待者自身の子どもや妻に加えられている事実を考えると，暴力の所在は個人の生物学的原因より関係的状況」にあるとしている[178]。

この両者の考えを加味して述べれば，オニール＝ハーウェイの言うように，カップルの相互作用的，関係的，発達的，システム的な状況が，男性による女性に対する暴力を誘発させるリスクとなりやすい[179]ということになるのであろう。つまり，関係的リスク要因は，女性に対する暴力素因，または誘因となるパートナー間に進行中の相互作用や対人関係パターンと定義できるのである[180]。

しかしながら，また他方において，「パートナーの未解決の原家族葛藤が，男性による女性に対する暴力の素因，または誘因となる」と考えられ[181]，パートナーの関係発達段階での問題が「男性による女性に対する暴力の素因，または誘因となる可能性がある」とする理論[182]もあることに注意しなければならないであろう。

第6項　複合的原因論

以上においては，女性に対する暴力の原因論に関して，①巨視的社会原因論，②社会文化的原因論，③生物学的原因論，④進化心理学的原因論，⑤被害者・加害者相互関係原因論に分けて検討を重ねてきたが，男性による女性に対する暴力は，複雑な原因から起こっているのであり，単一理論では説明しきれない

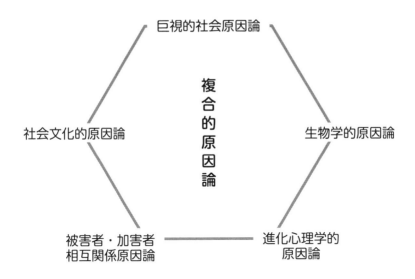

注：オニール＝ハーウェイ編著『パートナー暴力』の叙述に基づき筆者作成
図1　女性に対する暴力の原因論の体系

のではないかというのが筆者の結論である。オニール＝ハーウェイの指摘も待つまでもなく、「何が男性による女性に対する暴力を引き起こさせるのかという質問に答えられるのは、複雑に相関関係をもつリスク原因の多様性である」[183]といえるであろう。また、オニールとハーウェイは、男性による女性に対する暴力を説明するのに、巨視的社会の要因と性役割の社会化要因、それに個人的領域である生物学的要因と関係要因の多変量モデルを用いているのである[184]。このリスク要因の相互作用や、これらの要因が、どのような重なり合いで変化するのかは、簡単には説明できないように筆者には思われる。

　女性に対する暴力の原因に関するオニール＝ハーウェイ以前の理論は、「断片化されたり、学問分野の課題あるいは政治課題に固く制約されたり、それぞれの時代の支配的パラダイムを受けて展開されてきたように思われる」[185]。男性による女性に対する暴力リスクを説明するためには、多元的原因論あるいは多重理論が必要であり、筆者はこれを「複合的原因論」と考えるのである。その体系をイメージしたものが**図1**である。

　いみじくもフェミニストは、男性の女性に対する暴力は多様な形態をとり、

家父長的社会構造や男女の文化的役割に根ざす複雑な多面的現象を重視した[186]。オニール＝ハーウェイは，「社会の制度化された構造や抑圧的構造が，女性の従属の後押しをして，女性に権力を振るい，女性を支配する男性を生み出す」のではないかとするのである[187]。

　繰り返すことになるかもしれないが，女性に対する暴力は，巨視的社会原因論，社会文化的原因論，生物学的原因論，進化心理学的原因論，被害者・加害者相互関係原因論が，複雑に絡み合って生じると考えられ，複合的原因から説明するしか方法がないように筆者は思う。この筆者の結論には異論もあるかもしれないが，女性に対する暴力の原因論を考察することで，女性に対する暴力の実相が明らかとなり，そのことが契機となって，被害者への支援が可能になり，被害者の保護がより充実するのではないかと筆者には考えられるのである。

第5節　小括

　以上，本章では，女性に対する暴力について，国連の取組みの動向と我が国における取組みの動向とを紹介し，その重要性を明らかにした。そして，女性に対する暴力を防止するためには，なぜ女性に対する暴力が起きるのかについて究明することが重要であると考え，女性に対する暴力の原因論について論じてきた。

　本章の叙述を通して，女性に対する暴力は，人権侵害であり，女性の人間としての尊厳を害する行為であるとする経緯が明らかになったかと思う。

　国際的に見れば，女性に対する暴力は，強姦という性犯罪だけでなく，性器割礼やインドなどで行われているサティー（殉死）なども考えられるが，我が国ではこのようなタイプの暴力は見られない。それゆえに，我が国で女性に対する暴力として代表的な犯罪類型である性暴力犯罪や，配偶者等からの暴力，あるいはストーカー犯罪を取り上げ，以下において具体的な論述を試みたいと思う。これらの犯罪については，被害者は女性だけではないということは十分に承知しているが，それはどの犯罪にも言えることであり，犯罪には男女両性の被害者が存在することは言うまでもない。筆者はそうした犯罪類型の中でも，被害者が女性である場合が多い犯罪類型として，性暴力犯罪，配偶者からの暴力，ストーカー犯罪を選び，女性に対する暴力の分析と考察を進めたいと思う。

女性に対する暴力としては，児童に対する性的虐待や被害者が圧倒的に女性である売春もあるが，これらの犯罪は，対象が児童であることや売春の場合は暴力を伴うことが典型的事例でないことを考えて，本書の対象とはしていないのである。本書で取り上げる3類型の犯罪は，女性に対する暴力犯罪の具体例にしか過ぎないということに留意してほしいと思う。筆者としては，将来的には，すべての犯罪類型を対象として研究を進めたいと考えているが，本書では，特に被害者を女性に限定して論じたいと思う。

　上述のように，本書では，続く各章において，女性に対する暴力の具体例として，性暴力，DV，ストーキングを取り上げるが，2015年12月に公表された第4次男女共同参画基本計画でも，同様の犯罪類型が掲げられていることに注意を喚起しておきたいと思う。

　それでは，次章では，まず，これら「女性に対する暴力」についての先行研究を紹介したいと思う。従来の研究を概観することは，本書の外部的妥当性を獲得する上においても重要であるからである。しなしながら，その前に，ここであらかじめお断りしておきたいことは，筆者が文献検索をした限りにおいて，本書のように，「女性に対する暴力」を体系的に論じた著書や論文はこれまでに存在しなかったということである。そのため，先行研究の概観においては，本書と関係のある先行研究を渉猟した結果，重要と思われるものを要約して紹介した。全体としては，女性に対する暴力について論じた先行研究をできる限り多く収録することに努めたつもりである。

注

1) 国連経済社会局女性の地位向上部，ヒューマンライツ・ナウ編訳『女性に対する暴力に関する立法ハンドブック』信山社（2011年）。
2) 女子に対するあらゆる形態の差別の撤廃に関する条約。
3) 内閣府「『北京＋15』に向けて——国際婦人年（1975年）以降の国連及び国内の動きと最近の国際的動向」『共同参画』19号（2009年）5頁。
4) 内閣府「男女共同参画基本計画について」（2000年）http://www.gender.go.jp/about_danjo/basic_plans/1st/（2014年8月25日閲覧）。
5) 1993年，国連総会で採択された「女性に対する暴力撤廃宣言」は，女性に対する暴力を「ジェンダーに基づく暴力」（gender based violence）と定義づけ，暴力とは，家庭内若しくは地域社会で起こり，国家によって容認されてきた身体的，性的，心理的暴力である，と明確な定義を行ったのである。国連広報センター「女性の権利」http://www.unic.or.jp/activities/humanrights/

discrimination/women/（2016年6月21日閲覧）。

6）「女性に対する暴力の撤廃に関する宣言」国連総会決議48/104（1993年12月）出典　http://myriel.ads.fukushima-u.ac.jp/data/law/bouryoku.html ミネソタ大学人権図書館参照。http://hrlibrary.umn.edu/japanese/Je4devw.htm（2018年8月27日閲覧）。

7）国連人権委員会特別報告者ラディカ・クマラスワミ「女性に対する暴力——その原因と結果——予備報告書」女性のためのアジア平和国民基金（1997年）。

8）女性の地位向上部・前掲注1）。

9）http://homepage3.nifty.com/officeserve/sexualabuse.htm（2014年8月15日閲覧）。

10）ゲイ・マクドゥーガル，VAWW-NET Japan訳「戦時・性暴力を国連マクドゥーガル報告（全訳）」凱風社（1998年）37頁。

11）国連経済社会局女性の地位向上部・前掲注1）37頁。

12）国連経済社会局女性の地位向上部・前掲注1）37頁。

13）柳本祐加子「『国連・女性に対する暴力立法ハンドブック』が示すこと——それを民事法はいかに受け止めるべきか」『CHUKYO LAWYER』15巻（2011年）43-60頁。

14）藤本哲也「DV防止法」『究』33号（2013年）11頁。

15）藤本哲也「ストーカー規制法」『究』32号（2013年）11頁。

16）外務省「世界人権宣言と国際人権規約」http://www.mofa.go.jp/mofaj/gaiko/udhr/kiyaku.html（2014年6月17日閲覧）。

17）機能委員会とは，審議機関で，その責任と専門の分野における問題について審議し，勧告を行う8つの機能委員会がある。統計委員会，人口開発委員会，社会開発委員会，女性の地位委員会，麻薬委員会，犯罪防止刑事司法委員会，開発のための科学技術委員会，持続可能な開発委員会である。国際連合広報センターhttp://www.unic.or.jp/info/un/un_organization/ecosoc/subsidiary_bodies/（2016年4月16日閲覧）。

18）赤松良子監修，国際女性の地位協会編『新版女性の権利——ハンドブック女性差別撤廃条約』岩波書店（2005年）3-4頁。

19）外務省「世界人権宣言と国際人権規約」https://www.mofa.go.jp/mofaj/gaiko/udhr/pdfs/kiyaku.pdf#02（2018年8月27日閲覧）。

20）林陽子「女性差別撤廃条約——30年目の到達点」『国立女性教育会館研究ジャーナル』14号（2010年）4頁。

21）林・前掲注20）4-5頁。

22）内閣府男女共同参画局「男女共同参画社会基本法のあゆみ——1980~1984年」http://www.gender.go.jp/about_danjo/law/kihon/situmu1-2.html#id2（2014年7月18日閲覧）。

23）内閣府・前掲注3）3頁。

24）この女性差別撤廃委員会は，23人の独立した専門家で構成され，「女性のあらゆる形態の差別撤廃」に関する条約を締約国が実施しているかを監視するものである。この委員会は，締約国が提出する報告書を受け取り，男女の平等の原則を実現するための進捗状況を評価する。また，委員会は，条約の選択議定書の規定のもとに，個々の通報を受け取り，問い合わせを行い，国が提出する報告を検討する。また，女性に影響を及ぼすいかなる問題についても勧告を行う。そして，女性に対する暴力のような問題など，当事国がより以上の注意を払うよう信じる問題について，勧告を行うのである。

25）林・前掲注20）6頁。

26）内閣府男女共同参画局「婦人の地位向上のためのナイロビ将来戦略」（1985年）http://www.
gender.go.jp/research/kenkyu/sankakujokyo/2000/5-6.html（2014年7月18日閲覧）。

27）内閣府男女共同参画局「平成元年から2000年プランの策定（平成8年）まで」http://www.
gender.go.jp/about_danjo/law/kihon/situmu1-3.html（2018年9月6日閲覧）。

28）石塚直子「クマラスワミ報告の10年」『国連人権委員会特別報告者クマラスワミ最終報告書
女性に対する暴力をめぐる10年』明石書店（2003年）152頁。

29）林・前掲注20）6頁。

30）林・前掲注20）6頁。

31）林・前掲注20）6頁。

32）国連世界人権会議採択「ウィーン宣言及び行動計画」前文（1993年6月25日）。

33）ウィーン宣言及び行動計画・前掲注32）第18節。

34）女性に対する暴力の撤廃に関する宣言・前掲注6）。

35）林・前掲注20）6-7頁。

36）このカイロ行動計画は，女性の権利としては重要な問題を提起している。たとえば，リプロ
ダクティブ・ヘルスとは，「人間の生殖システム，その機能と（活動）過程のすべての側面にお
いて，単に疾病，障がいがないというばかりでなく，身体的，精神的，社会的に完全に良好な
状態にあること」と定義されている。大村恵実「リプロダクティブ・ヘルス／ライツ」林陽子
編著『女性差別撤廃条約と私たち』信山社（2011年）131-132頁。

37）内閣府男女共同参画局「第4回世界女性会議　北京宣言」http://www.gender.go.jp/international/
int_standard/int_4th_beijing/index.html（2014年7月20日閲覧）。

38）「北京宣言及び行動要綱実施のための更なる行動とイニシアティブ」A/CONF.177/20(1995)
and A/CONF.177/20/Add.1 (1995) http://www.gender.go.jp/international/int_standard/int_
un_initiative/index.html（2018年9月6日閲覧）。

39）日本は，司法権の独立および国内の司法制度との間において問題を生じる懸念があるとして，
選択議定書は批准していない。デジタル大辞泉（2014年8月28日閲覧）。

40）国際連合広報センター「54/4　女子に対するあらゆる形態の差別の撤廃に関する条約選択議
定書」（1999年10月17日）http://www.unic.or.jp/news_press/features_backgrounders/1269/
（2014年8月23日閲覧）。

41）国際連合特別総会『女性2000年会議──21世紀に向けた男女平等，開発および平和（非公式
訳）』国際連合広報センター（2000年）。

42）CSWは，女性の平等と差別撤廃のための国際的なガイドラインや法律を作成してきた。その
顕著な例が1979年の「女子に対するあらゆる形態の差別撤廃に関する条約（Convention on the
Elimination of All Forms of Discrimination against Women）」である。また1993年に総会が採
択した「女性に対するあらゆる形態の暴力の撤廃に関する宣言（Declaration on the Elimination
of All Forms of Violence against Women）」も作成した。

43）「国連特別総会『女性2000年会議』政治宣言（総理府仮訳）」（2000年）内閣府 http://www.
gender.go.jp/international/int_standard/int_un_seiji/index.html（2014年7月10日閲覧）。

44）外務省「国連特別総会『女性2000年会議』概要と評価」（2000年）http://www.mofa.go.jp/
mofaj/gaiko/women/gh.html（2014年7月11日閲覧）。

45）このキャンペーンは，国連の機関と事務所を一緒に集めて，女性たちに対する暴力を防ぎ，
かつ罰する国連システム全体の活動を活性化させることを目的の1つとしている。

46）アジア太平洋経済社会委員会「『北京行動綱領』採択15周年における地域的実施状況及び地域的・国際的成果を見直すアジア太平洋ハイレベル政府間会合の成果文書」2009年。

47）国連ウィメン日本協会「UN Womenとは」（2010年）http://www.unwomen-nc.jp/un-women（2014年9月3日閲覧）。

48）国連グローバル・コンパクト（UNGC）は，各企業・団体が責任ある創造的なリーダーシップを発揮することによって，社会の良き一員として行動し，持続可能な成長を実現するための世界的な枠組み作りに参加する自発的な取り組みである。グローバル・コンパクト・ジャパン・ネットワーク（GC-JN）。国連ウィメン日本協会「女性のエンパワーメント原則（WEPs）」http://www.unwomen-nc.jp/wep%EF%BD%93（2014年9月3日閲覧）。

49）国連ウィメン日本協会「女性のエンパワーメント原則（WEPs）」http://www.unwomen-nc.jp/wep%EF%BD%93（2014年9月3日閲覧）。

50）女性のエンパワーメント原則は，①トップのリーダーシップによるジェンダー平等の促進，②会の均等，インクルージョン，差別の撤廃，③健康，安全，暴力の撤廃，④教育と研修，⑤事業開発，サプライチェーン，マーケティング活動，⑥地域におけるリーダーシップと参画，⑦透明性，成果の測定である。内閣府男女共同参画局「女性のエンパワーメント原則（WEPs）」http://www.gender.go.jp/international/int_un_kaigi/int_weps/index.html（2014年9月3日閲覧）。

51）内閣府男女共同参画局「第54回婦人の地位委員会／『北京＋15』記念会合について」http://www.gender.go.jp/international/int_kaigi/int_csw/chii54-g.html（2014年9月5日閲覧）。

52）板倉由美「第57回国連女性の地位委員会性差別・性暴力対策の強化を各国に要求」『週刊金曜日』937号（2013年3月29日）36頁。

53）外務省「宣言：女性と平和構築ハイレベル閣僚級会合——平和構築に向けた女性の経済的なエンパワーメント」（2013年9月26日）http://www.mofa.go.jp/mofaj/gaiko/page3_000431.html（2014年9月5日閲覧）。

54）国連ウィメン日本協会「北京＋20キャンペーン——女性をエンパワー，人間をエンパワー——絵に描いてみよう！北京行動綱領20周年」（2014年5月16日）http://www.unwomen-nc.jp/3003（2014年9月7日閲覧）。プムジレ・ムランボ‐ヌクカ事務局長は，「北京宣言から，およそ20年経ち，この20年間で進歩は見られたものの男女平等を達成したと言える国はなく，今こそ世界はもう一度女性・女児のために結集してする時である」と述べている。

55）内閣府男女共同参画局「日本国憲法の制定」http://www.gender.go.jp/about_danjo/law/kihon/situmu1-1.html（2014年7月20日閲覧）。

56）内閣府男女共同参画局・前掲注55）。

57）内閣府男女共同参画局・前掲注55）。

58）辻村みよ子『概説ジェンダーと法——人権論の視点から学ぶ〔第2版〕』信山社（2016年）42頁。

59）内閣府男女共同参画局・前掲注55）「戦後（1945~1954年）」。

60）内閣府男女共同参画局・前掲注55）「1955〜1964年」。

61）内閣府男女共同参画局・前掲注55）「1975年〜1979年」http://www.gender.go.jp/about_danjo/law/kihon/situmu1-2.html（2014年7月20日閲覧）

62）内閣府・前掲注3）2頁。

63）内閣府男女共同参画局・前掲注61）。

64）内閣府男女共同参画局・前掲注61）「1980~1984年」。

65）内閣府男女共同参画局・前掲注61）「1989年から2000年プランの策定まで」。

66）内閣府男女共同参画局・前掲注62）3-4頁

67）内閣府男女共同参画局「平成元年から2000年プラン策定まで」http://www.gender.go.jp/about_danjo/law/kihon/situmu1-3.html（2014年7月20日閲覧）。

68）内閣府男女共同参画局・前掲注67）。

69）内閣府男女共同参画局・前掲注67）。

70）内閣府男女共同参画局・前掲注67）。

71）内閣府男女共同参画局「第17回議事録」（2005年7月25日）http://www.gender.go.jp/kaigi/danjo_kaigi/gijisidai/ka17-s.html 参照。

72）内閣府男女共同参画局「男女共同参画審議会の設置と男女共同参画社会基本法の審議」http://www.gender.go.jp/about_danjo/law/kihon/situmu2-1.html（2014年7月20日閲覧）。

73）内閣府・前掲注72）。

74）内閣府・前掲注72）。

75）クォータ制とは，議席のうち一定数を女性に割り当てること，政治分野におけるポジティブ・アクションの手法の一つである。内閣府「世界のポジティブ・アクション」『男女共同参画白書平成23年版』（2011年）。

76）内閣府男女共同参画局・前掲注72）。

77）内閣府男女共同参画局・前掲注72）。

78）内閣府男女共同参画局・前掲注72）。

79）内閣府男女共同参画局「男女共同参画社会基本法案の国会提出」http://www.gender.go.jp/about_danjo/law/kihon/situmu2-3.html（2014年7月20日閲覧）。

80）内閣府男女共同参画局「国会における法案審議」http://www.gender.go.jp/about_danjo/law/kihon/situmu2-4.html（2014年7月20日閲覧）。

81）大村恵実「政策・方針決定過程への参画」林編著・前掲注37）84-85頁。

82）ポジティブ・アクション（積極的改善措置）とは，男女が，社会の対等な構成員として，自らの意思によって社会のあらゆる分野における活動に参画する機会に係る男女間の格差を改善するために必要な範囲において，男女のいずれか一方に対し，当該機会を積極的に提供することをいう。男女間において形式的な機会の平等が確保されていても，社会的・経済的な格差が現実に存在する場合には，実質的な機会の平等を担保するためにポジティブ・アクションの導入が必要となる。内閣府男女共同参画局「第4次男女共同参画基本計画」（2015年12月25日）1頁。

83）内閣府男女共同参画「男女共同参画基本計画の策定」http://www.gender.go.jp/about_danjo/law/kihon/situmu3.html（2014年7月20日閲覧）。

84）内閣府男女共同参画「男女共同参画基本計画の策定」http://www.gender.go.jp/about_danjo/law/kihon/situmu3.html（2014年7月20日閲覧）。

85）内閣府男女共同参画・前掲注84）。

86）内閣府男女共同参画・前掲注84）。

87）内閣府男女共同参画・前掲注3）6頁。注目すべき点・強調された事例はあらゆる予算編成の過程に男女共同参画の視点を盛り込むこと，グローバル化がもたらす影響に対応するための途上国女性を対象とした取組み（技術訓練等），平和構築における男女共同参画の視点の導入である。

88）内閣府男女共同参局・前掲注84）。

89）内閣府男女共同参局「男女共同参画基本計画（第2次）概要」（2005年）1頁。

90）内閣府男女共同参局・前掲注89）1頁。

91）内閣府男女共同参局・前掲注89）1頁。

92）内閣府・前掲注3）6頁。2014年7月に経団連は，会長や副会長等を出している47社が，女性登用計画や目標をまとめた。そのうち，27社が「女性管理職を2020年までに3倍にとの数値目標を掲げた。また，政権は国家公務員の採用も3割を女性にする方針を立てているが，女性の国会議員や地方議員の割合を増やす議論は進んでいないということである。

93）内閣府男女共同参局「男女共同参画第2次基本計画——女性に対するあらゆる暴力の根絶」（2005年）65頁http://www.gender.go.jp/about_danjo/basic_plans/2nd/honbun.html（2014年9月8日閲覧）。

94）内閣府男女共同参局・前掲注89）8-9頁。

95）内閣府男女共同参局「第3次男女共同参画基本計画基本的な方針」（2010年）。

96）内閣府男女共同参局・前掲注95）。

97）内閣府男女共同参局・前掲注95）67頁。

98）男女共同参画会議「女性に対する暴力を根絶するための課題と対策——性犯罪への対策の推進」2012年7月1-3頁。

99）配偶者からの暴力の防止及び被害者の保護等に関する法律（平成26年4月23日法律第28号）。

100）男女共同参画会議「女性に対する暴力を根絶するための課題と対策——配偶者からの暴力の防止等に関する対策の実施状況のフォローアップ」（2014年4月）1-2頁。

101）内閣府男女共同参画局「第4次男女共同参画基本計画」（2015年12月25日）1頁。

102）内閣府男女共同参局・前掲注101）1-3頁。

103）内閣府男女共同参局・前掲注101）63-64頁。

104）内閣府男女共同参局・前掲注101）64-67頁。

105）内閣府男女共同参局・前掲注101）67-70頁。

106）内閣府男女共同参局・前掲注101）71-72頁。

107）内閣府男女共同参局・前掲注101）72-75頁。

108）M・ハーウェイ＝J・M・オニール「男性が女性に対して暴力的である原因は何か—答えられない，論争の的となる問題」M・ハーウェイ＝J・M・オニール編著，鶴元春訳『パートナー暴力——男性による女性への暴力の発生メカニズム』北大路書房（2011年）7頁。

109）ハーウェイ＝オニール編著，鶴訳・前掲注108）。

110）J・M・オニール＝M・ハーウェイ「男性による女性に対する暴力の原因を説明する予備多変量モデル」ハーウェイ＝オニール編著，鶴訳・前掲注108）12-13頁，226頁。

111）レノア・E・ウォーカー，斎藤学監訳，穂積由利子訳「暴力のサイクル理論」『バタードウーマン——虐待される妻たち』金剛出版（1997年）60-71頁。

112）オニール＝ハーウェイ・前掲注110）217頁。

113）ハーウェイ＝オニール編著，鶴訳・前掲注108）92頁（Albee, G.W., "The Prevention of Sexism," *Professional Psychology*, 12, 1981, pp.20-28）。

114）ステファン・A・アンダーソン＝マーガレット・C・シュロスバーン「虐待に関するシステム視点——状況とパターンの重要性」ハーウェイ＝オニール編著，鶴訳・前掲注108）139頁。

115）オニール＝ハーウェイ・前掲注110）221頁。

116) エイミー・J・マリン＝ナンシー・F・ルッソ「男性による女性に対する暴力に関するフェミニストの見解——O'Neil-Harwayモデルへの批判」ハーウェイ＝オニール編著，鶴訳・前掲注108）17-18頁。

117) マリン＝ルッソ・前掲注116）19-20頁（Koss, M.P., Heise, L., & Russo, N.F., "The Global Health Burden of Rape," *Psychology of Women Quarterl*, 18, 1994, pp.509-530）。

118) マリン＝ルッソ・前掲注116）20頁。Hotaling, G.T. & Sugarman, D.B. "An Analysis of Risk Markers in Husband to Wife Violence: The Current State of Knowledge," *Violence and Victims*, 1, 1986, pp.101-124.

119) スクリプトはスキーマの一種であり，一般的状況における一連の典型的出来事に関する知識である。スクリプトには演じられる役割，標準的な小道具や対象，次の行動を可能にする行動や場面の系列などに関する知識が含まれる。日本認知心理学会編『認知心理学ハンドブック』有斐閣（2013年）。

120) マリン＝ルッソ・前掲注116）20-21頁。

121) マリン＝ルッソ・前掲注116）25頁。

122) オニール＝ハーウェイ・前掲注110）211頁。

123) オニール＝ハーウェイ・前掲注110）217頁。

124) オニール＝ハーウェイ・前掲注110）219頁。

125) ジェームズ・M・オニール＝ロドニー・A・ナダル「男性の性役割葛藤，防衛機制，自衛的防衛戦略——性役割の社会化の視点に立った男性による女性に対する暴力の説明」ハーウェイ＝オニール編著，鶴訳・前掲注108）87頁。

126) スキーマとは過去の経験や外環境に関する長期記憶中の構造化された知識の集合であり，出来事，行為，事物などの一般的知識を表現する，認知心理学において用いられる言葉である。日本認知心理学会編『認知心理学ハンドブック』有斐閣（2013年）。

127) オニール＝ナダル・前掲注125）87-88頁。

128) オニール＝ナダル・前掲注125）100頁。

129) オニール＝ナダル・前掲注125）103頁。

130) オニール＝ナダル・前掲注125）112-113頁。

131) ジャニス・サンチェス-ウクレス＝マリー・アン・ドゥットン「社会的暴力と家庭内暴力の相互作用」ハーウェイ＝オニール・前掲注108）191頁（"Report of the Task Force on Violence and the Family" violence and family, 1996. Washington.DC:American Psychological Association）。

132) ロベルタ・L・ナット「女性の性役割の社会化，性役割葛藤，虐待——素因の検討」ハーウェイ＝オニール編著，鶴訳・前掲注109）117頁。

133) ナット・前掲注132）118頁（O'Neil, J.M. & Egan, J., "Abuses of Power Against Women: Sexism, Gender Role Conflict, and Psychological Violence. In E.P. Cook（Ed），*Women Relationships and Power:Implications for Counseling*, 1992, pp.49-78 Alexandaria, VA:American Counseling Association Press）。

134) ナット・前掲注132）118頁。

135) ナット・前掲注132）124頁。

136) ナット・前掲注132）133頁（Hoff, L.A. Battered Women as Survivors. London:*Routledge*, 1990）。

137) ナット・前掲注132) 134-135頁（Belenky M.F., Clinchy R.M., Goldberger N.R. & Tarule J.M., *Women's Ways of Knowing*. New York Basic Books, 1986)。

138) オニール＝ハーウェイ・前掲注110) 211頁。

139) オニール＝ハーウェイ・前掲注110) 217頁。

140) オニール＝ハーウェイ・前掲注110) 225頁。

141) マリン＝ルッソ・前掲注116) 31頁。

142) マリン＝ルッソ・前掲注116) 32頁（Bem, S. *The Lenses of Gender*. New Haven, CT:Yale University Press, 1993)。

143) ハーウェイ＝オニール・前掲注116) 35頁。

144) リチャード・J・ゲレス「男性犯罪者——データからの理解」ハーウェイ＝オニール編著, 鶴訳・前掲注108) 41頁。

145) アンソニー・F・グリーン「女性に対する暴力に関する生物学的視点」ハーウェイ＝オニール・前掲注108) 53-55頁。

146) グリーン・前掲注145) 58頁（Golden,C.J.,Jackson,M.L.,Peterson-Rohne,A.,&Gonekovsky,S.T."Neuro-psychological correlates of violence and aggression:Areview of the dinical literature." Aggression and Violence Behavior, 1, 1996, pp.3-25)。

147) グリーン・前掲注145) 58頁（Rosenbaum, A., Hoge S. K., Adelman S.A., Warnken W.J., Fletcher K.E. & Kane R., "Head Injury in Partner-Abusive Men" *Journal of Consulting and Clinical Psychology*, 62, 1994, pp.1187-1193)。

148) グリーン・前掲注145) 59頁

149) ハーウェイ＝オニール・前掲注108) 63頁（Hrdy, S.B. "Raisig Darwin's consciousnss:Famale sexuality and the prehominid origin of patriarchy." Human Nature, 8, 1997, pp.1-49)。

150) ルイス・B・シルバースタイン「男性による女性に対する暴力の進化上の起源」ハーウェイ＝オニール編著, 鶴訳・前掲注108) 63頁。

151) シルバースタイン・前掲注150) 63頁。

152) シルバースタイン・前掲注150) 63頁。

153) シルバースタイン・前掲注150) 63頁。

154) シルバースタイン・前掲注150) 68頁

155) シルバースタイン・前掲注150) 68頁（Smuts, B., "The Evolutionary Origins of Patriarchy." *Human Nature*, 6, 1995, pp.1-32)。

156) シルバースタイン・前掲注150) 74頁。

157) シルバースタイン・前掲注150) 81頁。

158) シルバースタイン・前掲注150) 83-84頁。

159) オニール＝ハーウェイ・前掲注110) 211頁。

160) オニール＝ハーウェイ・前掲注110) 217-218頁。

161) シルバースタイン・前掲注110) 79頁（Daly, M. & Wilson, M., "The Evolutionary Psychology of Male Violence," In J. Archer (Ed.) *Male Violence*. 1994, pp.253-288. London:Routledge)。

162) シルバースタイン・前掲注150) 78頁。

163) ゲレス・前掲注144) 41頁（Dutton, D. "The origin and structure of the abusive personality." Journal of Personality Disorders, 8, 1994, pp.181-191)。

164) ゲレス・前掲注144) 42頁。

165) グリーン・前掲注145) 51頁。

166) シルバースタイン・前掲注150) 64頁。

167) シルバースタイン・前掲注150) 65頁（Thornhill, R. & Thornhill, N.W., "The Evolutionary Psychology of Men's Coercive Sexuality." *Behavioral and Brain Science* 15, 1992, pp.363-375)。

168) オニール＝ハーウェイ・前掲注110) 228頁。

169) オニール＝ハーウェイ・前掲注110) 228頁。

170) オニール＝ハーウェイ・前掲注110) 211頁。

171) オニール＝ハーウェイ・前掲注110) 229頁。

172) ウォーカー・前掲注111) 60-71頁。

173) オニール＝ナダル・前掲注125) 109頁。

174) ナット・前掲注132) 120頁。

175) ナット・前掲注132) 126-127頁（Dowling, C., *The Cinderella Complex*. New York:Pocketbooks, 1982)。

176) ナット・前掲注132) 133頁（Walker, L.E. "Tefrrifinglove: Why battered woman kill and how society responds." New York:haroe & Row, 1989)。

177) サンチェス-ウクレス＝ドゥットン・前掲注131) 196頁。

178) ステファン・A・アンダーソン＝マーガレット・C・シュロスバーグ「虐待に関するシステム視点——状況とパターンの重要性」ハーウェイ＝オニール編著，鶴訳・前掲注108) 141頁（Whitchurch, G. & Pace J. "Communication Skills Training and Interpersonal Violence." *Journal of Applied Communication Research*, 21, 1993, pp.96-102)。

179) オニール＝ハーウェイ・前掲注110) 211頁。

180) オニール＝ハーウェイ・前掲注110) 217頁。

181) オニール＝ハーウェイ・前掲注110) 231頁。

182) オニール＝ハーウェイ・前掲注110) 231頁。

183) オニール＝ハーウェイ・前掲注110) 212頁。

184) オニール＝ハーウェイ・前掲注110) 13頁。

185) オニール＝ハーウェイ・前掲注110) 215頁。

186) マリン＝ルッソ・前掲注116) 23頁。

187) オニール＝ハーウェイ・前掲注110) 221頁。

第2章　先行研究の概観

　次に，先行研究についての概観であるが，すでに指摘しておいたように，筆者が文献調査をした限りでは，現在までのところ，本書と全く同じような構成の先行研究は存在しないので，以下においては，「女性に対する暴力」に関する先行研究として，①クマラスワミ報告書，②我が国の女性に対する暴力に関する調査，③女性に対する暴力の学術研究に分けて，先行研究を要約し概観したいと思う。

第1節　クマラスワミ報告書の概要

　まず，先行研究として注目しなければならないものに，国連人権委員会の特別報告者で，スリランカの弁護士であるラディカ・クマラスワミによる「女性に対する暴力——その原因と結果」という報告書がある。この報告書は，「予備報告書」と「委託調査報告書」，それに「朝鮮民主主義人民共和国，大韓民国及び日本への訪問調査による慰安婦問題」などで構成されている。

　1995年の「予備報告書」は，クマラスワミの11冊に及ぶ一連の報告書の先駆けとなるものである。この予備報告書は，女性への暴力及び原因と結果に関して全般的な概観を試みている。クマラスワミは，女性が暴力に晒される原因は，①女性の性的特質，②女性と男性の関係，あるいは，③女性への暴力が武力紛争や民族紛争下にあることなどがあるとし，女性は，①家庭内の暴力（暴行，少女に対する性的虐待，持参金関連の暴力，近親姦，食物を奪う，夫婦間レイプ，女性の性器切除），②社会における暴力（レイプ，性的虐待，性的嫌がらせ，人身売買，強制的売春），さらに，③国家による暴力（女性の拘留，武装紛争下でのレイプ）に晒されていると指摘している。

このように，女性に対する暴力を，①家庭内の暴力，②社会における暴力，③国家による暴力に分類して説明しているところに，クマラスワミの論文の特色がある。

　また，「国際的法基準」においては，人権に関する国際法の多くは，女性を暴力から守るという条項を盛り込んでいるとして，世界人権宣言を取り上げて論述を試みている。世界人権宣言の第1条は「人間は，すべて生まれながらにして自由であり，尊厳と人権において平等である」と謳っている。また，第2条では「人はすべて，この宣言が定める権利と自由を受ける権利があり，人種，皮膚の色，性，言葉，宗教，政治，その他の意見の違い，国籍や社会的出身，財産，生まれ，その他の地位によって区別されない」としている。さらに，第3条では「人は，すべて自由に安心して生きる権利を持っている」と述べており，第5条は「誰しも拷問や残酷で非人間的ないし屈辱的扱いや処罰を受けるべきではない」としていることを取り上げている。

　この世界人権宣言の第3条から第5条までは，非差別条項としてまとめられると筆者は思うが，これは女性の生命，自由，身体の安全を脅かしたり，あるいは拷問，残酷かつ非人間的，侮辱的扱いとなるような女性への暴力は，世界人権宣言に違反するとするものであり，したがって，加盟国の国際的責務の侵害であることを意味すると，クマラスワミが断言していることに注意しなければならないであろう。

　そして，クマラスワミは，その他の文書，たとえば，「国際人権規約」（経済的，社会的及び文化的権利に関する国際規約と，市民的及び政治的権利に関する国際規約）も同様に，女性への暴力を禁止していることを喚起している。そして，市民的及び政治的権利に関する国際規約の第1条は，世界人権宣言第2条に類した「非差別条項」であると述べているのである。

　これに加えて，国際人権規約（B規約）の第26条は「すべての者は，法の前に平等であり，いかなる差別もなしに法律による平等の保護を受ける権利を有する。このため法律は，あらゆる差別を禁止し，性……等のいかなる理由による差別に対しても平等のかつ効果的な保護をすべての者に保障する」としていることを，クマラスワミは指摘するのである。これは，日本国憲法の基本的理念とも一致するものであると言えよう。

　そして，クマラスワミは，これと同規約の生命に対する固有の権利を有する

ことを明記した第6条1項と，拷問又は残酷，非人間的，品位を傷つける取扱いや処罰から守ることを明記した第7条，身体の自由及び安全についての権利を守ることを明記した第9条をつなげれば，この規約はジェンダーに基づく暴力の問題も対象としていると解釈できるであろうと要約しているのである。

　最後に，同予備報告書では，女性差別撤廃条約に選択議定書を作成し，国内での救済策が使えなくなった時は，個々人が誓願する権利を認めるよう促している[1]。これによって，暴力の被害者となった女性は，国際的人権文書を最後のよりどころとして，自らの権利を確立し保護されることが可能になるだろうとするのであるが，我が国の実情を見る限り，ここまでの権利主張ができるかは疑問である。

　次いで，クマラスワミの「1996年報告書」は，あらゆる形態の家庭内での女性への暴力に焦点を当てたものである。そこでは，家庭内暴力，国際人権規約の侵害としての家庭内暴力について考察している。そして，家庭内暴力とその他の形態の家族内での女性に対する暴力を，基本的に1994年7月29日付けの覚書に対してクマラスワミが受け取った，各国政府，国連の機関等からの情報の分析に基づいた論述が試みられている。

　そして，家庭内暴力に関する既存の国内法を列挙し，家庭内暴力に関する立法モデルの枠組みを用意するために，さまざまな国にある法的メカニズムを分析し，最後に，家庭内の女性への暴力を撤廃するための勧告が，そうした暴力の原因とそれがもたらす結果の治療策とともに示されている[2]。

　また，1996年の「戦時下における軍の性奴隷制度問題に関しての報告書」は，朝鮮民主主義人民共和国，大韓民国及び日本への訪問により行った調査をまとめたものである。

　この報告書では，戦時中，軍隊によって，また，軍隊のために性的サービスを強要された女性たちの事例は，軍性奴隷制の実施であったと定義している。この点に関しては，日本政府は，「性奴隷」という言葉は，1926年の奴隷条約第1条1項に，「所有権に帰属する権限の一部又は全部を行使されている人の地位又は状態」と定義されており，「慰安婦」に適用するのは不正確であると述べている。政治的な解釈や論争は本書の目的とするところではないが，結論的に言えば，同報告書の目的は，国，地域，国際の各レベルで見られる女性への暴力の原因と結果をめぐる状況を改善するための結論と勧告を提出することに

第2章　先行研究の概観　　71

あったと言えるであろう。

　周知のごとく，1965年の韓国と日本の2か国間条約によって，戦時の日本による占領から生じる請求権に関しては，既に処理されているとするのが一般的である。クマラスワミの質問に対し，韓国の孔魯明外務大臣が，1965年の韓日条約は2か国間の国交を正常化するもので，これに基づき戦時中に被った財産の損害は，日本政府が補償を行ったと強調して発言したことが報告書には述べられている。韓国の金泳三大統領は「慰安婦」問題に関して，日本政府にいかなる物質的補償も要求しないと公に保証したとも報告されているのである。

　クマラスワミは，韓国政府の慎重な立場とは反対に，政治家や学者，非政府組織の代表，女性被害者自身が，強硬な要求を突きつけていることに注目している。歴史的な背景を通してみた場合，従軍慰安所を設置した根拠は，売春サービスを制度化して管理下におくことで，軍の駐留する地域でのレイプ事件を減らせるというものであった。そして，長崎県知事に要請して上海に送られた女性が，最初の軍の性奴隷だと言われているのである。

　そして，同報告書では，戦時の軍性奴隷制の犠牲になった女性のインタビューがクマラスワミによってなされている。しかしながら，日本政府は，被害者に対して，何ら法的に強制されたという根拠はなく，単に道義的責任しかないと考えていると報告しているのである。

　同報告書で，クマラスワミは，当事国政府との協力の精神に基づいて任務を果たし，女性への暴力の原因と結果という幅広い枠組みの中で，戦時の軍性奴隷制の現象を理解する目的で，旧日本軍によって行われた軍性奴隷制の生存する女性被害者に，正義をもたらす意欲と率直さを示した日本政府に，協力を期待すると勧告しているのである[3]。

　また，クマラスワミの「1997年の報告書」では，女性に対する暴力，とりわけ，女性に対する家庭内暴力及びコミュニティ内暴力に関して，報告がなされている。どちらかと言えば，同報告書は，コミュニティにおける女性への暴力に焦点を当てた報告であると言ってよいであろう。

　同報告書によれば，さらに女性と少女の人身売買と強制売春の問題に関して，ポーランドへの訪問調査を行い，また，ブラジルを訪問して，家庭内暴力の問題について詳しく調べている。コミュニティにおけるレイプに関しては，南アフリカで調査したということである。

72

そして，同報告書では，家庭内の女性への暴力と同様，コミュニティにおける女性への暴力もまた，国家以外の行為者，私人に対する国家の責任という重大な問題に焦点を当てることになるとしている。過去においては，人権法が厳密に解釈され，国家が責任を負うのは，国家自身ないし国家の要員による行為のみであって，個人的行為者による行為は，刑法の問題であると看做されてきた。だがしかし，近年になって，こうした考え方は現実的な考え方に道を譲り，国によるものと個人によるものを問わず，女性に暴力を振るう者に対する予防と訴追と処罰が行われるよう，国が相当の注意を払うことが期待されているとしている。

　特に，本書でも**第3章**で取り上げる，レイプとセクシャル・ハラスメントを含む「女性への性暴力」について，国は，性暴力に関する最近の研究とその成果を反映するよう刑法を修正すべきであるとし，レイプを被害者の立場から定義することで，すべての性暴力を対象にできるようにすると共に，被害者の承諾に関する微妙な問題も把握できるようにすることを提言している。また，裁判の判決に関しても，暴力の加害者が応分に罰せられると共に，重罪を犯した者は，厳罰に処せられるよう刑法を改正すべきであると主張しているのである[4]。

　クマラスワミの「1998年の報告書」は，女性に対する暴力のうち，国家が加える，または国家が黙認する，さまざまな形態の女性への暴力を分析した報告書である。

　武力紛争下における女性への暴力，保護下での暴力，難民女性及び避難民女性に対する暴力について検証がなされている。

　この報告書でも，日本の慰安婦問題について述べられているが，そこでは，「日本政府は慰安婦に対する過去の暴力という問題に対処すべく，ある程度努力しているのは歓迎すべきである」と述べている。事実，日本政府と歴代の首相たちは，相次いで元慰安婦に対し悔悟の念を表し，謝罪を表明しているのである。また，アジア女性基金という民間基金も設立され，犠牲者1人あたり200万円の見舞金を支払うことになったことや，政府がアジア女性基金の医療・福祉プロジェクトのために，7億円の国家予算を宛てており，また意識向上や，このようなことが将来起こらないために，こうした悲劇を教科書にも取り上げる活動を展開していることを報告している[5]。

第2章　先行研究の概観　　73

クマラスワミの「1999年の報告書」では，家庭内暴力，とりわけ報告者が1996年に提出した家庭内暴力に関する報告に則して，国家が遵守すべき国際的義務について焦点を当てている。ここでは，作業の方法と活動，家族と暴力，進化する法的枠組み，そしてその調査結果を報告しているのである。

同報告書では，家庭内暴力の訴えに対して，従来の刑事裁判制度は，十分に対応してこなかったという点を克服するために，警察官，検察官，法医学者，裁判官に対する系統的な訓練が必要であるとして，家庭内暴力に関して，刑事裁判制度が，より迅速かつ適切に対応できるようするための情報を求めている。そして，被害者に対する支援サービスについては，家庭内暴力を犯罪とするだけでなく，被害者が抱える身の安全，経済力，住宅，雇用，保育等さまざまな必要に応じたサービスが求められているとして，クマラスワミは，国やNGOが提供している被害者に対する支援サービスについて情報を求めているのである[6]。この家庭内暴力，特にDVについては，本書の**第4章**で詳しく論じている。

2002年の「委託調査報告書」では，クマラスワミは女性に対する暴力とされる事件を共通の項目で記録するために，企画書式を作成している。その上で，報告者に託された任務である，ジェンダー特有の女性に対する暴力，すなわち女性が女性であるがゆえに暴力や暴力の威嚇を受けているとされる事件の調査分析を行っているのである。

そして，検討の対象となった期間内で，報告者は以下の23の各国政府と意思疎通を図り，回答をまとめている。バングラデシュ，中国，コロンビア，コンゴ民主共和国，エジプト，エチオピア，ギニア，インド，インドネシア，イラン（イスラム共和国），イスラエル，ケニア，レバノン，リベリア，メキシコ，ミャンマー，ナイジェリア，フィリピン，モルドバ共和国，ロシア連邦，スリランカ，トルコ，ウズベキスタン等である。これに加えて，イラン，レバノン，メキシコ，ロシア連邦，スリランカ，トルコ各国政府は，検討の対象となった年に起きた事件について回答を寄せている。

また，オーストラリア，バーレーン，カナダ，中国，カタール，スリランカ，アラブ首長国連邦，英国（グレートブリテン−北アイルランド連合王国）の各国政府は，その前の年の事件に関して回答を寄せている。

同報告書には，各国別に，全体的及び個々の申立ての概要と政府に対する緊

急アピールとその回答がまとめられている。また，適切と判断したところでは，報告者の所見も含まれているのである[7]。

クマラスワミ最終報告書は，国際的なレベルで行われた女性を暴力から守るための基準設定と規範の創設への努力，女性に対する暴力の撤廃のために国家が行った関連法の改正採択，情報発信や意識向上キャンペーン等の教育的，社会的対策などの行動と指導力について言及し，国際的，地域的，国家的なレベルでの主要な発展を記録している。女性に対する暴力の国際的比較を行う場合には参考となる資料である。

また，同最終報告では，女性に対する暴力は，多面的な問題であり，単純で単一的な解決はあり得ないことを強調している。暴力に対しては，社会の多分野で，多方面から同時に対策が取られるべきであり，特定の状況下でどのような対策が女性の権利の進展に役立つかは，その地域の人々が先導して決めなければならないとしている点が注目されよう。

クマラスワミは，また，女性に対する暴力に関するデータと統計を改善し，平等な保護と適用を保証する特別法を制定することにより，各国政府は，ジェンダーに基づく暴力に対し，さらに効果的に対応できるシステムを作ることができるであろうとも述べている。

同最終報告書の最後の部分において，特別報告者クマラスワミは，「結論と未来への課題」について述べ，①暴力の原因であり，また女性の権利についての知識や選択肢，資源の入手機会を狭めている女性の貧しい経済，社会，政治的地位，②刑事司法制度の平等な機会利用の保証，③ジェンダーに基づく暴力の不処分に対する取組みの必要性等を強調した勧告を付け加えている。

また，女性の権利の最も大きな課題は，文化相対主義の原則から生まれること，女性運動の残された開拓分野は性的権利の明確な表現であることの2点であることを，クマラスワミは強調しているのである[8]。

このように，国連人権委員会特別報告者のクマラスワミ報告では，世界的なレベルで，女性への暴力を根絶するための調査を行い，詳細な勧告を試みていることに注意しなければならない。

そして，クマラスワミは，一定の文化的要因は女性への暴力の発生を早めているとして，男性優位と女性の従属を規範として受け入れている社会や家族の全体構造が，女性への暴力の正当化に一役買う可能性があることにも注意を喚

起すべきである，としているのである。

第2節　女性に対する暴力に関する調査の概要

　次に，先行研究としての我が国の調査研究についてであるが，本書に関連する項目としては，女性に対する暴力の意識についてのものと，DV，ストーキング，痴漢，性暴力，性的行為の強要などの被害に関するものとがあった。これらの調査では，性的強要には，夫婦間と交際相手からの強要も含まれている。

　まず，最初に，1998年の東京都の「女性に対する暴力」の調査であるが，この調査では，「女性に対する暴力」の中でも，表面化しにくい夫やパートナーからの暴力に焦点を当てて，調査を実施しているところに特色がある。

　日常生活における女性の人権に関する調査では，夫の妻に対する行為（暴力）について男女間の意識差が大きく，男性のほうが女性より，全体的にそれらの行為を容認する傾向がみられるとしている。

　また，同調査では，夫やパートナーからの身体的暴力，精神的暴力，性的暴力を重複して受けている女性は，17.2％であったと報告されている。そして，暴力を振るわれた時，誰かに相談した者は15％，相談したかったが，相談しなかった者が6％，相談しようとは思わなかった者が約40％となっている。これは，我が国のDV犯罪の特徴と言えるかもしれないが，家庭内の出来事を他人に話すことは憚られるという態度が，「相談しようとは思わなかった（約40％）」という回答に表れているように，筆者には思われる。

　夫やパートナーからの暴力に関する被害体験面接調査では，夫やパートナーからの暴力の種類は，段る，蹴るなどの身体的暴力が最も多く，次いで，極端な暴言や脅かすなどの精神的暴力であったが，身体的暴力，精神的暴力，性的な暴力は重複している場合が多くみられた。そして，夫やパートナーからの暴力で身体的外傷を負った女性が78.7％おり，9割以上の人が何らかの影響があったと答えている。身体的暴力により外傷を負った女性が約8割にも及ぶという結果は驚くべき数字である。

　また，関係機関とのヒアリングでは，機関による役割，制度による対応の限界，関係機関相互の連携強化，被害女性の求援助行動促進・自立支援策の必要性が挙げられている[9]。

次に，1999年の総理府「男女間における暴力に関する調査」では，夫婦間での暴行等については，「どんな場合でも暴行にあたると思う」という回答が過半数を超えたのは，「身体を傷つける可能性のある物でなぐる」(88.9％)，「刃物などを突きつけて，おどす」(86.8％)，「足で蹴る」(76.9％)，「相手がいやがっているのに性的な行為を強要する」(60.0％)，「手で打つ」(55.8％)であると報告されている。

　また，これは，ストーカー犯罪とも関連するが，つきまとわれた経験の有無については「ある」が9.4％となっている。さらに，痴漢にあった経験が48.7％の女性にあった。性的行為の強要に関して，女性1,773人に「おどされたり，押さえつけられたり，凶器を用いたりして，いやがっているのに性的な行為を強要されたことがあるか」について質問したところ，女性の6.8％に経験があったことが報告されている。また，仮に被害を受けたとした場合の相談意思の有無について尋ねたところ，「どこかに相談する」という人は75.5％で，「どこ（誰）にも相談しないと思う」(6.3％)を大きく上回っている。実際の被害経験がある人の回答とは異なった傾向がみられることに注意しなければならないであろう[10]。

　次いで，2002年の豊田市「女性への暴力に関する意識と実態調査」では，男女の関わりに関する考え方においては，女性は「男は仕事，女は家庭」に「同感」と回答している人は半数以下であるが，男性は60％となっている。このことは，男性の側には，女性の役割に関してステレオタイプに基づく見方が支配的であることが分かる。

　女性への暴力に関しては，「精神的暴力」については，男女共「暴力にあたる場合とそうでない場合があると思う」が全般的に高い。「経済的暴力」に関する項目においては，「生活費を渡さない」については，どんな場合も暴力にあたると認識しているが，「職についたり，仕事を続けることに反対する」については，暴力とは意識していないようである。

　一方，「性暴力」については，「どんな場合でも暴力にあたる」は，女性は70％前後，男性も50％を超えている。「夫婦といえども性的な行為を強要することは，女性に対する暴力にあたることが理解されつつあるようである」との報告がなされている[11]。この性的強要については，**第3章**の性暴力犯罪と**第4章**のDV犯罪で詳述しているように，諸外国では早くからDVの類型として考

第2章　先行研究の概観　　77

えられていたが，我が国における認識がはるかに遅れていることは，この調査結果を見ても分かるであろう。

また，石川洋明の中部地方大学生における「女性に対する暴力」についての調査（1998～2001年）では，望まないつきあいの強要経験は約1～6％，痴漢被害は約60％，ストーキング被害は約25％，性暴力被害は約6％という結果を見出している[12]。

そしてまた，2006年の内閣府の「男女間における暴力に関する調査」では，「どんな場合でも暴力にあたると思う」と考えている人が多いのは，身体を傷つける可能性のある物でなぐる（92.1％）と，刃物などを突きつけて，脅す（92.1％）で，9割強が「暴力にあたる」と認識している。また，足で蹴る（79.2％）は8割，嫌がっているのに性的な行為を強要する（69.1％）は7割が，「どんな場合でも暴力にあたると思う」と回答している。

次に，嫌がっているのに性的な行為を強要することを「どんな場合でも暴力にあたると思う」という人は，男女とも若年層ほど多くなる傾向があり，女性の20歳代から40歳代までと，男性の20歳代から30歳代では，8割前後となっている。若者の間でこうした意識を持つことは，将来的に，性暴力，ひいては女性に対する暴力を減少させることにつながると思う。

配偶者からの被害経験は，身体的暴行を受けたことがある人は2割，しかも，ほぼ1割が性的強要の被害経験を持っていた。1割強の人が心理的な攻撃を受けていた。

また，配偶者からの被害について，どこ（誰）にも相談しなかった人（160人）が，相談しない理由として，「相談するほどのことではないと思ったから」が56.9％で最も多く，次いで，「自分にも悪いところがあると思ったから」（41.9％）となっている。この結果は注目すべきである。女性が男性の暴力を自分自身の責任とする傾向が顕著に表れているからである。女性に対する暴力をなくすためには，女性自身の意識の変革が必要であるように筆者には思われるのである。

また，交際相手からの被害経験については，「身体に対する暴行を受けた」が，8.7％，「精神的ないやがらせや恐怖を感じるような脅迫を受けた」が，7.2％，「性的な行為を強要された」は，6.2％となっている。異性から無理やりに性交された経験を質問したところ，被害経験がある女性は7.2％であったと

報告されている[13]。

　山口県の「男女間における暴力に関する」調査では，「配偶者からの暴力」等の被害経験は，身体的暴力を受けたことがある人は2割近くとなっている。そして，身体に対する暴行を受けたことが「あった」人は，女性で27.5％となっている。また，性的な行為を強要されたことが「あった」と回答した人は，女性の全ての年代で1割を超え，特に50歳代では24.1％となっている。

　また，配偶者からの暴力の被害女性で命の危険を感じたのは，18.4％であった。配偶者からの暴力等の相談先としては，公的機関への相談は少なく，身内や友人という身近な人への相談が多くなっている。このデータで注目すべきは，命の危険を感じた女性が約2割に達するという結果である。配偶者暴力の問題点を浮き彫りにする資料であると言えよう。

　交際相手からの暴力については，12.5％に被害経験があり，女性の被害の割合が男性の約4倍と高くなっている。嫌がっているのに性的な行為を強要されたことがあるかについては，女性の8.6％はあると答えている。そして「交際相手からの暴力」の被害女性の3割以上が命の危険を感じたことがあると答えていることは注目すべきである。

　交際相手から受けた暴力等の行為の相談先としては，「友人・知人に相談した」（35.5％），「家族や親戚に相談した」（21.0％）がやや高いが，公的機関等は少なくなっている。公的機関の中では「警察」（6.5％）が最も高い。また，「どこ（誰）にも相談しなかった」（51.6％）という人が半数を超えている[14]。

　また，立川市「男女間における暴力に関する」調査では，配偶者等からの被害経験については，身体的暴行，心理的攻撃，性的強要のいずれかについて，1度でもあったという人は30.1％となっている。

　そして，命の危険を感じた経験については，「感じた」が女性10.7％，男性6.7％となっている。また，配偶者からの被害を何度も受けた56人は，女性の25.6％の人が命の危険を感じたと答えている。さらに，精神的に不調をきたしたことがあると答えた人は，女性32.9％，男性17.8％と女性のほうが多くなっている。男性で命の危険を感じた者が6.7％いるという数字は注目すべきである。

　また，この5年以内に配偶者から何かしらの被害を受けたことがあった人199人に，相談先について聞いたところ，全体では，「友人・知人」（22.1％）と

「家族や親戚」(19.1%)となっている。一方,「どこ(誰)にも相談しなかった」人は51.3%となっている。ここでも「どこ(誰)にも相談しなかった」という比率が5割を超えていることに注意しなければならないであろう。

交際相手からの被害経験については,身体に対する暴行を受けたことがあったという人は,女性6.8%,男性2.2%,精神的な嫌がらせや恐怖を感じるような脅迫を受けたことがあった人は,女性7.8%,男性2.2%,性的な行為を強要されたことがあった人は,女性6.5%,男性1.7%という回答で,いずれも女性のほうが多い。

そして,被害者が安心して生活するのに必要なこととしては,「暴力にさらされて育った子どものケアを行う」(69.7%)が多く,次いで「被害を受けた方が,暴力の影響から回復できるように,精神・心理的支援をする」(64.5%),「被害者に対する自立支援(子どもの教育,住宅の確保,就労支援など)を行う」(59.5%)という結果が報告されている[15]。

また,高崎市の「男女共同参画に関する市民アンケート」では,DVについては,身体的な暴力,精神的・社会的な暴力,性的な暴力,経済的な暴力のすべてにおいて「されたことがある」は女性,「したことがある」は男性が比較的高くなっている。特に女性は「精神的な暴力・社会的な暴力」や「身体的な暴力」を「されたことがある」(それぞれ19.2%,13.1%)が高くなっている。

「どこか(誰か)に相談しましたか」については,男女共「どこ(誰)にも相談しなかった」(女性49.6%,男性69.2%)が最も高く,女性はこれに次いで「知人・友人に相談した」(35.9%),「家族や親せきに相談した」(32.0%)も比較的高くなっている。ここでも,「どこ(誰)にも相談しなかった」が,女性で5割近く,男性では約7割に達している[16]。

さらに,2012年の内閣府「男女間における暴力に関する調査」では,配偶者からの被害経験については,身体的暴行,心理的攻撃,性的強要のいずれかを受けたことがある人を合計すると,「あった」が26.2%となっている。それぞれの被害経験は,身体的暴行が20.1%,心理的攻撃が14.0%,性的強要が9.2%である。これまでに配偶者から被害を何度も受けた人(189人)を男女別にみると,女性は命の危険を感じたが28.2%となっている。「命の危険を感じた者が約3割」という数値に注意しなければならない。

そして,被害の相談先については,2008年度の同調査よりも,女性で「相談

した」が増えている。どこ（誰）にも相談しなかった人（137人）の相談しな
かった理由をみると、「相談するほどのことではないと思ったから」が62.8％
で最も多く挙げられ、次いで、「自分にも悪いところがあると思ったから」が
39.4％、「自分さえがまんすれば、何とかこのままやっていけると思ったから」
が24.8％、「相談してもむだだと思ったから」が19.7％などとなっている。

　また、交際相手からの被害経験については、身体的暴行、心理的攻撃、性的
強要のいずれかの被害を受けたことが「あった」が10.1％で、女性13.7％、男
性5.8％となっている。異性から無理やり性交された経験については、「被害経
験がある人」は7.7％である。

　被害によって引き起こされた生活上の変化については、「変化があった」は
49.2％で、女性は55.5％、男性が31.4％となっている。内容については、男女
共に「心身に不調をきたした」が最も多くなっている[17]。

　また、静岡市の「男女間における暴力に関する調査」では、男女合計ではあ
るが、約3人に1人が配偶者から被害を受けたことがあると回答し、約5人に1
人は交際相手から被害を受けたことがあると回答している。この調査でもDV
被害の比率は高くなっている。

　また、相談の有無については、被害を受けた人の約5割は、どこ（誰）にも
相談していない。そして、被害を受けた人のうち、約2人に1人は生活上の変
化があったと答えている。また、被害を受けた人のうち、女性の約8人に1人
は命の危険を感じたことがあると答えている。「相談していない」比率と「命
の危険」も高い比率である。

　交際相手からの被害経験の有無については、女性483人、男性270人（計753
人）で、約5人に1人は交際相手から被害を受けたことがあると回答している。
被害内容は、女性では「大声でどなられた」が、男性では「携帯電話をチェッ
クされた」が最も多かった。

　そして、相談の有無については、被害を受けた人の約5割は「どこ（誰）に
も相談していない」と回答している。また、交際相手と別れなかった理由は、
「相手が別れることに同意しなかったから」が最も多くなっている。

　そしてまた、交際相手からの被害を受けた人のうち、約3人に1人は生活上
の変化があったと答えている。また、被害を受けた人のうち、女性の約4人に
1人は命の危険を感じたことがあると回答している。ここでも、「誰にも相談

しなかった」という比率と「命の危険を感じた」比率が高いことが分かる[18]。

2014年の内閣府の「男女間における暴力に関する調査」では，配偶者からの被害経験については，これまでに結婚したことのある人（2,673人）に，身体的暴行，心理的攻撃，経済的圧迫，性的強要の4つの行為を挙げ，それぞれの行為について，配偶者から被害を受けたことがあるかを訊いた。

『あった』が20.3％となっている（「何度もあった」6.8％と「1，2度あった」13.5％の合計）。それぞれの行為について，被害経験が「あった」割合をみると，身体的暴行が13.2％，心理的攻撃が10.6％，経済的圧迫が5.0％，性的強要が4.5％となっている。被害経験が「あった」を男女別にみると，女性が23.7％，男性が16.6％となっている。ここでも，男性の被害者が報告されている。

配偶者からの被害の相談先については，「相談した」は37.2％で，女性は50.3％，男性は16.6％となっている。相談した比率が上昇し，女性の5割以上は相談しているようである。相談しなかった理由について，どこ（誰）にも相談しなかった人（308人）に，理由を訊いたところ，「相談するほどのことではないと思ったから」が55.8％と最も多く，次いで「自分にも悪いところがあると思ったから」が32.8％，「相談してもむだだと思ったから」，「自分さえがまんすれば，なんとかこのままやっていけると思ったから」が共に19.2％などとなっている。

命の危険を感じたことがあるかについて訊いたところ，命の危険を「感じた」が9.2％となっている。男女別にみると，女性が11.4％，男性が5.7％である。

交際相手からの被害経験については，「交際相手がいた（いる）」という人（1,847人）に訊いたところ，当時の交際相手から身体的暴行，心理的攻撃，経済的圧迫，性的強要のいずれかの被害を受けたことが『あった』が14.8％で，女性が19.1％，男性が10.6％となっている。

交際相手と同居した経験（いわゆる「同棲経験」）がある人（355人）に，その同居の際の被害経験を訊いたところ，いずれかの被害を受けたことが「あった」が22.8％で，女性が29.8％，男性が18.2％となっている。男女共に20～29歳と30～39歳で被害経験が多く，特に，女性は3割を超えている。

交際相手から何らかの被害を受けたことのある人（273人）に，命の危険を感じたことがあるかを訊いたところ，「感じた」は20.5％であり，女性25.4％，男

性12.0％となっている。ここでも「命の危険を感じた」比率が高くなっている。

特定の異性からの執拗なつきまとい等の経験の有無については，これまでに
ある特定の異性から執拗なつきまといや待ち伏せ，面会・交際の要求，無言電
話や連続した電話・メールなどの被害にあったことがあるか訊いたところ，
「1人からあった」という人が5.8％，「2人以上からあった」という人が1.6％で，
被害経験のある人は7.3％となっている。ちなみに，女性は10.5％，男性は
4.0％となっている。

特定の異性からの執拗なつきまとい等の被害にあった人（260人）に，その被
害によって命の危険を感じたことがあるかと訊いたところ，「感じた」は
25.4％であり，女性が28.9％，男性が15.7％となっている。また，電子メール
やインターネットなどによる被害経験については，『使われた』は38.1％であ
り，女性が36.3％，男性が42.9％となっている。そして，この『使われた』は，
男女共に年齢・階級が低くなるほど多くなっているのである。また，使われた
通信手段をみると，「電子メール」が32.3％と最も多い。これらの数値は，ス
トーカー犯罪の分析に際して参考とすべき数値であると思う。

被害の相談先については，特定の異性からの執拗なつきまとい等の被害に
あった人（260人）に，誰かに打ち明けたり，相談したりしたかを訊いたところ，
『相談した』は68.5％であり，女性が78.4％，男性が41.4％であった。相談した
比率が約7割と上昇している。

特定の異性からの執拗なつきまとい等の被害にあった人（260人）に，その被
害による生活上の変化を訊いたところ，「生活上の変化があった」は53.8％と
半数を超えており，女性が61.6％，男性が32.9％となっている。

さらに，女性（1,811人）に，これまでに異性から無理やりに性交されたこと
があるかを聞いたところ，「1回あった」が3.7％，「2回以上あった」が2.8％で，
被害経験のある人は6.5％となっている。

被害の相談先については，「相談した」が31.6％で，「相談しなかった」が
67.5％となっている[19]。

これらの調査から分かるように，女性に対する暴力，特にDV被害経験は，
東京都の調査では約2割（17.2％），2006年の内閣府の調査でも約2割の女性が
被害を受けていることが分かる。そして，最近においては，立川市の調査では
30.1％となっており，各調査で顕著なことは，DV被害で命の危険を感じてい

第2章　先行研究の概観　　83

る者が多いということである。ちなみに，2012年の内閣府の調査では，命の危険を感じた女性は28.2％とその割合が増加しているのである。

また，以上のような我が国での各種調査研究では，被害に対して，「相談しない」という回答が多いことに注意しなければならない。相談すれば何らかの解決策が見つかる可能性があるのであるから，相談しないこと自体が問題であるといえよう。誰かに相談するという決意をすることが，問題解決のための最初の一歩を踏み出すきっかけとなり，重大な事件に至ることなく被害を最小限度に抑えるための解決への糸口になるかもしれないと，筆者は考えるのである。

第3節　女性に対する暴力の学術研究

続いて，「女性に対する暴力の学術研究」であるが，これらの先行研究については，我が国のものと外国に関するもの，そして，我が国の男女共同参画会議の専門委員会の報告書に分けて，概観しておきたいと思う。

まず，林陽子は，論文「国際的人権問題『女性に対する暴力』──『性暴力』をめぐる国連での議論」において，1985年のナイロビ戦略以後の「性暴力」をめぐる議論を概観している。

この研究で示されている，女性解放運動の波が「婦人に対する差別撤廃宣言」，「女性差別撤廃条約」へとつながったという指摘は，正鵠を射たものであると思う。1991年，経済社会理事会の専門報告では，既存の国際人権文書は女性に対する暴力に十分に適用されておらず，女性に対する暴力を定義した国際条約もないことが指摘されている。そして，1992年に出された一般勧告19は，性暴力について加盟国の取組を呼びかける画期的なものであったと林は述べているが，この論述は歴史的経緯を踏まえたものであると筆者は考える[20]。

また，女性に対する暴力の研究者として著名な戒能民江は，「『女性に対する暴力』──問題の背景と経緯」において，主に，女性に対する暴力撤廃宣言から北京会議行動綱領への流れによる，女性に対する暴力の動向を紹介し，1993年のウィーン世界人権会議で，女性に対する暴力を女性の人権問題の中核に位置づけると共に，人権に社会的・文化的性別を意味するジェンダー的視点を導入した点で画期的であると評価している。

そして，北京世界女性会議以降，日本においても急速に暴力への関心が高

まっているとし，その証拠に，政府の男女共同参画審議会では首相の諮問を受けて，女性に対する暴力に関する基本方策の審議が進められており，警察や地方行政も動き出したことを指摘している。

　しかしながら，戒能の指摘するように，女性に対する暴力の多くの被害は，水面下に隠されたままであり，女性に対する暴力防止法を始めとした，被害者支援対策の早急な実現が何よりも望まれるであろう[21]。しかしながら，女性に対する暴力の根本的な解決のためには，暴力を容認して女性差別を維持してきた社会構造に迫る取り組みが求められると筆者は思う。それゆえに，筆者は，戒能の結論に賛成するものである。

　また，大村祐子は，1995年北京での世界女性会議において「女性に対する暴力」が重大問題領域のひとつとして位置づけられ，日本でも「男女共同参画2000年プラン」が策定され，その重点目標の中に女性に対する暴力の根絶が挙げられるなど，国内外において女性に対する暴力が，女性の人権を侵害するものとして関心が向けられてきたことを明らかにしている。

　事実，大村の言うように，これまで女性に対する暴力とその実態は十分に把握されてはおらず，特に夫やパートナーからの暴力は，家庭内の問題として潜在化する傾向にあった。こうした状況を受け，東京都では，1997年に女性に対する暴力に関する調査を実施したが，この調査は，行政としての本格的な実態調査であり，日本で初めて行われたものであると，大村は評価しているのである。

　この調査結果では，身体的暴力を受けている経験者は，本人の年齢，学歴，年収及び夫などの年齢，学歴，年収にかかわらず，ほぼ同じ割合で見られたことが特徴のひとつであり，こうした暴力が，特別の家庭だけに起こっているものではないということが実態として浮き彫りになった。

　さらに，こうした暴力が子どもにも向けられており，「父への憎悪，恐れ」，「性格，情緒の歪み」として，子どもに対して深刻な影響を及ぼしていることが分かったとしている。この点は，本書では取り扱わないが，児童虐待の本質を明らかにするものとして，検討する余地がある重要な資料である。

　また，被害女性の面接調査では，暴力を振るう夫が幼い頃育った家庭の中にも，暴力が介在していたことが少なくないことも明らかになった。いわゆる「世代間連鎖」の指摘である。

そして，関係機関ヒアリングでは，暴力に関わる警察，病院，東京都女性相談センター，母子生活支援施設（旧母子寮），保健所などに現状と問題点についてヒアリング調査が行われ，この調査では，それぞれの機関が個別に弾力的に対応しているものの，さらに関係機関相互の連携を強化していく必要性が，大村によって指摘されているのである[22]。

　また，戒能民江は，1998年の「女性に対する暴力と女性の人権」というもう1つの論文において，近年，日本においても「女性に対する暴力」について関心が高まってきたが，「女性に対する暴力」という概念は極めて新しいものであると述べている。これは，女性問題一般に当てはまることであるが，「女性に対する暴力」という概念は，事実としては，従来からあったものを，女性たちが再発見して，新たな意味づけを行ったことから生まれた概念・言葉であるとする。いわば，「個人的なエピソードとして語られ，周辺化されてきた物語を，社会的な問題として再構成したものである」と，戒能は言うのである。

　特に同論文では，DVと女性の人権を取り上げて分析し，「大切なことは，DV問題を認識することであり，女性の人権保障という視点を持つことである」と戒能は言うのである。「DVを始めとした『女性に対する暴力』がどんな問題なのか，現実を正確に認識した上で，女性や子どもの人権を尊重した支援が行われなければならない」と戒能は結論づけている[23]。

　また，岡部千鶴の「女性に対する暴力防止プログラム——ドメスティック・バイオレンスを中心に」によれば，夫・パートナーからの暴力，性犯罪，売買春，セクシュアル・ハラスメント，ストーカー行為などは，女性の人権を著しく侵害するものであるとする。そして，岡部は，DVとは，配偶者や恋人など，親密な関係にある相手からの暴力をいうと定義づけている。

　また，岡部は，DV被害者支援システムづくりに向けて，相談体制の拡充，被害女性の自立支援，啓発・予防，民間支援団体との連携について提言をしているが，これは注目すべき点である[24]。

　また，山下泰子は，「女性の権利は人権である」というフェミニズム国際法学の視座から，女性に対する暴力に関する国際会議の動向を紹介している。

　特に，「女性に対する暴力の撤廃に関する宣言」について紹介し，女性に対する暴力は，さまざまな形態をとるものの，ルーツは男性支配の家父長制社会の構造的な性差別に根差していることが共通理解になっていることを指摘して

いる。

　特に，男女共同参画社会基本法の女性に対する暴力の取組みとして，第3条の「男女の個人としての尊厳が重んぜられること」に関する，野中広務内閣官房長官（当時）が「女性の基本的人権の享受を妨げたり自由を制約する女性に対する暴力は，決して許されるべきものではない」と述べていることを明らかにし，「配偶者の暴力の防止及び被害者の保護に関する法律」の制定は，その要請の一部をカバーする個別法であったということを指摘している[25]。

　さらに，角田由紀子は，『性差別と暴力──続・性の法律学』において，我が国で女性たちが中心になって作り出してきた社会の変化を踏まえて，角田の仕事の場である法律の分野に的を絞り，性差別と暴力のない社会への道を探っている。

　そして，「性的マイノリティの権利」では，角田は，女性に対する差別を生み出す構造の重要な位置に，異性愛強制の仕組みがあると考えられるとして，性的マイノリティの権利を論じている。これは，男性優位の社会のあり方と深く結びつき，それを支えている性差別の1つの表れでもあると角田は述べているのである。

　次に，角田は，「結婚制度とドメスティック・バイオレンス」について論じ，「結婚制度は，自動的に性別役割強制と結びつく危険性をはらみ，そこでの男性支配が，あまりにも長く続いたために自然になり，女性を依存的な存在にしておくことで，男性はあらゆる力を独り占めにし，人を支配することは快適なことだから，この体制が維持されてきたとしているのである。そこでは，人を支配する体制は，支配者には暴力を道具としてでも維持すべきものであることを明らかにし，強調しているのである。

　最後に，角田は，筆者の研究テーマである「性暴力」の根絶についても論じている。そこでは，「性暴力の根絶は，この犯罪が性差別社会の産物であることを考えれば，その方向がみえ，それがジェンダーの間にある不当な力関係の差を利用して引き起こされるものであれば，性差別をなくすことがこの暴力の根絶に基礎を与えることになる。そして，人々の中に深く巣くっている性差別意識と社会構造をどうなくしていくのかが，最後に問われる。日本の法律家や司法に携わる人々にはもっと，ジェンダーの視点に立っての教育がなされるべきである。それなしには，どのような制度も『仏作って魂入れず』になってし

まう」と結論づけている[26]。

　また，幅崎麻紀子の「女性に対する暴力の現状と課題――開発援助機関の取り組み」では，女性に対する暴力についての現状分析においては，女性に対する暴力は，世界中で起きている問題であるとし，女性が暴力被害に遭う場合，家族や恋人が暴力の加害者であることが多いことを指摘している。

　幅崎は，女性に対する暴力についての国際的な取り組みにおいては，「女性に対する暴力問題に取り組む根拠となっているのが，1979年に国連総会において採択された女性差別撤廃条約であるとし，同条約によって設置された女性差別撤廃委員会は，女性に対する暴力が差別の一形態であり，人権侵害であるとして，条約の締約国に女性に対する暴力を撤廃するための措置を求めたことに意義がある」としている。

　また，幅崎は，我が国における女性に対する暴力撤廃への取り組みについては，1990年代に入り，国際社会の動向と相まって，日本においても，女性に対する暴力が，深刻な人権侵害をもたらすものとして，社会問題として捉えられるようになったことについて言及し，「2001年には，DV防止法が施行され，同法には配偶者からの暴力が犯罪となる行為をも含む重大な人権侵害であることが明言されている」ことを指摘している。

　そして，被害者への支援としては，被害に遭遇するリスクを軽減するための教育や，被害に遭遇した際の支援プログラム等が必要であると結論づけているのである[27]。

　また，後藤弘子は，2012年の「女性に対する暴力は差別の表れである――国際人権法からみた女性に対する暴力」という論文において，国際人権法からみた女性に対する暴力について論じているが，そこでは，①性暴力について，強姦罪や強制わいせつ罪が親告罪となっていること，②性暴力が身体の安全及び尊厳に関する女性の権利の侵害を含む犯罪として定義されていないこと，③児童売春・児童ポルノ処罰法に暴力の常態化を促進するような女性に対する強姦や性暴力を内容とするテレビゲームや漫画の販売を禁止する条文が入っていないこと，④売春による性的搾取を防止し，性的搾取の被害を受けた女性に対する回復・経済的強化プログラムが導入されていないこと等の問題点を取り上げている。

　また，後藤は，以下のような2つの重要な点を指摘しているのである。1つ

目は，我が国では，憲法14条にジェンダー差別を禁止する条文があるにも関わらず，国際人権法が前提としている「女性に対する暴力が差別」であるという視点が，適切に導入されていないということである。すなわち，ジェンダー平等が女性に対する暴力をなくすことで実現するという条約の考え方が浸透していないことと，刑法秩序が女性に対する暴力を無視していることが，女性に対する暴力に関する対応が，国際人権スタンダードに応じた形で進んでいない大きな理由となっていると後藤は述べているのである。

2つ目は，女性に対する暴力についての包括的アプローチがないということである。国際人権スタンダードが求めている包括的アプローチとは，被害者中心アプローチのことで，被害者の視点からすべての女性に対する暴力を見直し，適切な犯罪化を行うことが必要であるとするのである。

女性に対する暴力が，男女の歴史的な不平等な権力関係の存在や，女性に対する差別の表れであることを立法・行政・司法が再確認することから始める必要があるというのが，後藤の結論である[28]。

これは海外の動向に関するものであるが，エリザベス・A・スタンコ（Stanko, E.A.）は，『英国における性犯罪被害者対策』の中の「女性に対する隠れた暴力」において，女性は男性よりも個人的な暴力を恐れ，そのために自分の生活を制限する割合が高いことを明らかにしており，女性が暴力の被害者になる割合は，男性より高いことを強調している。たとえば，女性は身体的にも社会的にも弱いために，より恐怖感を抱きやすいとか，あらゆる形態の性的・身体的暴力のうち，強姦に対する恐怖が最も大きいといった見方があるとしている。

スタンコは，女性のもつ犯罪への虞は，女性に対する「隠れた暴力」（hidden violence）の反映である可能性が高いと考えているようである。そのため，この女性に対する隠れた暴力について検証することが大切であるとし，犯罪，被害及び犯罪への恐れなど，より広い問題を理解することの重要性を指摘する。そして，スタンコは，女性に対する隠れた暴力の存在や，女性は安全ではないと女性自身が感じることそのものが，安全を含むさまざまな特権が，男性にのみに与えられている性差別社会の要素の1つであると主張している。かなり分かりにくい表現であるが，「性差別社会」に暴力を生み出す要因があるとする指摘は重要である[29]。

また，藤野美都子は，その論文，「女性に対する暴力の防止——心理的暴力の可罰化：フランス」において，フランスにおける動向を紹介し，2010年2月25日，フランスの国民議会は，被害者の保護，女性に対する暴力の予防及び抑止を強化する議員提出法案を満場一致で採択したと述べている。

　フランスでは，日本のDV防止法のような女性に対する暴力に関する特別法は存在せず，女性に対する暴力の規定は，民法典，刑法典，あるいは刑事訴訟法典等に関連する条文として盛り込まれているとしている。

　また，フランスでは，配偶者からの暴力は，女性に対する暴力の一類型とされ，これまで，刑事的に介入することにより抑止するという施策が展開されてきたという経緯があると説明している。今回の法案は，2002年に労働の場におけるモラル・ハラスメントを軽罪と位置づけたことに続き，配偶者からの心理的暴力を可罰化することを規定している点で注目を集めているとの紹介が，藤野によってなされている。

　また，フランソワ・フィヨン首相も，1972年にスタートした女性の安全のための闘いを加速するため，女性に対する暴力防止は，2010年の重要な国民的課題であると位置づけており，政府も同法案を支持しているとのことである[30]。

　また，吉川佳英子は，「女性に対する暴力」という論文において，第1回世界女性会議から第4回世界女性会議までの動向を説明した後，北京会議での北京行動綱領に焦点を当て，12の重大領域について述べている。

　その中で，吉川は，フランスでの2000年の女性への暴力に関する初の全国調査ENVFF（Enquête nationale sur les violences envers les femmes en France）について紹介し，レイプ，DV，売春等の問題を取り扱っている。

　そして，その上でEU全体として，2010年2月23日に，国民会議での「女性の権利に適用し得るEU諸国法の調整を促進するための決議」が採択されたことを紹介している。

　今日の状況については，2012年10月のフランス国立統計経済研究所（INSEE）などが発表した2種類の女性に対する暴力の規模や性質に関する研究について紹介し，その報告においては，「女性に対する暴力は，決して個人の問題ではない」と指摘しているのである。

　結論として，吉川は，「私的領域における人権」，「性的人権」，「国境を越えた人権」などの観点から，さらに女性に対する暴力について議論を深めていく

必要があると指摘している[31]。

　また，矢野恵美は，2012年，「スウェーデンにおける国による被害者対策と『女性に対する暴力』への対策」において，スウェーデンの大学における被害者学教育の状況と国による被害者対策のうち，犯罪被害者のために創設された国の機関の発展状況を中心に論述している。

　特に，女性に対する暴力との関係では，スウェーデンでは，女性に対する暴力に関して，知識の向上，対策や活動の発展という使命を受けており，2011年から2014年の間に，女性に対する暴力に関する活動に4,200万クローナ[32]の予算がつけられているとのことである。これは，「政府の女性に対する暴力，名誉に係わる暴力，同性愛者間の暴力，性的目的の買売春，人身売買を防止しようとする政府の動きの一端をなしているといえるであろう」と矢野は説明している。

　また，矢野は，スウェーデンの被害者対策では，女性に対する暴力の問題を抜きにして考えることはできないという。また，スウェーデンで被害者のための対策は，元々は女性被害者の作ったものであるとし，「その特徴的なものは，被害者弁護人制度（「被害者弁護人法」1988年法律第609号），女性が別れたパートナーからのつきまといに苦しむ状況に着目して作られた『接触禁止法（旧訪問禁止法）』，1995年の国連の北京女性会議に関連した女性に対する暴力に着目した『女性の安全法』，また，その中の刑法におけるDV罪の創設などである」とする。そして，女性に対する暴力に着目した国の機関が，「女性の安全のための国立センター」であることを指摘しているのである。

　女性の安全のための国立センターは，女性に対する暴力に関して，国レベルで意識を高めること，暴力の被害にあった女性のためのケアの方法を開発することを任務としていると，矢野は説明している。

　スウェーデンでは，1980年代の後半から90年代にかけて，被害者に対する国による対策が大きく発展した。そこでは女性被害者への注目という動きを忘れることはできない。「犯罪被害者庁，犯罪被害補償，犯罪被害者基金，被害者弁護人制度など，日本への導入を考慮すべき制度も多いように思われる」と矢野は指摘している[33]。ここで提言されている我が国での犯罪被害者庁などの創設は，かなり困難を要するように筆者には思われるが，その示唆するところには大きなものがあると言えよう。

さらにまた，クリストファー・グリーン（Green, C.）によれば，欧州連合（EU）27か国全体の人口は，約5億人で，そのうち，約1億人の女性が暴力の犠牲となっているという。「5,000万人が身体的暴力に苦しみ，2,500万人が性的暴力の被害を受け，2,500万人が名誉殺人やストーカー行為，強制結婚，女性の性器切除，強制的な堕胎や不妊手術に苦しんでいる」とするのである。

　グリーンによれば，暴力の予防には，法律に関する意識を高めることが極めて重要であるという。法律上の罰則が暴力の抑止となり，法律は，地域社会と国が，女性に対する暴力を人権に対する犯罪と看做していることを示すものだと主張しているのである。

　それゆえに，欧州評議会の新しい条約（イスタンブール条約）は，この戦いを前進させるための重要なツールであり，その中でも，この条約の第12条は最も重要で，「社会の全構成員，特に男性と少年が本条約に含まれるあらゆる形態の暴力を防止することに積極的に貢献できるよう，奨励する」という規定があるからだというのである。

　グリーンは，女性に対する暴力と戦う男性を奨励する活動として最大規模のものであるホワイトリボンキャンペーンと，買売春減少に関するスウェーデンの法律である「女性に対する暴力法」，それにオーストリアの住居からの加害者退去条項を取り上げて，ヨーロッパにおける優れた実践例として紹介している。

　イスタンブール条約は，女性に対する暴力を，公然かつ明確に，女性に対する差別の一形態として定義し，さまざまな形での虐待を，国際法の下で，人権侵害として位置づけた。これは，法的拘束力をもつ国際法の最初の例として，歴史に残るものとなるであろうと，グリーンは言うのである。

　「女性に対する暴力のない世界を想像してみてください，それはどんな世界でしょうか？　平和で幸福で健康的で自由な，敬意に満ちた，愛情あふれる，思いやりのある世界です。今日，私たちは一人ひとりが，女性に対する暴力を終わらせるために役割を果たすことを誓約し，こうした世界の創造へ行動をおこしましょう」とグリーンは訴えるのである[34]。

　また，井樋三枝子は，2013年の「アメリカ女性に対する暴力防止法の改正」と題する論文において，「アメリカでは，1980年代，家庭内での暴力（DV）等の女性が被害者となる犯罪に注目が集まるようになり，このような問題を家庭

内の私事ではなく，社会的にも刑事司法の場でも，明確に犯罪として取り上げる試みがなされた」という。その結果として，1984年連邦議会は「家庭内暴力防止法及びサービス法」を制定したのである。DVの防止や避難所の開設等の被害者保護・独立のための支援プログラムを，各州が実施するための補助金の授権が，その内容であったとしている。

　その後，アメリカの女性に対する暴力防止法は，女性に対する暴力への連邦による包括的対応を目的として，1994年に制定されている。同法は，州等に対する各種の補助金プログラムを内容とする部分が多く，2000年及び2005年に歳出の再授権がなされた。

　2011年度会計で補助金歳出の授権が切れるため，再授権法案が連邦会議に提出されていたが，同時に新設及び改正する内容に関して意見が対立し，審議が難航していた。しかしながら，最終的に，2013年3月7日，再授権法は成立したと説明している[35]。

　さらに，ドゥブラヴカ・シモノヴィッチ（Simonovic, D.）は，「女性差別撤廃条約に重点を置いた女性に対する暴力に関する国際的な枠組み」という論文において，女性差別撤廃条約は，女性に対する差別と暴力の撤廃のための中心的な国際法律文書であるとし，国際人権法にジェンダーの視点を加え，「人権に女性の権利」を組み込むとともに，締約国に対し，女性に対するあらゆる形態の差別撤廃に取り組むという明確な責務と義務を確立した点で，画期的であったことを指摘している。

　そして，女性差別撤廃条約の重要な特徴の1つは，市民，政治，社会，文化に分割している他の法律文書とは違って包括的であり，権利の不可分性というアプローチをとっていること。もう1つは，23人の専門家による監視機関によって強化されていることである，としている。こうした特徴は，履行の監視を規定しているだけでなく，条約を委員会の活動を通じて発展する生きた国際的な女性人権の法律文書にしている点で極めて重要であると言えるであろう。女性差別撤廃条約は，「女性の人権の法律文書」であり，「女性の開発の法律文書」であり，「女性のエンパワーメントの法律文書」であると，シモノヴィッチは指摘するのである[36]。

　一方，我が国の男女共同参画会議女性に対する暴力に関する専門調査会は，「『女性に対する暴力』を根絶するための課題と対策——性犯罪への対策の推

進」という報告書をまとめている。

　同報告書の検討においては，性犯罪被害者の裁判員裁判の対応の在り方や，レイプシールド法に関する事項などの法制度に関わる事項についての問題意識が示されている。これらは「第3次男女共同参画基本計画」第9分野「女性に対するあらゆる暴力の根絶」の「3　性犯罪への対策の推進」（性犯罪への厳正な対処等，被害者への支援・配慮等，加害者に関する対策の推進等）においては，何ら記載されていないことから，同報告では十分な検討を行ったとはいえないように思われるが，こうした事項についても，被害者保護の観点から，必要に応じて，今後の調査検討対象ともなり得る課題のように，筆者には思われるのである。

　以上のような同報告書の検討から分かるように，性犯罪に対しては，行政機関はもとより，国民一人一人が自分たちにできることは何か，意識をもって取り組むことが必要であることを提言し，報告書が取りまとめられている[37]。

　また，男女共同参画会・女性に対する暴力に関する専門調査会は，2014年4月，「『女性に対する暴力』を根絶するための課題と対策——配偶者からの暴力の防止等に関する対策の実施状況のフォローアップ」と題した報告書を出している。

　同報告書は，「第3次男女共同参画基本計画」第9分野2の事項に関し，2013年6月に，生活の本拠を共にする交際相手からの暴力及びその被害者についても，配偶者からの暴力及びその被害者に準じて法の適用対象とすることを内容とする「改正DV法」が制定され，2014年1月3日に施行されたことについて報告したものである。これに伴い，法律の名称も「配偶者からの暴力の防止及び被害者の保護等に関する法律」となっているのである。

　また，「ストーカー規制法」も，2013年6月に改正され，同年10月に全面施行された。その改正の内容や基本方針の見直し内容も踏まえ，全ての事項について取り上げるのではなく，今後の方向性を中心として，この報告を取りまとめている。中でも，近年，交際相手からの暴力が社会的に問題となっており，また，痛ましい事件も生じていることに鑑み，保護命令制度，交際相手からの暴力への対応など被害者の安全の確保に関連する事項に関して，今回の調査検討の重点として取りまとめを行っていることが紹介されている。この点に関しては本書の**第4章**のDV犯罪において詳しく論述したところである。

この今回のフォローアップ調査は，第3次男女共同参画基本計画に基づき行ったものであるが，配偶者からの暴力の防止等のためには，第9分野「女性に対する暴力の予防と根絶のための基盤づくり」に係る事項を始めとして，さまざまな課題がある。調査検討の中では，男性向けの相談事業に関して，相談の場で加害者を見極める知見の蓄積を図ることや，加害者更生の関係機関での対応が重要となることから，この点も含めて検討されていくことが望ましい旨の見解が示されている。この点に関しても**第4章**で論述を試みている。

　この他，女性に対する暴力根絶や女性への支援に関する枠組みに関し，人権政策全体の中で研修，啓発，被害者救済に関する包括的な法律も視野に入れた議論が考えられる旨の見解や，配偶者からの暴力の被害者が人工妊娠中絶を行う場合の配偶者の同意の取得方法の在り方について課題がある旨の見解も示されている。

　専門委員会としては，引き続き，「両改正法」の施行後の実態を把握した上で，フォローアップを行うことが必要であると考えていることを付言している[38]。

第4節　小括

　第1章で既に論じたように，本章においても，国連の女性に対する暴力を根絶するための世界の動向と，我が国の動きを先行研究を概観することによって，紹介したが，**第1章**と**第2章**を通して，クマラスワミ報告書は，単なる先行研究であるというだけでなく，世界的なレベルでの調査であり，「女性に対する暴力」の先駆けとなった研究であると評価して間違いないであろう。

　また，本章で概観した，国連からの勧告による女性に対する暴力に関する調査も，我が国で実施された調査も，女性に対する暴力が深刻な状態にあることを統計数値によって明らかにしている。そして，女性に対する暴力に関しては，我が国のみならず，国際的レベルにおいても多くの学術研究が存在するが，女性に対する暴力と考えられる典型的な犯罪についての具体的な研究は，性暴力やDV問題を除いては，極めて少ないように筆者には思われる。

　そこで，次章以下においては，本書の対象である「女性に対する暴力」の中でも，特に我が国で立法化されている「女性に対する犯罪」の典型的な事例として，性暴力犯罪（強姦等の性犯罪），配偶者等からの暴力（DV），ストーカー

犯罪に焦点を当てて，詳しく論じていきたいと思う。

注

1) ラディカ・クマラスワミ「女性に対する暴力―その原因と結果――予備報告書」女性のための
アジア平和国民基金（1997年）。

2) ラディカ・クマラスワミ「女性に対する暴力――その原因と結果――1996年報告書」女性のた
めのアジア平和国民基金（1997年）。

3) ラディカ・クマラスワミ「女性に対する暴力――戦時における軍の性奴隷制度問題に関して，
朝鮮民主主義人民共和国，大韓民国及び日本への訪問調査に基づく報告書――1996年」女性の
ためのアジア平和国民基金（1998年）。

4) ラディカ・クマラスワミ「女性に対する暴力――その原因と結果――1997年報告書」女性のた
めのアジア平和国民基金（1997年）。

5) ラディカ・クマラスワミ「女性に対する暴力――その原因と結果――1998年報告書」女性のた
めのアジア平和国民基金（1998年）。

6) ラディカ・クマラスワミ「女性に対する暴力――その原因と結果――1999年報告書」女性のた
めのアジア平和国民基金（1999年）。

7) ラディカ・クマラスワミ「女性の人権とジェンダーの視点の統合――女性に対する暴力――各
国政府と交換した文書　2002年委託調査報告書」財団法人 女性のためのアジア平和国民基金
（2003年）。

8) ラディカ・クマラスワミ，VAWW-NET ジャパン翻訳チーム訳「国連人権委員会特別報告者ク
マラスワミ最終報告書『女性に対する暴力をめぐる10年』」明石書店（2003年）9-60頁。

9) 東京都生活文化局「『女性に対する暴力』調査報告書の概要について」（1998年5月）http://
www.seikatubunka.metro.tokyo.jp/danjo/shingikai/files/.../cyuukan040329shiryouhen.（2014年
10月15日閲覧）。

10) 総理府内閣総理大臣官房男女共同参画室「男女間における暴力に関する調査」（2000年）
http://www.gender.go.jp/policy/no_violence/e-vaw/chousa/09.html（2014年10月18日閲覧）。

11) 豊田市「女性への暴力に関する意識と実態調査報告書――『日常生活における男女の意識と
実態に関する調査』より」（2002年）http://www.city.toyota.aichi.jp/kurashi/jinken/danjo/
1003969.html（2014年10月15日閲覧。最新の調査は，2007年を参照）。

12) 石川洋明「中部地方大学生における『女性に対する暴力』についての意識と経験」『名古屋市
立大学 人文社会学部研究紀要』20号（2006年）41-56頁。

13) 内閣府男女共同参画局「男女間における暴力に関する調査報告書」（2006年4月）http://
www.gender.go.jp/policy/no_violence/e-vaw/chousa/h1804top.html（2014年10月20日閲覧）。

14) 山口県「男女間における暴力に関する調査報告書」（2010年3月）http://www.pref.yamaguchi.
lg.jp/cms/a12800/shiryou/dvchousa.html（2014年10月18日閲覧。最新の調査は，2015年を参照）。

15) 立川市「男女間における暴力に関する調査報告書」（2002年1月）https://www.city.tachikawa.
lg.jp/danjo/kurashi/shimin/danjo/boryoku27.html（2014年10月14日閲覧。最新の調査は，2016
年2月を参照）。

16) 高崎市市民部人権男女共同参画課「男女共同参画に関する市民アンケート報告書」（2011年2
月）http://www.city.takasaki.gunma.jp/docs/2014011700208/（2014年11月10日閲覧）。

17) 内閣府男女共同参画局「男女間における暴力に関する調査報告書」（2012年4月）http://www. gender.go.jp/policy/no_violence/e-vaw/chousa/h11_top.html（2014年10月20日閲覧）。

18) 静岡市生活文化局生活部男女参画・市民協働推進課「男女間における暴力に関する調査報告書 概要版」（2013年4月）http://www.city.shizuoka.jp/000145627.pdf（2015年4月10日閲覧）。

19) 内閣府男女共同参画局「男女間における暴力に関する調査報告書」（2015年3月）http://www. gender.go.jp/policy/no_violence/e-vaw/chousa/h26_boryoku_cyousa.html（2015年4月10日閲覧。最新の調査は，2018年を参照）。

20) 林陽子「国際的人権問題『女性に対する暴力』——『性暴力』をめぐる国連での議論」『女子教育もんだい』56号（1993年）10-13頁。

21) 戒能民江「『女性に対する暴力』——問題の背景と経緯」『法学セミナー』526号（1998年）10-13頁。

22) 大村祐子「夫やパートナーからの暴力——深刻な実態が明らかに 東京都『女性に対する暴力』調査報告より」『保健婦雑誌』55巻5号（1999年）432-434頁。「公衆衛生」63巻8号（1999年）549-552頁。

23) 戒能民江「女性に対する暴力と女性の人権」『都市問題研究』50巻9号（1998年）30-43頁。

24) 岡部千鶴「女性に対する暴力防止プログラム——ドメスティック・バイオレンスを中心に」『久留米信愛女学院短期大学研究紀要』28号（2005年）39-47頁。

25) 山下泰子「女性差別撤廃条約採択後の国際人権の展開」『ジュリスト』1237号（2003年）31-47頁。

26) 角田由紀子『性差別と暴力——続・性の法律学』有斐閣（2001年）。

27) 幅崎麻紀子「女性に対する暴力の現状と課題——開発援助機関の取り組み」独立行政法人国際協力機構国際協力総合研修所（2007年2月）。

28) 後藤弘子「女性に対する暴力は差別の表れである——国際人権法からみた女性に対する暴力」『法律時報』84巻5号（2012年）76-80頁。

29) エリザベス・A・スタンコ「女性に対する隠れた暴力」『英国における性犯罪被害者対策』警察政策研究センター（1997年）1-7頁。

30) 藤野美都子「女性に対する暴力の防止——心理的暴力の可罰化：フランス」『ジュリスト』1403号（2010年）77頁。

31) 吉川佳英子「女性に対する暴力」『女性空間』30号（2013年）151-157頁。

32) 1クローナは，2016年9月1日現在，約12.05円。

33) 矢野恵美「スウェーデンにおける国による被害者対策と『女性に対する暴力』への対策」『被害者学研究』22号（2012年）67-82頁。

34) クリストファー・グリーン「『女性に対する暴力』防止への男性の取組み——欧州評議会での国際条約採択と英国の経験から」『女性＆運動』359号（2012年）34-37頁。

35) 井樋三枝子「アメリカ 女性に対する暴力防止法の改正」『外国の立法』255-2号（2013年）。

36) ドゥブラヴカ・シモノヴィッチ「女性差別撤廃条約に重点を置いた女性に対する暴力に関する国際的な枠組み」『女性＆運動』369号（2013年）18-20頁。

37) 内閣府 男女共同参画会議女性に対する暴力に関する専門調査会「『女性に対する暴力』を根絶するための課題と対策——性犯罪への対策の推進」（2012年7月）http://www.gender.go.jp/kaigi/senmon/boryoku/houkoku/index_hbo07.html（2014年10月5日閲覧）。

38) 男女共同参画会議・女性に対する暴力に関する専門調査会「『女性に対する暴力』を根絶する

ための課題と対策——配偶者からの暴力の防止等に関する対策の実施状況のフォローアップ」
（2014年4月）http://www.gender.go.jp/kaigi/senmon/boryoku/houkoku/index_hbo08.html
（2014年10月12日閲覧）。

第3章　性暴力犯罪

　第1章で紹介した2015年12月の「第4次男女共同参画基本計画」性犯罪への対策の推進の施策には，性犯罪被害者への相談体制の整備，支援の体制整備，被害者のプライバシーの保護及び二次被害の防止，法制度の見直し等の推進等が掲げられている。

　また，法制審議会でも，2016年9月12日に，「性犯罪に対処するための刑法の一部改正に関する要綱（骨子）」を採択し，法務大臣に答申し[1]，そして，2017年6月16日の第193回国会において，性犯罪規定に係る刑法改正案を全会一致で可決した。この改正案では，強姦罪の罪名が「強制性交等罪」と変更された[2]。その他にも，この「刑法の一部を改正する法律」（平成29年法律第72号）では，強姦罪の構成要件及び法定刑の見直し等（第177条，第178条第2項及び第181条第2項関係），監護者わいせつ罪及び監護者性交等罪の新設（第179条関係），強盗強姦罪の構成要件の見直し等（第241条関係），強姦罪等の非親告罪化（第229条関係）がなされている[3]。

　以下の論述で用いられているデータは，改正前の統計等なので，強姦罪，強制わいせつ罪という旧罪名を使用していることに注意されたい。

　また，本章では，旧罪名のままで，性犯罪を含む性暴力犯罪についての議論を紹介し，被害者学的視点から私見を述べてみたいと思う。ただし，ここでお断りしておきたいことは，今回の改正で拡大された「男性被害者」については，**第1章**でも述べているように，本書が女性に対する暴力について論じている点から，検討を行っていないという点である。

第1節　性暴力犯罪の定義

「性暴力犯罪」とは，「望まない性行為を暴力や脅迫で強制することのすべて」であり，その代表的なものが性犯罪である[4]。もう少し詳しく説明すれば，「性暴力犯罪」とは，「社会的に形成される男女の性差（ジェンダー）に基づくあらゆる暴力行為であり，主に，女性に対して損害や苦痛を与え，人間としての尊厳を侵害する力の行使をさすもの」[5]と定義できる。そもそも「性暴力」という概念は，1980年代頃，強姦や強制わいせつの被害を告発し闘うために，多くの女性が使い始めた言葉である。

刑法上の強姦や強制わいせつは，犯罪行為の客体として，男性の立場からのみ女性をみるという視点が中心となっており，そのことが，これらの犯罪が被害者である女性にいかなる犠牲を強いるかを正確に分析することを妨げてきたという側面がある。

歴史的にみれば，我が国の刑法においては，強姦罪は，被害者である女性の性的自由の侵害ではなく，女性を所有する男性の所有権の侵害として構成されてきたのである。それは，性暴力犯罪を，性差別の構造として理解しようとしなかったからであろうと筆者には思われる。性暴力犯罪が男女間の力関係の差を利用して引き起こされる犯罪であることが理解できれば，性暴力犯罪を絶滅する最善の方法は「性差別」をなくすことにあると言えるであろう。したがって，性暴力とは，女性に対する支配，征服，所有という欲望が性行為という形をとった暴力であり，女性が望まないすべての性的行為であるということになるのである。これが本書の基本的立場である。

国連のマクドゥーガル特別報告者の最終報告書によれば，性暴力とは，「性的手段を利用してまたは性を標的として行われる，身体的または心理的なあらゆる暴力」と定義している。そして，「性暴力は公衆の面前で裸になることを強制したり，性器を切除したり，女性の乳房を切りとるなど，人の性的特徴に向けられた身体・心理双方への攻撃を意味する」とされている[6]。

また，国連経済社会局女性の地位向上部は，性暴力犯罪とは，身体の統合性と性的自己決定を侵害するものとして把握すべきであり，少なくとも，被害者の年齢，加害者と被害者の関係性，暴力の行使やその脅迫，複数の加害者による犯行，攻撃により被害者が被った重大な身体的・心理的結果等を勘案して，

刑を加重すべきであるとしているが，本書では，筆者も同じような捉え方をしている。それゆえに，筆者は，今回の改正でも実現されなかったが，性暴力犯罪は強制力や暴力を用いてなされるという要件を撤廃すべきであると思う。

また，アメリカのように，性暴力関係の裁判においては，明確で自発的な合意の存在を求め，その立証にあたっては，加害者に対し，被害者から同意を得たか否かを確認するための段階を踏んだことの証明を求めるべきであると思う[7]。また，それらの性暴力は強制的な条件下で行われたことを要件とし，そして強制的な状況は広く定義されるべきであると思う。それに加えて，何らかの関係にある者との間で起こる性暴力犯罪（たとえば，夫婦間レイプ）に関しては，加害者と被害者との間の関係の性質にかかわらず，性犯罪に関する条文を適用するよう規定するべきであると思うし，婚姻関係にある又は他の関係にあることが，法の下での性暴力犯罪に対する抗弁を構成しないことを規定する等の諸事情をも考慮すべきであると思う。これらのことを規定することにより，手続面において被害者の二次被害を最小限にすることが可能となるであろうし，夫婦間レイプを含む，強姦等の性暴力犯罪の広範な定義が可能となるであろう。つまり，「女性の意思に反する性交渉は，すべて性暴力犯罪である」と定義づけるべきであるとするのが筆者の見解である。

第2節　性暴力犯罪の実態

次に，我が国の性暴力犯罪の現状について見ておきたい。

2012年の内閣府男女共同参画局の「男女間における暴力に関する調査」によれば，異性から無理やり性交された経験をもつ者は，女性の7.7％で，そのうち加害者と面識のある者は67.9％を占めた。そして，その被害について誰にも「相談しなかった」という割合は67.9％で，その理由は様々であったが，「恥ずかしくて言えなかった」，「そのことについて思い出したくなかったから」が多かった。一方，「相談した」という割合は28.4％で，その相手は「友人・知人」が18.7％と最も多く，警察に相談したのは3.7％であった。このような結果から，同調査では，内閣府男女共同参画局は，多くの被害が潜在化していることが明らかとなった。そのため，関係機関がより一層連携を強化し，被害を潜在化させず，支援を受ける取組を進めることが課題であることを報告している[8]。

表1 強姦の認知・検挙件数

	H17	H18	H19	H20	H21	H22	H23	H24	H25	H26	H27	H28
認知件数	2,076	1,948	1,766	1,582	1,402	1,289	1,185	1,265	1,409	1,250	1,167	989
検挙件数	1,443	1,460	1,394	1,326	1,163	1,063	993	1,097	1,163	1,100	1,114	970

注　警察庁資料。
資料源：法務省法務総合研究所編『平成29年版犯罪白書——更生を支援する地域のネットワーク』(2017年) 234頁。

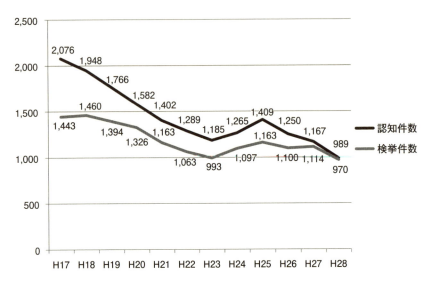

注　警察庁資料。
資料源：法務省法務総合研究所編『平成29年版犯罪白書』(2017年) 234頁。
図2　強姦の認知・検挙件数

　また，性犯罪の認知件数として，強姦の認知件数は，昭和39年に戦後最多の6,857件を記録した後，減少傾向にあったが，平成9年から再び増加傾向を示し，平成15年には2,472件となった。その後は減少傾向にあり，平成23年は1,185件となり，平成26年は1,250件で[9]，平成28年は989件であった[10]（表1・図2参照）。
　また，強姦の検挙率は，昭和21年以降一貫して80％以上であったが，平成10年以降低下し続け，平成14年に62.3％と戦後最低を記録したものの，その後上昇傾向にあり，平成28年は98.1％（前年比2.6pt上昇）であった[11]。検挙率は，一般刑法犯全体よりも一貫して高い。
　そして，強制わいせつの認知件数は，昭和45年から昭和61年までなだらかな

表2　強制わいせつの認知・検挙件数

	H17	H18	H19	H20	H21	H22	H23	H24	H25	H26	H27	H28
認知件数	8,751	8,326	7,664	7,111	6,688	7,027	6,870	7,324	7,654	7,400	6,755	6,188
検挙件数	3,797	3,779	3,542	3,555	3,563	3,637	3,550	3,946	3,967	4,300	4,129	4,207

注　警察庁資料。
資料源：法務省法務総合研究所編『平成29年版犯罪白書』(2017年) 234頁。

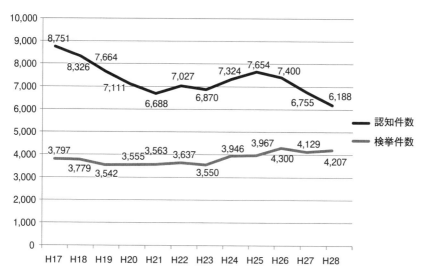

注　警察庁資料。
資料源：資料源：法務省法務総合研究所編『平成29年版犯罪白書』(2017年) 234頁。
図3　強制わいせつの認知・検挙件数

減少傾向にあったところ，昭和62年以降増加傾向にあり，特に平成11年から急増し，平成15年に最多の1万29件を記録した。その後，平成21年まで減少し，平成22年から増加傾向にあったものの，平成26年から減少に転じ，平成28年は6,188件であった。

また，平成28年の強制わいせつの検挙件数は4,207件，検挙人員は2,799人であった（図3・表2参照）。

強制わいせつの検挙率は，昭和41年以降70％以上であったものの，平成11年から急低下し，平成14年に35.5％と昭和41年以降で最低を記録したが，その後上昇傾向にあり，平成28年は68.0％（前年比6.9pt上昇）であった[12]。検挙率は，一貫して一般刑法犯全体よりも高い。

第3章　性暴力犯罪　　103

表3　強姦・強制わいせつの認知件数・被害発生率の推移

年次	強姦		強制わいせつ			
			女性		男性	
	認知件数	被害発生率	認知件数	被害発生率	認知件数	被害発生率
H19	1,766	2.7	7,464	11.4	200	0.3
H20	1,592	2.4	6,928	10.6	183	0.3
H21	1,417	2.2	6,577	10.0	111	0.2
H22	1,293	2.0	6,866	10.4	161	0.3
H23	1,193	1.8	6,709	10.2	161	0.3
H24	1,265	1.9	7,087	10.8	176	0.3
H25	1,409	2.2	7,446	11.4	208	0.3
H26	1,250	1.9	7,186	11.0	214	0.3
H27	1,167	1.8	6,596	10.1	159	0.3
H28	989	1.5	5,941	9.1	247	0.4

注1　警察庁の統計及び総務省統計局の人口資料による。
　2　「被害発生率」は，人口10万人当たりの認知件数（男女別）をいう。ただし，強姦については，女性人口10万人当たりの認知件数である。
　3　1つの事件で複数の被害者がいる場合は，主たる被害者について計上している。
資料源：法務省法務総合研究所編『平成29年版犯罪白書』（2017年）234頁

　強姦・強制わいせつの被害発生率の推移（**表3**）についてみると，平成19年から平成24年まで若干減少しているように思われるが，これは1つの事件で被害者が複数いる場合でも，1件の事件とカウントされており，実数には暗数があることに留意されたい。また，我が国の改正前の強姦罪は，被害者は女性に限定されているために，男性の強姦被害者は強制わいせつ罪として扱われ，暗数となっていることにも注意しなければならない。

　『平成28年版犯罪被害者白書』によると，平成26年の強姦被害者の認知件数（**図4**）の総数[13]は，1,250件であり，年齢別にみると，0〜5歳は3人，6〜12歳は74件，13〜19は429件，20〜24歳は361件，25〜29歳は176件，30〜39歳は126件，40〜49歳は55件，50〜59歳は12件，60歳以上が14人となっており，13〜19歳の被害者が一番多くなっている。

　ちなみに，平成26年の強制わいせつの被害者の認知件数の総数は，7,400件（うち女性は7,186件）である。年齢別にみると，0〜5歳は67件（うち女性は54件），6〜12歳は1,028件（うち女性は914件），13〜19歳は2,625件（うち女性は2,568件），20〜24歳は1,801件（うち女性は1,789件），25〜29歳は889件（うち女性は881件），30〜39歳は638件（うち女性は630件），40〜49歳は234件（うち女性は233件），50〜59

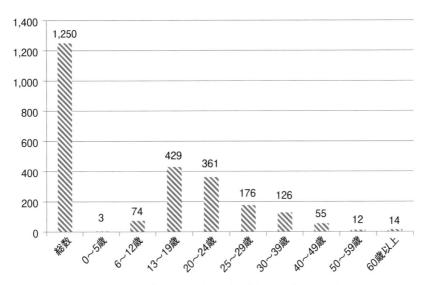

資料源：国家公安委員会・警察庁『犯罪被害者白書平成28年版』2016年250-253頁。
図4　平成26年の強姦被害者の年齢別　認知件数

表4　平成26年の強制わいせつの被害者の性別・年齢別　認知件数

年齢	総数	0～5	6～12	13～19	20～24	25～29	30～39	40～49	50～59	60歳以上
女性	7,186	54	914	2,568	1,789	881	630	233	75	42
男性	214	13	114	57	12	8	8	1	1	0
合計	7,400	67	1,028	2,625	1,801	889	638	234	76	42

資料源：『平成28年版犯罪被害者白書』（2016年）250-253頁。

歳は76件（うち女性は75件），60歳以上は42件（うち女性は42件）となっており，強姦被害者と同じく13～19歳の被害者が一番多い[14]（**表4・図5参照**）。

　このように，女性に対する人権侵害であるとも言える性暴力犯罪は，その性質のゆえに暗数が多いことをも考えると，公式統計のみに依存して実態を把握することには問題があり，筆者には統計数値に表れているほど減少していないのではないかと思われる。

　次節においては，最近，頻繁に議論されている強姦罪等の見直しについて筆者の見解を述べてみたいと思う。

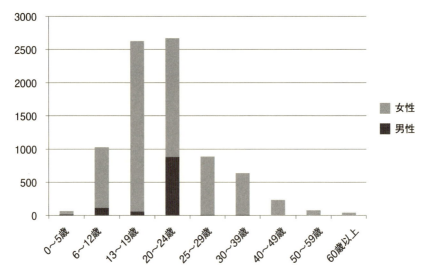

資料源:『平成28年版犯罪被害者白書』(2016年) 250-253頁。
図5　平成26年の強制わいせつの被害者の性別・年齢別　認知件数

第3節　我が国の現行刑法における性暴力犯罪としての強姦罪と強制わいせつ罪

　我が国の改正前の刑法その他の刑罰法令に規定されている性暴力犯罪とは，(1)強姦・強制わいせつ，(2)強制売春（①国家による強制，②組織暴力団による強制，③保護者による強制），(3)児童に対する性的虐待等が考えられるが，本書では児童に対する性的暴力については言及していない。本書において，「女性に対する暴力犯罪」として分析・検討している，性暴力犯罪，DV犯罪，ストーカー犯罪は，原則として，成人女性を対象として論じているからである。
　では，最初に，強姦罪と強制わいせつ罪の規定の見直し等について考察したいと思う。

第1項　強姦・強制わいせつ罪の規定の見直し等について

　2010年12月に閣議決定された「第3次男女共同参画基本計画」は，その「第9分野　女性に対するあらゆる暴力の根絶」についての具体的な施策を挙げ，その中で「性犯罪への厳正な対処等」として，強姦罪の規定の見直し（非親告

罪化，性交同意年齢の引上げ，構成要件の見直し等）を掲げている。

　これを受けて，内閣府の男女共同参画会議に「女性に対する暴力に関する専門調査会」が設けられた。調査会は，2012年7月に「『女性に対する暴力』を根絶するための課題と対策」という報告書で，性犯罪は，暗数が多く潜在化するケースが多いため，性犯罪に対して厳正な対処がなされず，その被害が潜在化すれば，被害の継続化・深刻化というおそれもあることから，強姦罪の見直しについて，①強姦罪の非親告罪化，②性交同意年齢の引上げ，③「暴行又は脅迫」を用いることを要件とする強姦罪の構成要件の見直し等が検討されるべきであると提案した。

　その提案の理由として，①強姦罪が親告罪になっていることにより，被害者に告訴するか否かの選択が強いられているのは，被害者保護につながらず，また，被害者が低年齢の場合，告訴の判断が合理的にできるのかどうかという懸念があること，②13歳未満の女子については，暴行・脅迫を用いなくとも強姦罪が成立することになっているが，13歳以上であれば性交に合意できるとすることが正しいかは疑問であり，また，性犯罪の被害者の多くは13~19歳であるから，この年齢を保護する必要があること，③強姦罪は，暴行・脅迫を犯罪成立要件とし，その程度は被害者の反抗を抑圧する程度であることは必要なく，それを著しく困難にする程度のもので足りるとされているものの，被害者が，恐怖や加害者との社会的地位への配慮から抵抗しないこともあるため，暴行・脅迫は犯罪成立要件とするのはふさわしくないこと，などを挙げている。

　その一方で，強姦罪の不起訴処分の理由として，被害者による告訴取消しが一定数存在することや，同意年齢については青少年の性行動の実態への配慮が必要と思われること，暴行・脅迫要件を外した場合，被害者の主観（合意の有無）の立証には困難が伴うことや，たとえば，強盗罪との比較での法定刑が妥当であるかといった観点[15]からの検討も必要と思われるとしている。

　ここで改めて指摘するまでもないことであるが，性交同意年齢の引上げ，「暴行又は脅迫」を用いることを要件とする強姦罪の構成要件の見直し等は実現しなかったが，強姦罪の非親告罪化のみは，今回の「刑法の一部を改正する法律」で規定した。

　それはともかくとして，刑法改正前のこのような我が国の動きは，国連の1992年の一般勧告19や2009年の女性差別撤廃委員会（CEDAW）の最終見解等

によって問題視された。

　一般勧告19では，条約の第1条において女性に対する差別を定義していることを確認している。この差別の定義は，「ジェンダーに基づく暴力，すなわち，女性であることを理由として，女性に対して向けられる暴力，あるいは，女性に対して過度に影響を及ぼす暴力を含む。それは，身体的，精神的，又は性的危害若しくは苦痛を加える行為，かかる行為の威嚇，強制，及びその他の自由の剝奪を含む。ジェンダーに基づく暴力は，条約の特定の規定に違反する（これらの規定が，暴力について明示的に述べているか否かを問わない）」と定義し，また，本条約に基づく差別は，「政府によって，又は，政府に代わってなされる行為に限られるものではないことが強調されるべきである。例えば，第2条(e)に基づいて，条約は，締約国に，個人，団体又は企業による女性に対する差別を撤廃するためのすべての適当な措置をとることを要求している。また，一般国際法及び特定の人権規定のもと，国家は，権利の侵害を防止するために相当の注意をもって行動すること，又は，暴力行為を調査し，刑罰を科すことを怠った場合には，私人による行為に対しても責任があり，補償を与える責任があるであろう」[16]と，性犯罪が私人間で行われるものであっても，その防止のために国が必要な配慮を払っていなかった場合には，条約上，国の責任が問われることもあり得ること[17]を明確にしているのである。

　2009年7月に出された女性差別撤廃委員会の最終見解では，「委員会は，女性の人権侵害として女性に対する暴力に対処することや，女性に対するあらゆる形態の暴力に対処する取組において委員会の一般勧告19を十分に活用することを締約国に要請する」，また，パラグラフ33では「委員会は，刑法において，性暴力犯罪は被害者が告訴をした場合に限り起訴され，依然としてモラルに対する罰とみなされていることを懸念する」。委員会はさらに，改正前の強姦罪の罰則が依然として軽いこと及び刑法では近親姦及び配偶者強姦が明示的に犯罪として定義されていないことを引き続き懸念している。また，パラグラフ34で，「委員会は，被害者の告訴を性暴力犯罪の訴追要件とすることを刑法から撤廃すること，身体の安全及び尊厳に関する女性の権利の侵害を含む犯罪として性犯罪を定義すること，強姦罪の罰則を引き上げること及び近親姦を個別の犯罪として規定することを締約国に要請する」[18]としている。

　この点に関しても，今回の改正で，非親告罪化や重罰化が図られたことに注

目しなければならない。

　さらに，我が国は，自由権規約委員会によるUPR審査[19]を受け，性暴力について2008年に「締約国は，刑法第177条の強姦罪の定義を拡大し，近親姦，性交以外の性的暴行，男性に対する強姦が重大な犯罪とされることを確保するべきである。また，抵抗したことを被害者に証明させる負担を取り除き，強姦や他の性的暴力犯罪を職権で起訴すべきである」という勧告を受けている[20]。

　この勧告への各国の対応レポートが2008年6月公表された。この対応レポートでは，慰安婦，死刑の執行停止，代用監獄廃止など9つの勧告は受け容れなかったが，国連パリ原則[21]に基づく独立した国内人権機関の設置，女性に対する差別の撤廃，性的指向に基づく差別の撤廃，女性や子どもに対する暴力の撤廃，人身売買との闘いの継続などの13の勧告を受け入れ，個人通報制度を定める自由権規約第1選択議定書，女性差別撤廃条約の選択議定書等の批准など4つの勧告について，検討を約束した[22]。

　このような国連の動向や我が国の強姦罪等の規定が，国連の勧告通りに改正されていないことを勘案すると，早急に我が国の性暴力犯罪の規定も，時代にあった規定に見直しがなされて当然であると筆者は考えていたが，2017年6月に実態に即した刑法改正がなされ，法定刑の見直し（下限を3年から5年に引き上げ）や，監護者わいせつ罪及び監護者性交等罪が新設された。この点は評価したいと思う。

　ちなみに，監護者による犯罪類型については，18歳未満の者を監護する者が，その影響力を使って，強制わいせつや強制性交等をした場合に処罰する規定である。幼い頃から性的関係を持たされてきた被害者は，そういう行為をするものだと思い込んで，抗拒することなく関係に及ぶ場合があり，そのような場合には，処分が難しいことから立法に至ったのである[23]。監護者による性的虐待が常習化している事例について，橋爪隆は，「個別の性的行為について暴行・脅迫や抗拒不能の状態を認定することができず，刑法典の性犯罪として処罰することが困難なものが存在していた」[24]と述べている。

　この監護者による性的行為の規定は，女性差別撤廃委員会のパラグラフ34にある近親姦を犯罪とする要請に応えたものと評価することができると思う。

第3章　性暴力犯罪　　109

第2項　強姦罪と強制わいせつ罪の保護法益

　改正前の刑法で性犯罪という場合，通説は，強姦罪（第177条）と強制わいせつ罪（第176条）は，「性的自由」あるいは「性的自己決定権」を侵害する犯罪として，「自由に対する罪」，つまり，「個人的法益に対する罪」と解釈されている。そして，同じ性犯罪でありながら，公然わいせつ罪（第174条）とわいせつ物頒布罪（第175条）は，「性的秩序」に対する犯罪として，「社会的法益に対する罪」と解釈されて，二分して論じられている[25]ようであるが，強姦罪や強制わいせつ罪を個人的自由に対する罪として理論構成したからといって，保護法益についての問題が解決されるわけではない。強姦罪等の規定は，相変わらず，社会的法益である道徳的秩序に対する罪として，「第22章　わいせつ，姦淫及び重婚の罪」の中に位置づけられているからである。

　通説のように，強姦・強制わいせつ罪は，個人的法益の一種としての「性的自由」あるいは「性的自己決定権」を保護法益とすると解釈したとしても，これらの犯罪は，人格の尊厳の否定という性格を帯び，特に実際上，長期に及ぶ精神的後遺症など，痛ましい結果を伴いがちであるから，この点に関しては，筆者の主張するところと同様，被害者支援の重要性が指摘されているところである。

　そうした点を考慮した場合，強姦等の被害の中心は，①性交を強いられ，人間的尊厳を踏みにじられたことへの怒り，②暴行・脅迫による侵害に伴う強烈な恐怖心など，被害者に生じる心の傷，痛みであることを理解することが肝要である。

　そうだとすれば，強姦罪や強制わいせつ罪は，性犯罪であることはいうまでもないが，これらの犯罪は，「性それ自体」に向けられた暴力犯罪であり，さらにはその基底にある「性的人格権」に対する侵害であるということになると筆者は思う。

　斉藤豊治は，「強姦罪や強制わいせつ罪などの性犯罪は，自由に対する罪という理解では不十分である。他方，それらは，暴力犯罪という性格を持つにしても，通常の身体に対する暴行罪，傷害罪とは基本的に異なる特徴を持っている」として，「強姦罪や強制わいせつ罪の保護法益では，性（セクシュアリティ）そのものが，刑法的保護の対象となるべきであろう」としている[26]。つまり，性そのものを，生命，身体，自由，私生活の平穏，財産と並ぶ独立の保護法益

として考えるべきであるとしているのである。

　また，通説では，強制わいせつ罪は，強姦以外の性的侵害からの自由を法益とし，男性も被害者たり得ると解釈される。①被害者が，13歳未満の場合は，その承諾の有無を問わず，猥褻な行為をすることにより，②13歳以上の場合は，その反抗を著しく困難にする程度の暴行・脅迫を手段とした猥褻な行為をすることによって，成立するのである[27]。

　通説のように，強姦罪と強制わいせつ罪の保護法益を個人の性的自由に対する罪と捉える考え方は，古くは1813年のバイエルン刑法に見られたが，しかし，これは例外的なものであった。19世紀後半に統一された後のドイツでは，強姦罪などの性犯罪は，統一前後を通じて，「風俗犯」つまり，社会秩序を乱す罪として理解されていた。1907年制定の我が国の現行刑法に大きな影響を与えたドイツ刑法で，性犯罪が個人の性的自由に対する罪として規定されるのは，ようやく1973年になってからである[28]。

　周知のごとく，我が国の明治時代初期の立法が影響を受けたフランス法でも，強姦罪の保護法益は，「風俗に対する罪」とされていた。「当時の学説によれば，強姦は女性の意思に反する又は同意に基づかない肉体的結合とされ，第一義的には，姦淫（性交）行為が考えられていた。また，当時の家父長制度の下で，強姦は男性の所有物としての女性への侵害と捉えられていた」のである[29]。

　このように，フランス，ドイツ法の影響を受けた我が国で，強姦罪が，男性の所有権を侵害した加害者を処罰するものとされたのは当然であった。被害者である女性が法的保護の対象ではなく，そこで保護されるべきは，男性の所有権そのものであり，そこから派生する「貞操」であったからである。

　ここで言う「貞操」とは，将来男性に嫁ぐ無垢な女子の「処女性」または夫に従属する「貞淑な妻」の保護を目的とし，究極的には夫の「家」の血統を守ることを主眼としていたのである[30]。そして，女性に対する性的侵害は，角田由紀子の言うように，「女性が未婚のときは父親の所有権の侵害であり，結婚してからは配偶者すなわち夫の所有権の侵害であり，保護の対象は，女性ではなく，女性が依存している人間，すなわち親，夫，保護者等，被害者の行為によって偏見を蒙る人たちであった」のである[31]。強姦罪は，伝統的に男性の所有権の侵害であり，財産に対する犯罪であるとする家父長的，男性中心の世襲制に基づく考え方は，判例法の国であるイギリスやアメリカでも1960年代

第3章　性暴力犯罪　　111

まで維持されてきた。妻は夫の所有物であるから，夫婦間強姦は成立する余地はなく，被害女性には真摯に抵抗したにもかかわらず，強姦されたという「抵抗要件」が必要であった。裁判では，被害者の供述の他に補強証拠が要求されたのである。

こうした強姦罪の保護法益が「女性の貞操」と考えられていた時代から，「性的自由」ないしは「性的自己決定権」と考えられるようになった現代までの法益概念の変遷は，伝統的な性犯罪の規定や運用が，家父長制や男性中心の世襲制度のイデオロギーに基づくものであり，法の運用それ自体が被害者女性に対する非難や差別と偏見をもたらし，ジェンダーバイアスを再生成しているとして，性刑法を真正面から批判し挑戦してきた，1960年代のフェミニズム運動によるものである[32]ことはいまさら指摘するまでもないであろう。

また，特にアメリカのフェミニズムやウーマンリブの論者たちは，「強姦についての狭い定義を変えて，暴力という現実を法文に具体化することを目標とし，強姦罪を暴力犯罪の一種として構成しようとした」[33]ことにも注視しなければならない。

そうした点からすれば，改正前の刑法に規定されていた，強制わいせつ，強姦，準強制わいせつ，準強姦という性犯罪類型は，「世界的な潮流から見ると，時代遅れの感が否めないものであり，根本的な修正が必要である」[34]と言えるものであった。しかしながら，今回の改正でこれらのすべての問題が解決したようには筆者には思われない。

我が国の性暴力犯罪に関する刑法の規定は，極めて包括的であり，条文も少ないという特徴を持ち，そして，雪田樹理や斉藤豊治が言うがごとく「包括的であるがために，裁判所の解釈や裁量によるところが大きい」[35]という特徴を持つのである。

第3項　抵抗要件としての「暴行と脅迫」

改正前の刑法は，強姦罪及び強制わいせつ罪のそれぞれについて，暴行・脅迫が基本的な手段・方法とされている。一般に「暴行」は，「不法な有形力の行使」を意味するが，強姦罪の暴行は，通説・判例によれば，強盗罪の暴行に近い強度のものが必要であるとしている。すなわち，強盗罪では，「相手方の抵抗を抑圧し，不可能にする程度のもの」が要求されているが，それと比べて，

強姦罪は，「相手方の反抗を著しく困難にする程度のもの」とされ，若干軽く
なっているのである。また，「脅迫」は，一般に「害悪の告知」と解されてい
るが，強姦罪の脅迫は，「相手方の反抗を著しく困難にする程度のもの」とさ
れているのである。

　これは，英米では「抵抗要件」と呼ばれ，1970年代以前は，強姦罪が成立す
るには，抵抗要件が必要であるとされていた。我が国の強姦罪の規定には，こ
のような抵抗要件を明文でもって規定しているわけではないが，事実認定では，
被害者の抵抗が何よりも重視されている。たとえば，平成20年6月27日の大阪
地裁の強姦無罪判決[36]では，被害少女14歳が，被告人の姦淫行為に対して，
「やめて」と言って被告人の肩や腕を手で押さえたり，両足に力を入れて閉じ
たりしているという事実があり，「被害少女が性交に同意していなかったこと
を認めながらも，暴行の程度は反抗を著しく困難にする程度のものとは認めら
れないとし，また，被告人に被害少女が受け入れたとの誤信もありえたとし」
て，無罪を言い渡しているのである[37]。

　こうした現実を直視するとき，改正前の刑法の性犯罪規定の「暴行・脅迫」
という要件は見直されるべきであり，性暴力犯罪被害の実態を反映した立法が
必要であるように筆者には思われる。そうした意味からは，今回の改正でもこ
の点の改正が見送られたのは遺憾である。

　それはともかく，この点に関して，島岡まなは，「日本の強姦罪（177条）は，
単に『暴行又は脅迫を用いて』としか規定されていないにも拘わらず，学説・
判例上『反抗を著しく困難にする程度』の暴行・脅迫が要求される背景には，
あくまでも異常な少数の男性による例外的な強姦と不可罰となる合意に基づく
性交とを区別する必要性が男性の視点から強調され，合意に基づく通常の性交
でも，『ある程度の暴力は許容される』から『犯罪となる暴行は相当程度強い
ものに限定されるべきだ』という男性支配主義思想があることを認め，判例学
説上早急な改善がなされるべきである」としている[38]。

　また，内田博文は，「場合によっては姦淫行為それ自体をもって暴行・脅迫
に該当するという構成も検討の余地がないわけではない」とする[39]。また，
森川恭剛も，「性的侵害の事実は，被害者がその性的行為を望んでいない以上，
暴行・脅迫の要件は不同意を徴表する何らかの強制的契機として拡張的に解釈
される必要があり」，相手方の反抗を著しく困難にする程度のものであること

を要する合理的な根拠はないとしている[40]。これらの点については筆者も同じ考えである。

　これに対して，木村光江は，性犯罪の保護法益は個人法益であり，「構成要件から暴行・脅迫要件を外した場合，被害者の同意の有無という主観的事情の証明が犯罪の成否を決することになり，証明上の困難が予想される。また，個人法益のなかでも罪種による法定刑の差があるので，性的自由（自己決定）に関する罪という位置づけがされることによって，身体に対する罪と比べると量刑が軽くて良いのではないか，という議論が起こることも考えられなくもない」としている[41]が，「同意の有無」は被害者の人権を守るためには必要不可欠な要件であり，「魂が殺された」という被害者の言葉を考慮すれば，性犯罪は姦淫行為そのものが暴力・脅迫の要件を満たし，「暴力・脅迫」を抵抗要件とする必要はないのではないかと考えられる。強姦罪と強制わいせつ罪の構成要件である「強制力の行使」すなわち，抵抗要件の「暴行又は脅迫を用いて」を，「不同意」ならば，暴行・脅迫の度合いを問わず，強姦罪が成立すると解釈すればよいのではないかと筆者は思う。たとえ，主観的事情の証明が困難であるとしてもである。

　諸外国の刑法では，そもそも暴行・脅迫を要件とせず，意思に反する侵襲行為を広く強姦罪としているイギリスのような国も多いのである。また，「暴行や脅迫を要件とせずに処罰できれば，個々の事案に立ち入った詮索が不要となるメリットがある」ことも考えられる[42]。

　イギリスの1956年性犯罪法（Sexual Offences Act 1956）では，暴行・脅迫に関しては，「暴力というためには最高の抵抗要件を要するとされ，ある程度抵抗しても結局同意すれば強姦罪ではない」とされていたが，次第に「力ないし身体傷害の恐怖によって」という要件は用いられなくなり，数次に渡って性犯罪の改正が行われている。たとえば，1976年の改正では，性行為時の同意の有無とその認識についての規定が置かれている，と川本哲郎は述べている[43]。

　筆者が思うに，強姦罪の成立要件を被害者の同意にすれば，抵抗要件は不要となり，現行刑法の「暴行・脅迫」という構成要件は必要がないものとなる。不同意が構成要件となれば，強姦罪は性的自己決定権の侵害であると解することと整合性を保つことができ，女性が同意しないかぎり，強姦が成立することになるのである。

この点，スウェーデンでは，2005年の刑法改正により，「日本の強制猥褻，準強姦にあたる犯罪類型を殆ど全て強姦に移し，結果として強姦の要件を拡張した」ため，「女性が『同意していない』と申し立てれば，基本的には男性の側からは反論できない」こととなっている[44]が，我が国の刑法の強姦罪もこのようにすべきだと筆者は考えている。

　ドイツでは，2016年7月7日に，ドイツ連邦議会で約20年ぶりに，性犯罪刑法が改正となった。この改正は，2011年に公示されたイスタンブール協定[45]をドイツ国内法に反映させたものであった。1997年の改正では，「夫婦間における強姦罪」が加えられたが，2016年の改正では「拒否と分かる意思表示」を無視した上で性行為に及んだ場合でも，強姦罪が成立することになった。さらに，同意なしに相手の体に性的な意味を持って触れること（いわゆる痴漢行為）も，セクハラ罪として認められることになった[46]。

　また，『女性に対する暴力に関する立法ハンドブック』によれば，「性暴力は，強制力や暴力を用いてなされるという要件，及び性器の挿入の証明が必要であるという要件をなくすべきである」と勧告している[47]ということにも注意しなければならないであろう。

第4項　強姦罪のジェンダー中立化

　改正前の刑法は，「暴行又は脅迫を用いて13歳以上の女子を姦淫した者は，強姦の罪とし，3年以上の有期懲役に処する。13歳未満の女子を姦淫した者も，同様とする（強調は著者による）」と規定し，被害者を「女子」に限定している。つまり，強姦罪は，加害者である男性が，暴行・脅迫を用いて，被害者である女性の抵抗を排除して，性器を膣に挿入することによって成立するのである。我が国の改正前の刑法では，強姦罪では男性が加害者で，女性が被害者となっており，性中立的ではなかったのである。この点に関しても，今回の改正によって，ジェンダー中立化が図られたことは評価に値するであろう。

　アメリカでは，全米で最初の強姦罪に関する全面的改正法であり，その後の各州の法改正に影響を与えた1974年のミシガン州の犯罪的性行為法（Criminal Sexual Conduct Act）[48]は，旧法が被害者を女性のみとしていた点を改め，ジェンダー中立化を図っている。

　そして，その後，現在では，多くの州の法律では，男性，配偶者及び同棲者

など，今まで伝統的には強姦罪の保護を受けてこなかった被害者の保護を図っており，強姦罪のジェンダー中立化を達成している。斉藤豊治によれば，伝統的な強姦罪は，男性のペニスによる女性の膣への侵入を意味していたが，この定義に対するフェミニズムの批判を受けて，「レイプの定義を拡大し，膣，口，肛門のいずれに対してであれ，性的挿入及び性的な部位への接触が含まれるようになった」[49]ことを報告している。この点も今回の改正で解決を見たところである。

アメリカの性刑法改革は，斉藤によれば，「西欧諸国にも大きな影響を及ぼし，各国の法改正を促進した」という。しかし，「わが国では国際的な動向とは距離を置いて，性刑法の法定刑の引き上げ，集団強姦罪の新設，被害者の刑事手続での保護と参加を促す立法措置や運用の改善が行われた」[50]のみであると刑法改正前の叙述ではあるが指摘している。

イギリスでは，1994年刑事司法・公共秩序法によって，被害者に男性が含まれるという改正が行われている[51]。また，ドイツの1997年改正でも，条文の定義に，犯人以外の「他人」であれば誰でも被害者になるとされ，男性が含まれるようになっている[52]。

我が国においても，年少時に性的虐待を受けた男性が，成人して加害者らを殺害した山形一家殺傷事件からも，男性に対する性的加害も，被害者に甚大な傷を残すことは明らかであり，被害者の性別による保護の格差は疑問としなければならない。「また，国際的な潮流としても，被害者の性別にかからない保護を設ける国が増加してきている」[53]のである。

ジェンダー中立化を主張する斉藤豊治は，「日本でも強姦罪規定はもっぱら女性を被害者としており，しかも，女性の膣に対する男性の性器の挿入のみを犯罪化している。われわれは，これをあらためて，性中立的の規定に変えることを提言し，それと不可分なものとして性的挿入罪と性的接触罪の二元的な体系を取り入れること，言い換えれば，強姦罪と強制わいせつ罪の二元的構成の廃止を提唱」[54]している。

ここでいう性的挿入罪とは，性別を問わず成立し，膣だけではなく，肛門や口に対する強制的な侵入を性的挿入罪としている。また，性的挿入罪の客体となる部位は，女性の膣だけではなく，男女を問わず肛門及び口に対しても成立する。そして，挿入の手段・方法としては，性器，手，足，指，舌のみではな

く，物体も含めるのである。

　この点については，すでに指摘したところであるが，2017年の「刑法の一部を改正する法律」によって，強姦罪の被害者を女性のみとしていた点を改め，性別を問わず，人に対して性交，肛門性交又は口腔性交をしたことに改められた[55]。これは，意思に反して性行為を強いられる不利益は，男女共通の問題であり，男性の被害者でも心身の苦痛は深刻なものになり得る[56]とされたのである。筆者の指摘に添う改正であり，評価したいと思う。

第5項　強姦罪と強制わいせつ罪の非親告罪化の是非

　改正前の刑法では，性暴力犯罪の基本類型である，強姦罪及び強制わいせつ罪，あるいは準強姦罪及び準強制わいせつ罪とこれらの犯罪の未遂罪は，親告罪であった（第180条）。しかしながら，集団強姦罪や強制わいせつ致死傷罪は，非親告罪とされていた。

　強姦罪等が親告罪とされているのは，刑事裁判にかけることが被害者のプライバシーを侵害し，かえって被害者に負担をかけることになるのではないかという危惧があるからである。このことについて，雪田樹理・斉藤豊治は，強制わいせつ罪および強姦罪を非親告罪とすべきであるかどうかという議論について，「被害者が非難され，屈辱感を深めるという風土の中で，被害者は告訴を断念する場合が少なくない。親告罪であることが，事件がうやむやにされる一因となっている。また，被害者に告訴の有無の決定を委ねていることが，被害者にとっての精神的負担となっているという現状がある。非親告罪化することで，公訴提起が促進されることが予想される」と述べている[57]。

　また，吉田容子も，被害者に通常の「被害届」よりもハードルが高い「告訴」を要求し，これがなされない限り訴追・処罰をしないという現行規定は，強姦罪や強制わいせつ罪の広範囲な不処罰を容認する結果となっているとして，「多くの性犯罪被害者は，加害者に対し強い処罰感情を有しながらも，捜査機関に対する被害届や告訴を躊躇している。これは，捜査機関が被害者のプライバシーや心情を無視し，『落ち度』をあげつらう厳しい追及をするなど，捜査・公判の過程で被害者への二次被害を行っているという現実があり，そのため被害者は，性被害により受けた打撃を一層増悪させられることへの極めて強い恐怖心や抵抗感を持つためである。メディアによる無秩序な報道やインター

ネットを通じた被害者のプライバシーや名誉の著しい侵害も，頻発している。これらの二次加害行為を防止し，被害者の不利益を回避する体制の整備は急務であるが，被害者が告訴を思いとどまることによってこれらを防止するという方法は，間違っているといわねばならない。被害者のプライバシーや名誉を守る実効的方策の実施と併せて，非親告罪化すべきである」と述べている[58]。

この点と関連して，小木曽綾によると，警視庁交通部捜査課の原きよ子は，「客観的証拠があっても，告訴が得られず，加害者を処罰できないのは捜査官としては無念であり，非親告罪化すれば，そうした障害を取り除くことができるだろう。ただし，非親告罪化すれば被害者の協力が得られやすくなるというわけではない」と述べている[59]。

また，ドイツのライヒ刑法典では，1871年の制定当初，強姦罪を親告罪とし，被害者からの告訴を刑事裁判の条件としていた。そして，「被害者は，いったん告訴を行えば，公訴が提起された後にこの告訴を撤回することはできないとされていた」[60]。ところが，「1876年の刑法改正で，早くも親告罪規定（第177条3項）が削除され，強姦罪は告訴がなくても訴追できる犯罪になった。つまり，性犯罪を被害者の意思にかかわらず，処罰することが重要だ」という認識に達したのである[61]。

他方，フランスでは，親告罪か否かが被害者に無益な負担を課すという議論は行われていないようである。フランスでは，すべての犯罪に関して，被害者の告訴が検察官の起訴と同等の効力を持ち得る完全私訴制度を採用している国であるから，非親告罪化の議論はないというのである。そして，強姦法から性的暴行法への転換をもたらした1980年12月23日の法律は，刑事訴訟法第2-2条において，「性的暴行に対する闘争を規約上の目的として，5年以上活動する団体が被害者の同意を得て『私訴原告人』になることができる」という制度を生み出すに至っている[62]。

そして，「イギリスには，親告罪という制度は存在せず，被害者の告訴の申立ては訴訟条件ではなく，単なる捜査の端緒に過ぎないのである」[63]。

また，我が国の判例においてまま見られるように，親告罪であるがゆえに，被害者の被害証言を，虚偽でもあるかのように指弾する裁判官の意見は，理不尽極まりないものであると筆者は思う。通行中の女性に対して暴行，脅迫を加えてビルの階段踊り場まで連行し，強いて姦淫したとされる強姦被告事件につ

いて，被害者とされた者の供述の信用性を全面的に肯定した第1審判決及び原判決の認定が是認できないとされた事例（最高裁第二小法廷判決平成23年7月25日）では，同意していなかった・性暴力があったとする被害女性の供述を，当該女性の性的な経歴や抵抗の無さ等に照らして否定する経験則を用いていることに問題があった。この点は，谷田川知恵の言うように，「過去の性的経験を根拠に被害女性の供述の信用性を判断することは偏見であり，抵抗の程度で同意を推認することは被害者に応戦を強要するもので，補強証拠の要求は女性不信としか考えられず，これらが，強姦事件の法廷を，被告人ではなく，被害者を裁く場にしている」と言えるであろう[64]。

　以上のような諸外国の状況と我が国の裁判実務を基にしながら，学者や研究者が述べているように，被害者の精神的負担を排除し，プライバシーを侵害するような二次被害を防ぐことを前提として考察するとき，強姦罪を，男女を問わない性に対する暴力犯罪とし，非親告罪化することが必要なのではないかというのが筆者の意見であった。

　強姦罪等を非親告罪化すれば，保護法益を「性的自由ないしは自己決定権」とする考えと矛盾するのではないかという意見もあるけれども，被害届を出すか出さないかの段階で，すでに自己決定権が機能しているのであるから，強姦罪や強制わいせつ罪を非親告罪化するために，自己決定権を持ち出すまでもないと筆者は思う。

　また，筆者は，非親告罪化することにより，いくら検察官が付いているとはいえ，強姦されたことを被害者自身が立証するという，我が国の裁判の現状に見られるようなプライバシーの侵害とも思われる「二次被害」から被害者を救済することができると信じていたのである。

　さらに，アメリカの実務にみられるように，「レイプ・シールド法」（Rape Shield Law）により被害者を保護し，強姦ではなかったということ，すなわち，「合意があった」ということを，加害者自身が証明しなければならないという立証方法のほうが，被害者の身体的・精神的負担を軽くすることになり，被害者とその家族は，安心して裁判に臨むことができるのではないかと思う。また，そうすることこそが，強姦被害者の人権を守るためにも必要なことであるように，筆者には思われるのである。

　言葉を変えて言えば，性暴力犯罪は，これまでのように個人的問題として取

り扱うのではなく，ジェンダーバイアスを払拭し，ジェンダー主流化を図るための社会的問題として取り組むべき事案であるということである。非親告罪化などを中心とした強姦罪規定の見直し等による性暴力犯罪への厳正な対処や，性犯罪被害者のためのワンストップ支援センターの設置促進，公判廷における二次被害の防止など，被害者学的視点に立った性暴力犯罪被害者への支援と対策を展開することが，今後，これまで以上に要求されるのではないかと思われる。

このような非親告罪化の主張が今回の改正で認められたことはすでに言及したところであるが，この点に関して，橋爪隆によると，強姦罪等を非親告罪化して被害者の精神的負担を軽減することが適切であることから，2017年の「刑法の一部を改正する法律」により，強姦罪等を親告罪とする旨の規定が削除されたと述べられている[65]。これは，筆者の主張が認められたことになる。

第6項　不同意と挙証責任の転換

旧刑法における性犯罪に関する規定は，「『薬種等ヲ用ヒ人ヲ昏睡セシメ又ハ精神ヲ混乱セシメテ姦淫』（348条後段），あるいは『十二歳ニ満サル幼女ヲ姦淫』（349条前段）というように，姦淫を『暴行又は脅迫を用いていないものの相手の同意を得ないで行う性交』の意味で用い，強姦は『十二歳以上ノ婦女ヲ強姦』と規定し」ていたのである。谷田川知恵が述べるように，「姦淫とは，暴行・脅迫を用いていないものの同意が存在しない性交を指すものであり，姦淫こそが，性犯罪の違法性の本質」であった[66]と言えるであろう。

また，すでに論述したごとく，我が国の現行刑法では，性犯罪の規定において，いわゆる「抵抗要件」は構成要件となってはいない。しかしながら，吉田容子の指摘するごとく，通説・判例は，被害者が明示的抵抗をしなかった以上，明確に意思に反したとは言えないとして，「同意の不存在」を「抵抗の要件」に置き換え，検察官の立証事項としている。確かに強い抵抗が行われていたにもかかわらず，これを排除して性器を挿入した場合，強姦罪の立証は比較的容易である。そして，その場合，同意がなかったという認定もさほど困難ではないかもしれない。しかし，抵抗の事実を要求することは，同意の重視とは相いれないのである。

吉田の言うごとく，「真に同意を重視するのなら，明示かつ真摯な同意が認

められない限り，『意思に反した行為』との推定が働き，それを覆す事情の有無を慎重に判断することになるはずである。『抵抗したか否か』は同意の有無を判断する事情の1つにすぎず，抵抗の不存在をもって同意を推定することは許さらない」[67]とせざるを得ないであろうと筆者は思う。

　専門家は，抵抗それ自体はそれほど激しくはないが，抵抗できなかった場合が少なくないことを指摘している。たとえば，雪田樹理・斉藤豊治は，「抵抗すれば，殺害されるかもしれないという恐怖心から，抵抗しなかったのかもしれない。また，予想もしていなかった急襲であるがために，混乱してしまい，強く抵抗できなかった場合も十分にありうる。また，相手が社会的に優位にあり，その権威を利用して性的加害に及んだため，拒否できない場合もある。事後の被害者の行動も，同意の決め手にすべきではない。混乱してしまい，あるいは加害者の更なる加害を恐れて加害者に迎合的な態度を取ることも十分にありうる。強い抵抗がなかったとしても，同意があったと安易に認定す」べきではないとの注意を喚起し，「被害者の不同意を立証することにともなう困難を避けるためには，性的挿入罪および性的接触罪の双方について，構成要件そのものの客観性を推し進めることが妥当である。……そのうえで，被害者の同意があったという反証を被告人側に行わせることが妥当であろう」[68]としているのである。

　アメリカのフェミニズムは，暴力とは，その本来的な意味として被害者の不同意を含意しており，強姦を暴力犯罪として定義することにより，被害者の同意という問題を回避できるとしている。そして，「長期的な傾向としては，強制的強姦（forcible rape）が，強制力を必ずしも含まない一連の類型に置き換えられてきている」と斉藤豊治は指摘しているのである[69]。

　斉藤は，「この傾向の起点は，判例が最大限の抵抗を要求した伝統的なレイプの概念を修正するようになったことである。最近，多くの州が部分的改正によって伝統的なレイプの規定を変更している。すでに見たミシガン州の規定は，心理療法士と患者の間での強制力によらない性交を犯罪化している。また，いくつかの州は欺罔による同意に基づく性交を一般的に禁止する規定を置いている。また，いくつかの州では，日常的なデートの場面での性交でも強制力の要件は不要であるとされている。こうしたレイプの概念の拡大という傾向は，将来も長く続くであろう」と指摘している[70]。

第3章　性暴力犯罪　　121

フランスにおいては，1857年6月25日の破毀院刑事部判決[71]で，既に「この重罪は被害者をその意思に反して濫用する行為により構成される」[72]としていることに注目すべきである。また，ナポレオン法典以来，被害者に対して特殊な地位にある者による強姦を特別視し，学説による強姦の本質を「女性の意思に反するまたは同意に基づかない肉体的結合」や上記のような判例の「被害者をその意思に反して濫用する行為」がある場合と解釈し，性的攻撃の本質を「被害者の自己決定権の侵害」である[73]と解釈しているのである。

　さらには，川本哲郎によれば，イギリスでの同意に関する学説は次のようなものがあるとしている。ヘーリング（Herring, J.）は，「同意を厳格に解すると，被害者が関連する事実のすべてを認識・衡量し，被害者自身で最終的決定＝同意に到達することが必要とされることになる。つまり，被害者は不当な圧力にとらわれず，自己に与えられた一連の選択肢があると感じていなければならないのである。そして，同意は積極的な熱意でなければならない」とするのである[74]。

　川本論文からの引用ではあるが，アレン（Allen, M.）は「選択による外形的同意とは，被害者が，①要求されている性行為が何であるか，②加害者が誰であるのかを知って，③（暴力や威圧，欺罔などの）束縛がなく，加害者とそのような行為に外形的に同意することを選択するということである。また，そのような選択が，自由に束縛なく行われるためには，十分な情報を与えられた上での選択でなければならない」と述べている[75]。

　ラブレス（Loveless, J.）は，「同意については，服従への圧力や強制から自由であることが重要である」としている。そして，「自由と選択については，同意が与えられた文脈が重要であり，これには加害者と被害者の関係，知識，環境が含まれる。また，外形的同意では，相互関係，平等（対等），十分な説明を受けた上での選択が前提とされる」と論じている[76]。また，ヘーリングは関係的自己決定権という概念の導入を提案しているようである[77]。

　我が国では，「異常な少数の男性による例外的な強姦と不可罰となる合意に基づく性交とを区別する必要性が男性の視点から強調され，合意に基づく通常の性交でも『ある程度の暴行は許容される』[78]という身勝手な思考から，犯罪となる暴行は，相当程度強いものに限定されるべきだ」という，男性支配主義思想があることが認められる。

被害者学的に見れば，斉藤豊治が言うように，「不同意性交を強いられること自体が性的自由，性的自己決定権を侵害するのである。暴行・脅迫により抵抗要件が著しく困難な状態にならなくても性的自由，性的自己決定権は害されると考えるのが自然」であろう[79]，と筆者も考える。純粋に不同意による性的侵害を処罰することは，性犯罪を性的自由ないしは性的自己決定権を侵害する犯罪として位置づける考えと親和性を持つと，筆者は考えるからである。

　また，筆者のように，不同意性交の処罰を前提とする考えからは，被告人が同意の存在を立証しなければならず，そうでない限り被告人は有罪とすべきであろう。同意の立証につき，被害者側ではなく，被告人側にその責任を認めるのが筋であると思うからである。

　斉藤豊治も，「反抗を著しく困難にする程度の暴行，脅迫が認められる以上，不同意の推定が許されるべきであり，被害者に真正の同意があったことの主張，立証は，一種の『抗弁』として被告人側が責任を負うとすべきである」と指摘している[80]。

　『女性に対する暴力に関する立法ハンドブック』の「女性に対する暴力に関する法のモデル枠組み」によれば，性暴力に関する以下の定義を規定することにより，手続における被害者の二次被害を最小限にすべきであるとして，「『明確で自発的な合意』の存在を求める。その立証にあたっては，加害者に対し，被害者から同意を得たか否かを確認するための段階を踏んだことの証明を求めるべきである」としていること[81]にも注意すべきであろう。

　そしてまた，刑事手続における二次被害を考えるときに，強姦されたことの立証責任を加害者に負わせると，しばしば，実際の裁判例で見られるように，被害者の過去の性体験を加害者の弁護人が持ち出すことが考えられる。そこにおいては，強姦という犯罪の争点とは関係のないプライバシーの侵害が起こると考えられることから，アメリカでは，被害者の過去の性体験を問えないという「レイプ・シールド法」が制定されているのである。我が国においても，このような法律が必要であろう。

　このレイプ・シールド法の効果について，伊藤睦は，「被害者の過去の性的関係についての証拠を公判廷に持ち出すことを禁止し，審理の争点を，被害女性の貞節の有無から被告人の行為の違法性へと引き戻した」と述べている[82]。

　また，1978年の強姦被害者のプライバシー保護法により創設された連邦証拠

規則（Federal Rules of Evidence）第412条では，「性犯罪事例（Sex Offense Cases）に関して，申し立てられた性的な違法行為に関係する証拠で，①被害者とされる者が他の性的行為を行ったことを証明するために提出された証拠，あるいは②被害者の性的前歴を証明するために提出された証拠は，一般に許容できない」とされている[83]。

　「被害者の過去の性的行為に関する情報が，事実認定に対する偏見的効果が大きく，副次的な問題へと陪審員の注意をそらし，被害者たる承認を困惑させるものとして関連性がないことを率直に認めるのであれば，そのような情報の開示を阻止したとしても，被告人の憲法上の権利を失わせることにはならない」と伊藤は述べている[84]が，筆者も同じ考えである。

　被害者学的な観点からは，被害を受けた側が，加害者である被告人に代わって，裁判の場で，被告人を有罪にするために，被害の立証を行うのは筋が通らないと思う。無罪推定の原則は，国家と加害者の関係において，国家権力から加害者の人権を擁護するための論理であり，被害者保護の視点からすれば，刑事裁判は，加害者と，被害者に代わって検察官が対峙するという関係性から，被害者参加制度に見られるように，検察官と被害者が当事者としての地位を確保し，被害者の人権を保護するために，加害者と対峙するという関係性に変化すべきであって，加害者の防御のために被害者の内心の自由を侵害することであってはならないのである。アメリカのレイプ・シールド法は，そうした考え方から生まれたものであることを認識すべきであろう。

第7項　夫婦間強姦

　既に前述しているところであるが，かつては，我が国は言うに及ばず，欧米でも，強姦罪は伝統的に男の財産に対する犯罪と位置づけられていた。その根底には，家父長制や男系中心の世襲制が存在したことは言うまでもない。そこでは，妻は夫の子どもを産む道具と考えられていた。したがって，妻が夫以外の男と行う性行為は，夫の血統とは異なる子どもができる可能性が高いがゆえに許されるものではなく，世襲制を崩壊させる危険性のある行為とみなされたのである[85]。このような妻は夫の所有物であると考える社会においては，夫婦間の強姦はあり得ないことになるであろう。

　欧米では，法律の文言でも，確立された判例でも，「妻以外の女性」に対し

てのみ，強姦罪が成立することが明示されていた。この点，我が国の改正前の刑法は，「女子」とだけ記載しており，妻を除いていないのであるから，妻に対する強姦罪は成立することになる。

　しかしながら，長い間我が国でも，妻は結婚した以上，夫の性交に応じる義務があり，妻に対して強姦罪は成立しないとする考え方が有力であったのである。その後，判例では，婚姻関係が事実上破綻してしまっている場合や，夫が他の男と共同して姦淫をした場合などの事例では，強姦罪が成立すると判断されるようになった[86]。

　斎藤信治によれば，我が国では，「夫は妻に対し性交を要求する権利があるから，夫婦間強姦は，暴行罪・脅迫罪を構成するのは格別，強姦罪にならないと解するのが通説であった。しかし，その後，暴力癖のある夫が，またまた，逃げた妻を連れ戻そうとし，その際に第三者と共に妻に暴行を加え輪姦したという事案につき，『婚姻が完全に破綻して夫婦たるの実質を失』っていたことを理由に，夫に強姦罪（の共同正犯）の成立を認めた判例がある（広島高裁松江昭和62年6月18日判決）」ことを紹介している[87]。なお，斎藤は，学説には，①両性の平等を建前とする現在の憲法の下では，夫の性交を求める権利は，妻の性的自己決定権に優越することはないとし，夫婦間でも特別扱いを要しないとする説，②それでは妻が拒否するときは常に強姦罪の成立する可能性があり，性交渉は常に妻の主導権の下に行われることになるが，それが果たして夫婦の健全な関係かどうかは疑わしい，破綻している夫婦関係の場合のみ，妻の自己決定権を尊重するべきであるとの説，③婚姻関係が破綻していない場合でも，妻の包括的・推定的同意がない限り，一般に強姦罪の成立を妨げないとみる説などがあるという学説の整理を試みている[88]。

　しかし，最近においては，DVが深刻な社会問題となっていることもあって，第3説が有力となり，不同意による性交は，夫婦間強姦として立件されるようになってきたと言える。妻の性的自己決定権を重視し，性的虐待が犯罪であることを認めることは当然のことであるように筆者には思われるので，第3説が正当であると思う。

　また，ドイツにおいても，1871年のライヒ刑法典における強姦罪の定義は，「婚姻外」の性交を要件とし，妻に対する行為を除外していたが，1997年の改正により，条文の定義に，「犯人以外の他人であれば被害者たり得る」とし，

配偶者も含まれるようになっているのである[89]。

　フランスでは，1992年新刑法典において，強姦罪を性的攻撃と捉え，その保護法益を生命に次いで重要な「人の身体的・精神的完全性」とした。そして，性的攻撃罪（第222-22条）は「①暴行，強制，脅迫または不意打ちを持って実行されるすべての性的侵害は，性的攻撃とする。②強姦（Le viol）及びその他の性的攻撃等（Les autres agressions sexuelles）は，本章で規定する状況で被害者に対して行われたとき，婚姻を含む加害者と被害者のいかなる関係にもかかわらず構成される。（2006年追加）」とされたのである[90]。さらに，配偶者または内縁のパートナーにより実行された場合には，刑が加重されることになっている。

　今回の刑法改正では，現在も妻に対する夫の強姦事件が起訴される例もあるし，あえて規定の必要はないとされたが，筆者は，配偶者間の強姦を特別の類型として刑法に明文化することが必要であると思う。それにより，現行のDV防止法による女性被害者の保護も，さらに担保されることになるのではないかと思うのである。

第4節　小括

　ところで，本章の小括であるが，筆者は，国連の経済社会局女性の地位向上部の指摘するように，性暴力犯罪は，強制力や暴力を用いてなされるという要件，及び性器の挿入を証明する要件を撤廃すべきであると思う。

　また，これは，性暴力犯罪全てに対してであるが，特に強姦罪では，明確で自発的な合意の存在を求め，その立証にあたっては，加害者に対し，被害者から同意を得たか否かを確認するための段階を踏んだことの証明を求めるべきであろうと思う[91]。

　我が国の裁判実務においてみられるように，被害の立証責任を被害者が負うというのはナンセンスである。裁判において，二次被害が頻発するのも，我が国は，アメリカのように，加害者が被害者の同意を得たことを，裁判において証明するという制度を採用していないからであると，筆者は考える。

　性犯罪については，衆参両議院の「性犯罪規定に係る刑法改正案」法務委員会附帯決議においても，被害者等の声を十分に踏まえつつ，罰則の在り方及び

公訴時効期間について更なる検討が求められており，本章の最初の部分においても述べているが，2010年12月に閣議決定された，第3次基本計画でも，強姦罪が親告罪であることの見直し等，を検討する必要性があることが指摘されていたのである。

　また，裁判員制度の導入後，性犯罪に対する判決が以前よりも厳罰化しているが，強姦罪は，被害者のプライバシーや名誉を守るため，事件化を望まない場合はその意思を尊重するという観点から，被害者の訴えを必要とする親告罪となっていた。性的被害を被害者自らが訴えるということは，精神的な負担が非常に大きいことを考えなければならないであろう。強姦は「魂の殺人」とも呼ばれる重大な犯罪なのであるから，被害者が被害届を出さずとも，自動的に警察が捜査を行い，被害者に二次被害を与えない工夫や配慮をもって捜査を行い，加害者を厳しく罰するべきであると筆者は思う。しかし，この点に関しては，すでに何度も指摘したごとく，今回の刑法改正で，非親告罪化も重罰化も実現した。筆者の主張が認められたのである。

　ちなみに，松島みどり法務大臣（当時）は，2014年9月30日，性犯罪の厳罰化等の検討会を10月中に発足させる方針を明らかにし，この日の閣議後の会見で「明治以来，ものを盗るほうが，女性の人生を踏みにじるよりも大変なこととされてきた。これはおかしいということで検討会を開くことになった」と説明している[92]。

　この検討会の2015年8月の「性犯罪の罰則に関する検討会」を取りまとめた報告書によると，法務省は，「性犯罪の被害をなくしていくためには，本検討会において検討した罰則の改正を進めるのみではなく，性犯罪を生み出さない社会を目指すというより広い視野に立ち，特に家庭内等における事案などにおいて潜在化しやすい性犯罪について，早期に発見し適正な処罰を確保していくことや，被害者の二次被害を防止するための施策，性犯罪者の治療を含めた再犯を防止するための施策など総合的な対策が必要であるといった意見も多く述べられた」と報告している[93]。

　また，強姦罪と強制わいせつ罪の構成要件である「強制力の行使」すなわち抵抗要件の「暴行又は脅迫を用いて」を「被害者の抵抗を著しく困難にする程度」について，「不同意」ならば，暴行・脅迫の度合いを問わず，強姦罪が成立するとすることも必要であるとの考え方を採用することも重要ではないかと

筆者は考える。強姦でなかったこと，すなわち同意があったことは，被害者ではなく，加害者である被告人が立証しなければならないと思う。そうすれば，被害者は余計な詮索はされず，被害者のプライバシーは保護されるであろう。また，「強姦は女性に落ち度があった」などという強姦神話によって，被害者が苦しめられることもないのである[94]。

　判例においても，前述した通行中の女性に対して暴行，脅迫を加えてビルの階段踊り場まで連行し，強いて姦淫したとされる強姦被告事件について，被害者とされた者の供述の信用性を全面的に肯定した第1審判決及び原判決の認定が是認できないとされた事例では，「同意していなかった」，「性暴力があった」とする被害女性の供述を，当該女性の性的な経歴や抵抗の無さ等に照らして否定する経験則を用いていることに問題があったことは，すでに紹介した通りである。

　谷田川知恵の言うように，過去の性的経験を根拠に，被害女性の供述の信用性を判断することは偏見であり，抵抗の程度で同意を推認することは，被害者に応戦を強要するものであって，補強証拠の要求は，女性不信としか考えられず，これらが強姦事件の法廷を，被告人ではなく，被害者を裁く場にしているとさえ言える[95]。筆者も同じ考えである。

　性暴力犯罪は，他の傷害罪などの身体に対する物理的侵害犯罪に比べて，その心身の被害の重大さは極めて大きいのである[96]。しかも，被害者である女性の人権侵害にも大きなものがある。アメリカのレイプ・シールド法のように，被害者の性経験などを一切尋ねてはいけないという法律を制定し活用すれば，この問題は解決されるのではないであろうか。

　我が国においても，2007年に刑事手続における被害者保護として，刑事訴訟法第290条の2及び3が追加され，犯罪被害者等の氏名等の情報を保護するための制度が導入されている[97]。被告人の防御権の問題は既に解決されているのである。

　また，川崎友巳は，被害者について，「強姦罪が，『魂の殺人』と表されてきたように，性犯罪によって侵されるのは，被害者の人間としての尊厳であり，その意思や身体だけにとどまらない。性犯罪の被害者は，人生そのものが踏みにじられるのである。性犯罪の重さは，その点にこそあると解するべきであろう」[98]と述べているが，筆者もその通りであると考える。

2017年の「刑法の一部を改正する法律」で、強姦罪の構成要件が見直されたが、「女子を姦淫した」とした規定が、性別を問わず、人に対し「性交、肛門性交又は口腔性交（以下「性交等」という）をした」に改められたに過ぎず、筆者が問題にしている被害者の「不同意」について、今回は改正がなされなかった。

しかしながら、ワンストップ支援センターの設置促進については、「第4次男女共同参画基本計画」で、平成32年までに各都道府県に最低1か所設置することと成果目標が掲げられ、平成29年度に「性犯罪・性暴力被害者支援基金」が内閣府により創設された[99]。

そしてまた、これは強制わいせつ罪に関してであるが、強制わいせつ罪の成立に「性欲を満たす意図」が必要かが争われた刑事裁判で、最高裁大法廷は、2017年11月29日、性的意図を「必要」とした最高裁判例を47年ぶりに変更し、「性的意図を一律に強制わいせつ罪の成立要件とすることは相当でな」いとの初判断を示した。これは、被害者保護を重視した変更である。強制わいせつ罪の成立には、性的意図があるといった加害者側の事情ではなく、「被害者の受けた性的被害の有無やその内容、程度にこそ目を向けるべきであ」るとした[100]。これは、筆者が本書において展開してきた被害者の視点から性犯罪を考えるべきであるという主張が、ここにも採用されていると思う。また、クマラスワミの予備報告書の中で、性的な嫌がらせも社会における暴力の1つとしている点から考えても、この最高裁判例の変更は一歩前進したと考えられる。

以上が性暴力犯罪の分析と検討結果であるが、次章においては、本章におけるような基本法である刑法における性暴力犯罪ではなく、特別法であるDV防止法と「配偶者等からの暴力とその被害」について検討することにしたいと思う。

注

1) 加藤俊治「性犯罪に対処するための刑法の一部改正に関する法制審議会の答申」『法律のひろば』69巻10号（2016年）50-56頁。

2) 朝日新聞デジタル http://www.asahi.com/amp/articles/ASK6H7RHYK6HUTIL06.hyml（2017年6月16日閲覧）。

3) 警察庁刑事局、警察庁生活安全課長「刑法の一部を改正する法律の公布について（通達）」警察庁丙刑企発第47号、丙捜一発第4号、丙生企発第66号、丙少発第15号平成29年6月23日。

4) OFFICE SERVE　All rights reserved. http://homepage3.nifty.com/officeserve/sexualabuse. htm（2015年2月15日閲覧）。

5) ブリタニカ国際大百科事典　小項目事典。Copyright(c)2014 Britannica Japan Co., Ltd. All rights reserved.

6) ゲイ・マクドゥーガル，VAWW-NET Japan編訳「戦時・性暴力を国連マクドゥーガル報告全訳」凱風社（1998年）37頁。

7) 国連経済社会局女性の地位向上部，ヒューマンライツ・ナウ編訳『女性に対する暴力に関する立法ハンドブック』信山社（2011年）37頁。

8) 内閣府男女共同参画会議女性に対する暴力に関する専門調査会「『女性に対する暴力』を根絶するための課題と対策——性犯罪への対策の推進」（2012年7月）http://www.gender.go.jp/kaigi/senmon/boryoku/houkoku/index_hbo07.html（2015年1月30日閲覧）。

9) 法務省法務総合研究所編『犯罪白書平成27年版——性犯罪者の実態と再犯防止』（2015年）211頁。

10) 法務省法務総合研究所編『犯罪白書平成28年版——再犯の現状と対策のいま』（2016年）14頁。

11) 法務省法務総合研究所編『平成29年版犯罪白書——更生を支援する地域のネットワーク』（2017年）234頁。

12) 法務省法務総合研究所編『平成29年版犯罪白書——更生を支援する地域のネットワーク』（2017年）14頁。

13) 内閣府『平成28年版犯罪被害者白書』（2016年）250-253頁。

14) 内閣府・前掲注13）250-253頁。

15) 小木曽綾「性犯罪の適正処罰のための施策」『刑法雑誌』53巻3号（2014年）474頁。

16) 女子差別撤廃委員会による一般勧告19（内閣府仮訳）項目6と9。

17) 金塚彩乃「女性に対する暴力」林陽子編著『女性差別撤廃条約と私たち』信山社（2011年）115-116頁。

18) 女性差別撤廃委員会「第44期女性差別撤廃委員会最終見解」（2009年）33,34　http://www.gender.go.jp/whitepaper/h22/zentai/html/shisaku/ss_shiryo_2.html（2015年2月15日閲覧）。

19) UPR（Universal Periodic Review：普遍的定期的審査）とは，2006年に国連人権機構改革により行われる制度で，4年ごとに全ての国連加盟国の人権状況が審査される。

20) 金塚・前掲注17）116-117頁。

21) 国内機構の地位に関する原則は1993年12月に国連総会で採択。

22) 日本弁護士連合会国際人権問題委員会『国連人権理事会は日本政府に何を求めたのか』（2008年）3-4頁。

23) 宮田桂子「刑弁通信——性犯罪に関する刑法改正成立」『ICHIBEN Bulletin』（2017年）4頁。

24) 橋爪隆「性犯罪に対処するための刑法改正について」『法律のひろば』70巻11号（2017年）7-8頁。

25) 斉藤豊治「わが国の性刑法規定の問題点」大阪弁護士会人権擁護委員会性暴力被害検討プロジェクトチーム編『性暴力と刑事司法』信山社（2014年）11頁。

26) 斉藤豊治「ジェンダーと刑罰論」『法律時報』78巻3号（2006年）53頁。

27) 斎藤信治『刑法各論〔第4版〕』有斐閣（2014年）52頁。

28) 高山佳奈子「ドイツにおける性刑法の改革」大阪弁護士会人権擁護委員会性暴力被害検討プロジェクトチーム編・前掲注25）196頁。

29）島岡まな「フランスにおける性刑法の改革」大阪弁護士会人権擁護委員会性暴力被害検討プロジェクトチーム編・前掲注25）178頁。

30）島岡まな「行動研究の趣旨」『刑法雑誌』54巻1号（2014年）4頁。

31）角田由紀子『性差別と暴力──続・性の法律学』有斐閣（2001年）184-185頁。

32）斉藤豊治「諸外国の性刑法改革」大阪弁護士会人権擁護委員会性暴力被害検討プロジェクトチーム編・前掲注25）254頁。

33）斉藤豊治「アメリカにおける性刑法の改革」大阪弁護士会人権擁護委員会性暴力被害検討プロジェクトチーム編・前掲注25）169頁。

34）川本哲郎「イギリスにおける性刑法の改革」大阪弁護士会人権擁護委員会性暴力被害検討プロジェクトチーム編・前掲注25）225頁。

35）雪田樹理＝斉藤豊治「改革の提言」大阪弁護士会人権擁護委員会性暴力被害検討プロジェクトチーム編・前掲注25）267頁。

36）平成19年（わ）第4146号。

37）野澤佳弘「強姦無罪」大阪弁護士会人権擁護委員会性暴力被害検討プロジェクトチーム編・前掲注25）69頁。

38）島岡・前掲注29）192頁。

39）内田博文「強姦罪はどうあるべきか」『法学セミナー』502号（1996年）32頁。

40）森川恭剛「強姦罪の問題点」『法学セミナー』526号（1998年）30頁。

41）小木曽・前掲注15）475頁。

42）高山・前掲注28）208-209頁。

43）川本・前掲注34）212頁。

44）矢野恵美「刑法における性犯罪規定と性犯罪加害者対策・被害者対策に関する一考察」辻村みよ子監修『ジェンダーと法・政策研究叢書第5巻 セクシャリティと法』東北大学出版会（2006年）330頁。

45）イスタンブール協定では，「いかなる性的行為も，同意の上でなければ罰せられる」というのが原則である。

46）Mikako Hussel「ドイツ：性犯罪刑法改正『ノーはノー』」2016年7月8日 http://blog.goo.ne.jp/mikakohh/e/44c334071831573a71fd9e3b501f6910（2016年12月17日閲覧）。

47）国連経済社会局女性の地位向上部，ヒューマンライツ・ナウ編訳・前掲注7）37頁。

48）斉藤・前掲注33）161-162頁。

49）斉藤・前掲注33）171頁。

50）斉藤・前掲注33）176頁。

51）川本・前掲注34）214頁。

52）高山・前掲注28）198頁。

53）高山・前掲注28）208頁。

54）雪田＝斉藤・前掲注35）268-269頁。

55）警察庁刑事局長，警察庁生活安全局長・前掲注3）。

56）橋爪・前掲注24）

57）雪田＝斉藤・前掲注35）272頁。

58）吉田容子「日本における性犯罪の被害実情と処罰にかかる問題」『刑法雑誌』54巻1号（2014年）28-29頁。

59）小木曽・前掲注15）474-479頁。

60）高山・前掲注28）205頁。

61）高山・前掲注28）206頁。

62）島岡・前掲注29）189頁。

63）川本・前掲注34）222頁。

64）谷田川知恵「現代における法・判例の形成とジェンダー法学の課題」『法の科学』43号（2012年）71-72頁。

65）橋爪・前掲注24）13頁

66）谷田川知恵「性的自由の保護と強姦処罰規定」『法学政治学論究』46号（2000年）514頁。

67）吉田・前掲注58）26頁。

68）雪田＝斉藤・前掲注35）269-270頁。

69）斉藤・前掲注33）170頁。

70）斉藤・前掲注33）170頁。

71）Crim25 juin1857.B.240.

72）島岡まな「フランスにおける性犯罪の類型と処罰について」『刑法雑誌』54巻1号（2014年）50頁。

73）島岡・前掲注72）59頁。

74）川本・前掲注34）219頁。

75）川本・前掲注34）219頁。

76）川本・前掲注34）220頁。

77）「他人の自己決定権を尊重することは，同意があったかどうかを問うだけでなく，自己決定権を与えて，選択が行われた環境の慎重な分析を行うことを可能にすることである。これによって，決定が行われた社会的な文脈，2人の関係性，与えられた同意に先行する2人の間の相互作用について，はるかに大きな認識を要求される」としている。つまり，この見解は，同意の有無の判定を合理的に行おうとするものである。川本・前掲注35）223頁。

78）島岡・前掲注29）192頁。

79）斉藤・前掲注25）21頁。

80）斉藤・前掲注26）56頁。

81）国連経済社会局女性の地位向上部，ヒューマンライツ・ナウ編訳・前掲注7）37頁。

82）伊藤睦「刑事手続における性犯罪被害者の権利——アメリカにおけるレイプ・シールド法をめぐる議論を手がかりとして」辻村監修・前掲注44）304頁。

83）伊藤・前掲注82）305頁。

84）伊藤・前掲注82）308頁。

85）斉藤豊治「アメリカにおける性刑法改革の方向」『刑法雑誌』54巻1号（2014年）64頁。

86）斉藤・前掲注25）15-16頁。

87）斎藤・前掲注27）53頁。

88）斎藤・前掲注27）53-54頁。

89）高山佳奈子「ドイツ刑法における性犯罪の類型と処罰」『刑法雑誌』54巻1号（2014年）31-33頁。

90）島岡まな「フランス刑法における性犯罪の類型と処罰について」『刑法雑誌』54巻1号（2014年）53頁。

91） 国連経済社会局女性の地位向上部，ヒューマンライツ・ナウ編訳・前掲注7）37頁。

92） 朝日新聞2014年10月1日。

93） 性犯罪の罰則に関する検討会『「性犯罪の罰則に関する検討会」取りまとめ報告書』2015年8月6日。

94） 東京・強姦救援センター『レイプ・クライシス――この身近な危険』学陽書房（1991年）195-198頁。

95） 谷田川知恵「現代における法・判例の形成とジェンダー法学の課題」『法の科学』43号（2012年）71-72頁。

96） 崔鍾植「韓国における性刑法の改革」大阪弁護士会人権擁護委員会性暴力被害検討プロジェクトチーム編・前掲注25）252頁。

97） 田中亜紀子「性犯罪規定改正に向けての一考察」『三重大学法経論叢』34巻2号（2017年）15-16頁。

98） 川崎友巳「性犯罪に関する刑法改正」『被害者学研究』27号（2017年）106-107頁。

99） 内閣府男女共同参画局推進課暴力対策推進室「性犯罪・性暴力被害者のためのワンストップ支援センターの現状と課題」『法律のひろば』70巻11号（2017年）27頁。

100） 朝日新聞2017年11月30日（朝刊），最大判平成29年11月29日刑集71巻9号467頁。

第4章　配偶者等からの暴力

第1章で紹介したように，女性に対する暴力の国際的な研究家として知られているクマラスワミの最終報告書[1]によると，「1994年当時，ドメスティック・バイオレンス犯罪は，プライベートな領域の親密な関係を尊重するという姿勢の影で隠されていた。そのため，ドメスティック・バイオレンスの防止や訴追はほとんど行われなかった。多くの女性たちは，家庭は何があっても完全に保つべきであるとの観念に妨げられ，家庭の外に助けを求めることはなかった」と述べられている[2]。

しかし，クマラスワミは，「1994年以降，ドメスティック・バイオレンスに関する基準設定について，大きな動きが生じた。『女性に対する暴力撤廃宣言』[3]は，ドメスティック・バイオレンスの防止と処罰における各国家の不作為が，国際的な人権の侵害である」ことを明示している[4]と，その意識の変化に注意を喚起しているのである。

この点は，ベレン・ド・パラ条約[5]が，地域レベルで再度同じことを論述しており，国連女性差別撤廃委員会（CEDAW）も，一般勧告19の中で同様の条項を明記している。

こうした国際的な動向を受けて，クマラスワミは，「ドメスティック・バイオレンスは，私的行為者によって行われることから，家庭内の暴力に対する国家責務の評価には，国際法の原則に基づく相当の注意基準が適用されている。女性の人権擁護のためには，人権侵害が個人の私的行為として行われている場合にも，各国政府の積極的な介入が求められる。」と述べている[6]。したがって，「各国政府が介入しない場合，特にその不介入が組織的な場合は，政府自体も，女性の人権を侵害していることになる。各政府は，これらの暴力が国家によるのか個人によるのかを問わず，あらゆる適切な手段をもって遅滞なく，

135

女性に対する暴力撤廃の施策に取り組むことが求められる」と警告している[7]。

ところで、ここでクマラスワミが問題としている配偶者間の暴力は、一般に、ドメスティック・バイオレンス（Domestic Violence：以下、DVとする）と呼ばれているが、英語のDVは、直訳すれば「家庭内暴力」[8]を意味する言葉であり、配偶者間の暴力だけではなく、子どもから親に対する暴力、そしてまた、高齢者虐待等をも含めた広い概念である。フェミニストは、この言葉を、「既婚・未婚・同居・別居・離別を問わず、親密な関係にある、または、あった男性から女性に対しての暴力を意味する」としている。

1970年代半ばに、アメリカでの「殴られた女性たちの運動」（Battered Women's Movement）の中で、女性たちやその支援者から、夫や恋人からの暴力を表現する用語として生まれたのが、DVという言葉であった。

以下においては、まず、諸外国におけるDVの動向についてみていくことにしたいと思う。なぜならば、諸外国のDVへの関心の度合いは、我が国よりも先行しており、はるかに前を進んでいたと考えられるからである。そうは言っても、諸外国の事例を紹介するにはおのずと限界があるので、本書においては、英米法系からはアメリカについて、大陸法系からはフランスについて、北欧法系からはスウェーデンについて、紹介することにしたい。

第1節　諸外国におけるDVの動向

第1項　アメリカの動向

アメリカでは、DVとは、「親密な関係にある人が、何らかの方法を使用して、相手をコントロールすること。そして、それは、身体的、精神的、性的、経済的等さまざまな形態の暴力であり、人種、貧富、宗教、教育の差に関係なく存在するものである」と定義づけている。ここでいう、親密な関係とは、「同性間、異性間、性転換者間（同性・異性）に関わらず、配偶者、元配偶者、交際相手、同棲者、元同棲相手との関係を指している」のである[9]。

アメリカでは、「元来、慣習法として、妻は夫の所有物とみなされ、夫の意に沿わないときは、夫の親指より太くない棒で叩いて良いという『親指のルール』が権利として夫に認められていた」のである[10]。しかし、1871年にアラバマ州のファルガム事件（Fulgham v. State）[11]でアメリカで初めて夫の妻を殴

る権利が無効とされた。また，1882年には全米で初めてメリーランド州で妻を殴る行為が犯罪とされ，制定法に定められた[12]。

　アメリカでは，「ある主要な的確に文書化されたフェミニズム運動，それも特に配偶者暴力の被害女性運動の功績は，『個人的なこと』と『政治的なこと』の線引きを批判し，それを徐々に弱体化させることにあったといえるであろう」と藤本哲也は述べている[13]。つまり，クマラスワミと同様に，藤本は，配偶者暴力はもちろんのこととして，女性に対する暴力をなくするためには，女性に対する暴力が「個人的なことである」とか，「政治的な問題である」といった「逃げ道」や「言い訳」を認めるべきでないとするのであり，フェミニズム運動の真の狙いも，そこにあったと言うのである。

　こうしたフェミニズム運動を受けて，法制度は，「『法律は家庭に入らず，秘密裏にことを行う』という実践から，配偶者暴力，児童虐待，夫婦間強姦，近親相姦に対する法的保護を提供するという実践へと移ってきているのである。配偶者暴力を受けた女性を擁護する者は，保守主義者を含む自分の味方ではないような者と活動することによって，この法的変化を明らかにしている」[14]。

　また，谷田川知恵は，「第2波フェミニズムは，男性中心に法的な利益が図られ，男性優位な法制度が設計されていた社会を，『殴られた女性たちの運動』を通して，夫から妻への暴力を犯罪としてこなかった司法制度に変革を迫り，DV防止法を制定させ，強姦法を改正させ，夫婦強姦を認めさせる等の成果を上げた」と論じている。「1974年，ミネソタ州にできた女性被害者のためのシェルターを皮切りに，全米にシェルターが開設され，24時間対応の電話相談，衣食住の提供など，女性被害者のニーズに応えることになった」のも[15]，第2波フェミニズムの成果であるとする。

　このようにして，DVに関する法制度は，1976年のペンシルベニア州の保護命令（protective order）が法制化されたことに始まり，1977年，オレゴン州がDV加害者の逮捕を義務づける州法を制定し，1978年，ミネソタ州が保護命令の有無にかかわらず，令状なしの逮捕を認める州法を制定したことにより，積極的逮捕政策が採られるようになったのである[16]。

　カリフォルニア州では，家族法典（California Family Code）第6200条から第6409条にDV防止法が定められているが，この法律では，DVに係る緊急保護命令（emergency protective order）[17]や保護命令（protective order）などを規定し

第4章　配偶者等からの暴力　　137

ている[18]。そして，DVに関する刑罰及び刑事手続に関しては，カリフォルニア州刑法典（California Penal Code）においてさらに詳しく規定しているのである[19]。

このように，1970年代の後半，ペンシルベニア州，オレゴン州，ミネソタ州をはじめ，カリフォルニア州でも，DVは犯罪とされ，室内における大声での口論，公共の場所での行き違いからの口論等の些細な暴力行為も，これを見聞した隣人，通行人等により直ちに警察へ通報されることになったのである[20]。

また，連邦レベルでは，1994年「女性に対する暴力防止法」（Violence Against Women Act 1994）の制定も，配偶者暴力防止政策上，フェミニストの影響力の結果であると考えられる。そして，全米女性組織と法的弁護基金の連携は，「女性に対する性的暴力と配偶者暴力を終わらせるための全米特別専門委員会」（National Task Force End Sexual and Domestic Violence Against Women）として知られるようになった。

この全米特別専門委員会は，州法や地方の条例で，配偶者暴力の申立てに対応する際の警察官と検察官の裁量を制限するように求めることにおいても，成果をもたらした。たとえば，大部分の州では，相当な理由があるときには，警察官に，配偶者暴力の容疑者をいつでも逮捕するように要求している。また，一部の都市や州には「ノー・ドロップ政策」（no-drop policy）があり，「これは，被害者は告訴するという気持ちが変わることがあるために，検察官は配偶者暴力事件の告訴を取り下げてはいけないということを確立したものである」と藤本は説明している[21]。このことにより，「女性に対する暴力防止法」では，警察に対し義務的逮捕又は積極的な逮捕を保障し促しているのである。

そして，フェミニストの運動家は，藤本の言うように，「広範でかつ裁量権を行使しない保護命令の使用から，専門的な配偶者暴力裁判所や，新たな連邦証拠規定までの，配偶者暴力の起訴に関わる広範囲な政策変更を提起してきている」のである[22]。また，「一部のフェミニスト活動家は，親密な家庭内における暴力に反対する一部の主張者の保護論者的価値観や誇張表現を，女性の平等に対する家父長的・騎士道的な取組みの永続化として理解している」のである[23]。

藤本は，こうしたアメリカでの「性的暴力，家庭内暴力に対する女性の平等に関する活発化した感性は，現存する法制度の根本的改善を促進している」というのである[24]。

138

その結果，「女性に対する暴力防止法は，移民及び国籍法，人身取引被害者保護法（P.L.108-386），DNA データベース構築や司法手続に関する各種の連邦法等と相互に関係しながら，再授権及び法改正を重ねた」というこの間の動向を，井樋三枝子は，雑誌『外国の立法』において紹介している。また，井樋は，「対応と支援の対象を，デート時の暴力の被害者（デートDV）にも拡大し，2013年3月7日に，再授権法（P.L.113-4）が成立している」ことにも言及している[25]。

　また，藤本の言う「女性の平等に関する活発化した感性」を受けて，吉川真美子が指摘するように，アメリカの刑事司法政策は，いわば，「犯罪の抑止，デュー・プロセス，被害者の安全という3つの目的の均衡と調整によって形成されてきた」のかもしれないと筆者は考えるのである。

　ミズーリ州最高裁判所のウィリアムズ事件[26]は，一方的緊急保護命令発令の合憲性が問われた事件であるが，この判決では，「被害者の保護は市民の健康・福祉・安全という州政府の重大な利益であり，被害者が暴力の差し迫った危険に晒されている時には，被害者の生命・身体の安全を守るために，加害者とされる被告の利益，例えば，行動の自由や所有権等を暫定的に制限することは，デュー・プロセスに違反しない」[27]という「均衡の法理」によって判断されたことを，吉川は紹介している。

　このように，アメリカでは，フェミニズム運動とは別に，「『女性被害者の保護によってDV犯罪をなくすことは社会利益である』という司法判断と世論の合意」[28]により，デュー・プロセスと被害者保護の相克を解決したとも言えるのである。

　アメリカでのDVへの対応策は，藤本の紹介するフェミニズム運動と，吉川の言う，犯罪の抑止，デュー・プロセス，被害者の安全という3つの目的の均衡と調整によって成し遂げられたと考えられるのである。

第2項　フランスの動向

　フランスにおいては，1810年のナポレオン法典を全面改正した1992年のフランス新刑法典で，DVを，故殺罪，謀殺罪，拷問及び野蛮行為罪，傷害致死罪，暴行傷害罪等の重大な犯罪について，その犯罪の被害者が配偶者又は内縁のパートナーである場合に，刑罰の加重事由として規定している[29]。

　また，2004年には，民法典の離婚に関する規定が改正され，家族事件裁判官

(juge aux affaires familiales) による暴力急速審理（référé-violence）が規定された（民法典第220-1条）。ついで，2005年には，刑事訴訟法典を改正し，大審裁判所検事正（procureur de la République）が，カップルの住居からの退去及び必要に応じ，この住居への立入り又は接近の禁止を求めることができるようになった（刑事訴訟法典第41-1条）。

さらに，議員立法により，DV被害者の保護，DVの予防及び処罰を目的とする「カップル間の暴力又は未成年者に対する暴力の防止及び抑止を強化する2006年4月4日法律第2006-399号」（Loi n° 2006-399 du 4 avril 2006 renforçant la prévention et la répression des violences au sein du couple ou commises contre les mineurs）が制定された[30]。

この2006年4月4日法では，DVについて，それが「配偶者，内縁関係にあるもの，あるいは民事連帯協約（pacte civil de solidarité：以下PACSとする）のパートナーによって犯罪が行われた場合」と「元配偶者，以前に内縁関係にあるもの，あるいはPACSの元パートナーによって犯罪が行われた場合」であることと明記している（第7条・刑法典第132-80条）[31]。

この法律は，刑法典及び刑事訴訟法典を改正し，被害者またはDVを見聞した人からの警察署（Commissarist）及び憲兵隊（Gendarmerie）への通報のみで成立し，緊急の場合，警察は加害者を48時間拘留することができる（第5条・刑事訴訟法典第141-4条）。また，この改正により，裁判所は加害者への退去命令を出すことが可能になり，被害者及び告発者にDVの事実を証明する責任を負わせることはないことになったのである[32]。

そして，保護命令制度の新設及び心理的暴力を含むあらゆる形態の暴力の処罰を内容とする「特に女性に対する暴力並びにカップル間の暴力及びそれが子に与える影響に関する2010年7月9日法律第2010-769号」（Loi n° 2010-769 du 9 juillet 2010 relative aux violences faites spécifiquement aux femmes, aux violences au sein des couples et aux incidences de ces dernières sur les enfants）が制定された[33]。

この2010年7月9日法では，DV被害者の居所をDV加害者に知られないようにするため，必要ならば，連絡先の住所を弁護士，代理人，手続を行う大審裁判所検事正に置くことが可能となった（第1条・民法典第515-11条及び第515-12条）。

また，この法律には，言葉による暴力が心理的暴力として加えられた。これによって，加害者からの暴言の繰り返しによって，被害者が8日未満の「労働

不可能な状態（Incapacité Totale de Travail: ITT)[34]に陥った場合は，3年の収監と45,000ユーロ[35]の罰金が科せられ，8日以上の労働不可能な状態の場合には，5年の収監と75,000ユーロ罰金刑と定められたのである。

また，この2010年7月9日法では，両性の平等に関する教育を全就学期間のすべての学年において行うことを明記している（第23条・教育法典L.312-17条）。

この法律の改正では，保護命令は家事事件裁判所裁判官から出されることになった（第1条・民法典第515-12条）。そして，退去命令を受けた加害者に携帯電子監視装置（surveillance électronique mobile）の装着を命じ，被害者とその子どもの住居の立入り，住居近隣での徘徊の監視等が定められた。ただし，この措置は，医学鑑定により危険があると判断された成人で，5年以上の自由剥奪刑を言い渡された者に対して行われるのである（第6条・刑事訴訟法典第131-12-1条）。

服部有希によれば，フランスでは，近年，各分野の規定を包括的に改正した「男女の真の平等に関する2014年8月4日法律第2014-873号」（Loi n° 2014-873 du 4 août 2014 pour l'égalité réelle entre les femmes et les hommes）が制定されたとのことである[36]。また，神尾真知子が紹介しているように，「フランスでは，DVに対する政策立案及び取組みを国が行い，DV罪を特別には規定していないが，刑法典において，配偶者等からの暴力を犯罪として，加重情状し処罰する規定を有している」のである[37]。

結論的に言えば，フランスでは，すでに制定されている刑法典・刑事訴訟法典・民法典という一般法の中で，DVの特別規定を設け，法的な対応をしているのである。我が国では，力点を置いていないDV加害者に対する刑事罰の適用の推進，またDVという暴力犯罪の重罰化が，フランスの特色であると言えるであろう[38]。

第3項　スウェーデンの動向

矢野恵美によると，スウェーデンにおいては，1988年の「訪問禁止法」（Lag om besökförbud 1988: 688）がDVに最も関係する法律であるという。制定当時は，しつこいつきまといや，嫌がらせを防ぎ，被害者に安心感をもたせることを目的としたようである。この法律の制定理由は，「親しい間柄にある，又はその関係を解消した後の女性への暴力」の一形態である，つきまといや嫌がらせの防止であると明言されていたという。そして，被害者に対して，犯罪やつきま

第4章　配偶者等からの暴力　141

とい，その他の方法で深刻な嫌がらせがなされる危険がある場合に，訪問禁止命令が出されるのである[39]。

1993年には，「女性に対する暴力委員会」が発足し，1995年に委員会報告書「女性の安全」が提出されている。また，小西聖子によると，1997年には，総理府に「女性に対する暴力」についてのワーキング・グループができ，1998年には，女性に対する暴力やセクシャル・ハラスメント等に関しての法改正と，予防と被害者対応に主眼をおいた起案書が作成されたとのことである[40]。

また，戒能民江によると，スウェーデンでは，親密圏における男性から女性への暴力を取り上げて，1998年「女性の安全法」（Kvinnofrid 1998: 393）を定め，DVが女性に対する暴力であることを明示したということである。

女性の安全法は包括的な法律で，これによって刑法や他の法律を改正するというものであり，独立した法律があるわけではない。この1998年の刑法改正によって，親密な関係にある男性からの継続的な暴力によって精神的恐怖を与えられ，女性の人格が侵害されたと認められれば，女性の平和侵害罪違反として処罰の対象となるのである[41]。そして，神尾真知子によると，スウェーデンでは，刑法第4章4条aに，婚姻関係にある男性からの女性に対する侵害に対しての「女性の安全に対する重大な侵害罪」（grov kvinnofridskränkning）というDVに関する新しい犯罪類型を創設したということである[42]。

また，2003年の刑法改正により，訪問禁止命令違反の場合は，被害者にとって重要な場所等，抽象的かつ広範囲な場所まで対象としたということであり，さらに，同居しているパートナーに対しても，30日間の退去命令が規定されている[43]。

アメリカ，フランス，スウェーデンの他にも，諸外国では，DVコートというDV専門の裁判所がある。DVコートは，民事・刑事・少年の手続を統合する裁判所もあれば，刑事手続専門に特化した裁判所もあり，その態様はさまざまである[44]。

次節においては，我が国におけるDVへの対応策について見てみることにしたいと思う。

第2節　我が国におけるDVの動向

　我が国においては，DVに関して，明治民法第813条5号において，裁判上の離婚原因に配偶者による虐待，侮辱が定められていた。条文は「同居ニ堪ヘザル虐待」，または「重大ナル侮辱」であることを要したが，当時の判例は，その範囲を広く捉え，妻を保護する立場を取っていたようである。

　戦後の民法改正において，第770条1項5号に，「その他離婚を継続し難い重大な事由があるとき」という相対的離婚原因が導入され，配偶者による虐待，侮辱は，例示的に列挙された離婚原因から外されたのである。現在においても，配偶者による暴力は，民法第770条1項5号の「その他婚姻を継続し難い重大な事由があるとき」として扱われることが通説，判例である[45]。

　一方，実態調査としては，1992年に，戒能民江と6名の女性活動家を中心とする「夫（恋人）からの暴力」調査研究会が，DVに関する全国調査を行っている。これは，フェミニストリサーチという手法を用いて，一人ひとりの女性にヒアリングした調査結果に基づいたもので，近藤恵子によると，女性活動家たちは，1992年を「日本のDV元年」としているのである[46]。

　また，1995年の第4回世界女性会議を契機とし，我が国でも，「女性に対する暴力」という視点で立法制定が議論されるようになり，最終的には「配偶者からの暴力」だけが取り出され，「配偶者からの暴力の防止及び被害者の保護に関する法律」（以下，DV防止法とする）が制定されたのである。暴力被害の現場から一歩を踏み出そうとしている当事者と，その痛みや困難を自らの痛みとして共有する女性たちの力が，DV防止法の制定の原動力になったのである[47]。

第3節　我が国のDV防止法の立法に至る経緯

　我が国では，1996年12月に策定された「男女共同参画2000年プラン」において，女性に対する暴力は人権問題として位置づけられ，1997年8月に設置された参議院共生社会に関する調査会では，「男女等共生社会の構築に向けて」をテーマとし，「女性に対する暴力」を具体的テーマの1つとして取り上げて調査を行い，1998年6月の中間報告において，「女性に対する暴力」についての提言を行うとともに，その法的対応策については，今後の検討課題としたので

第4章　配偶者等からの暴力　143

ある。その後，各会派から立法化の声が高まり，1999年4月，同調査会理事会の下に，女性に対する暴力に関する法的対応策等について検討するための「女性に対する暴力に関するプロジェクトチーム」が設置された[48]。

厚生省は，1999年4月に「夫等からの暴力により保護を必要とする女性への対応について」の通達を，都道府県，政令指定都市，中核市民生主管部（局）長に出した（社援保第18号，児家第24号，1999年4月）。これにより，DVが，初めて国の厚生行政概念として明文化されたのである。

警察庁は，1999年12月「女性・子どもを守る施策実施要綱」を，全国の都道府県警察に通達した。同じく，1999年12月に社民党は，「家庭内暴力の防止及び被害者の保護に関する法律案骨子（案）」を発表した。この流れにおいて，総理府は，2000年2月に，「男女間における暴力に関する調査」結果を発表している。

そして，2000年3月には，警察庁，法務省等9省庁による「犯罪被害者対策関係省庁連絡会議」が開かれ，DVの急増への対応策を協議した。また，2000年4月には，警察庁の警察政策研究センターが，DVをテーマに「警察政策フォーラム」を開催している。

こうした背景の下に，2000年4月に，衆議院共生社会に関する調査会は，DV法立法化へと向けて活動を開始したのである[49]。

2000年12月に策定された「男女共同参画基本計画（第1次）」において，女性に対する暴力のうち，夫・パートナーからの暴力について，各種施策の充実や既存の法制度の的確な実施や一層の活用を行うとともに，それらの状況も踏まえつつ，新たな法制度や方策などを含め，幅広く検討するという施策の基本方向が示された[50]。

その後，女性に対する暴力に関するプロジェクトチームにおいて，女性に対する暴力の中から「夫から妻への暴力」への法的対応を中心に検討されたのである。その理由としては，「①夫婦という特別の関係間の暴力であるため潜在化しやすく，重大性について加害者の認識が薄い，そのため，②周囲が気づかないうちに暴力がエスカレートし，被害が深刻化しやすいという，他の暴力とは異なる特殊性がある」[51]と説明されている。

そして，女性に対する暴力に関するプロジェクトチームにより法案が作成され，2001年4月2日に，共生社会に関する調査会提出の法律案として提出する

ことを決定し，法律案は，第151回国会において，同月4日の参議院本会議で可決，同月6日には，衆議院法務委員会での質疑を経て，同委員会及び衆議院本会議で可決され，「配偶者からの暴力の防止及び被害者の保護に関する法律（いわゆるDV防止法）」が成立したのである[52]。このDV防止法案は，我が国では珍しく，参院上程から丸4日という早いスピードで成立したのである。

　ところで，このDV防止法の立法化をめぐっては，保護命令制度の創設についてはかなりの議論があった。従来から，民事保全上の仮処分の一類型である，接近禁止の仮処分（民事保全法第52条，民事執行法第172条）により，人格権に基づく妨害排除，または妨害予防請求権を被保全権利として，加害者に対し，被害者への接近等を禁止する命令を出すことは可能であったからである。

　しかしながら，結局のところ，民事保全法では，裁判所の決定が出されるまでに時間を要する上に，決定に従わない者に対する制裁の効果が弱かったため，さらには，被害者の生命と身体を守るため，刑罰で担保され，簡単迅速に発令できる保護命令制度が必要であるとされたのである[53]。

　法案段階での，保護命令への法務省と最高裁判所の反対意見は，戒能によると，「①英米法と異なり，日本法には法廷侮辱罪がないので，保護命令違反を処罰の対象にすることが難しいこと，②日本の裁判所は精密司法を原則としており，短期間かつ簡易な審理で財産権や親権を制限することや，命令違反に罰則をつけることに慎重であること，③民事制度である保護命令違反に対して刑事罰を科すことは，民事と刑事の峻別を原則とする日本の現行法体系に反すること，④ストーカー規制法とのすみわけが不明確であること，⑤保護命令制度は日本国憲法の財産権侵害に当たる」とされたということである[54]。

　そして，これらの反対意見に対して，戒能は，「DVで問題となるのは，人の生命・身体および経済的自由であり，安全に生きる権利である。刑事上の制度の保護法益が公益であり，民事上の制度で保護すべきは私的利益であるとされるが，刑事上の保護法益には，いうまでもなく生命・身体・財産の自由も含まれており，私的利益の保護も目的とされる。本来，国は，個人の尊重，生命，自由及び幸福追求についての国民の権利について，最大限尊重しなければならない（憲法13条）。国民の生命・身体の自由と安全を目的とするなら，民事法上の命令違反に対して刑事罰を付加しても，何ら問題はない」と述べている[55]。

　また，適正手続についても，保護命令が接近禁止命令と退去命令に限定され

ているので，構成要件は十分予測可能であり，命令違反の裁判手続においても，被告人の防御の機会を十分に保障すれば足りるとしている。

　この法律の制定によって，我が国の女性に対する暴力の根絶に向けての第一歩が踏み出された。しかし，本法に対しては，被害女性の安全と支援確保という点からすると欠陥が多いとの指摘もある。

第4節　DV防止法の内容

第1項　DV防止法の概要

　世界的にも，DVへの法的介入が行われるようになったのは，1970年代後半以降であるが，前述したように，我が国では，2001年4月6日「配偶者からの暴力の防止及び被害者の保護に関する法律」（平成13年法律第31号）が成立した。但し，2013年6月26日に成立した改正法により法律名が「配偶者からの暴力の防止及び被害者の保護等に関する法律」（最終改正：平成26年法律第28号）となった。

　この法律は，国連の「女性に対する暴力撤廃宣言」以降の流れを受けて，我が国の「男女共同参画基本計画」において，女性に対する暴力のうち，夫・パートナーからの暴力について，各種施策の充実や，既存の法制度の的確な実施や一層の活用を行うとともに，それらの状況も踏まえつつ，新たな法制度や方策などを含め，幅広く検討すべきであるという施策の基本的方向が示されたことによるものである。

　我が国のDV防止法には，憲法と同じように前文があるが，これは異例なことである。前文をみると，「配偶者からの暴力の被害者は，多くの場合女性であり，経済的自立が困難である女性に対して配偶者が暴力を加えることは，個人の尊厳を害し，男女平等の実現の妨げとなっている」としている。また，「このような状況を改善し，人権の擁護と男女平等の実現を図るためには，配偶者からの暴力を防止し，被害者を保護するための施策を講ずることが必要である。このことは，女性に対する暴力を根絶しようと努めている国際社会における取組にも沿うものである」としている。

　このことから，DV防止法の目的は，男性をも対象としていることはもちろんであるが，どちらかと言えば，「女性に対する暴力の防止と被害者の保護」

にあるといえよう。つまり，この前文により，本法は，女性の人権保障立法であることが明記されたのである。

　それはそれとして，このDV防止法は，2001年4月に成立したが，その後，2004年に第1次改正，2007年に第2次改正，2013年に第3次改正がなされている。

　このDV防止法は，全30条から成っている。第1章総則の第1条には，配偶者からの暴力とは，「配偶者からの身体に対する暴力又はこれに準ずる心身に有害な影響を及ぼす言動をいい，配偶者からの身体に対する暴力等を受けた後に，その者が離婚をし，又はその婚姻が取り消された場合にあっては，当該配偶者であった者から引き続き受ける身体に対する暴力等を含むものとする」と定義されている。

　また，「身体に対する暴力」については，DV防止法制定当時，暴力が身体に対する不当な攻撃と限定されていたことから，性的暴力や精神的暴力，経済的圧迫や社会的隔離等は含まれていなかった。2004年の第1次改正において，元配偶者から引き続き暴力を受けるおそれが大きい場合，保護命令の申立ができるとした他に，言葉や言動による精神的暴力も含まれることとなったのである。このことから，身体に対する暴力に準ずる心身に有害な影響を及ぼす言動とは，精神的暴力や性的暴力を指すことになったのである。

　そして，2007年の第2次改正により，対象となる暴力の範囲が拡大され，「脅迫」も含まれることになった。

　DV防止法では，規制対象者が，法律上・事実上の配偶者に限定されていたが，2013年の第3次改正により，第28条の2が追加され，生活の本拠を共にする交際相手からの暴力及び被害者についても，DV防止法を準用する旨の規定が置かれた。

　ここで言う「生活の本拠」とは，最高裁大法廷判決（昭和29年（オ）第412号）にある「住所」すなわち「その者の生活に最も関係の深い一般的生活，全生活の中心を指す」とされ，「生活の本拠を共にする」とは，被害者と加害者が住所を同じくし，パートナーとして一緒に生活することを指すのである[56]。

　第2条では，国及び地方公共団体は，配偶者からの暴力を防止するとともに，被害者の自立を支援することを含め，その適切な保護を図る責務を有すると定めている。

第4章　配偶者等からの暴力　　147

2004年の第1次改正によって，第2条の2に国及び地方公共団体に基本方針の策定を義務づけ，第2条の3に，都道府県に対して基本計画の策定を義務づけた。2007年の第2次改正においては，市町村に対して，基本計画の策定が努力義務化されたのである。

　DV防止法の特色としては，2007年の第2次改正に伴い，国の基本方針が抜本的に改訂され，都道府県及び市町村の基本計画策定の視点として，被害者の立場に立ったシームレスな支援と，それを実現するための関係機関の連携を掲げたことが注目される[57]。

　DV防止法の第2章は，配偶者暴力相談支援センター等に関する規定である。第3条に，都道府県は，当該都道府県が設置する婦人相談所その他の適切な施設において，当該各施設が配偶者暴力相談支援センターとしての機能を果たすものとしている。このセンターの機能は，配偶者からの暴力の防止と被害者の保護にあるが，その目的を果たすために，第3条3項に業務内容を規定している。第4条では，婦人相談員は，被害者の相談に応じ，必要な指導を行うことができると規定し，第5条は，都道府県は，婦人保護施設において被害者の保護を行うことができると規定している。

　DV防止法の第3章は，被害者の保護に関する規定である。第6条の配偶者からの暴力の発見者による通報等については，配偶者からの暴力は，家庭内で行われることが多いため，外部からの発見が困難で，被害者も保護を求めることをためらうことが考えられることから，配偶者からの暴力を受けている者を発見した者は，その旨を配偶者暴力相談支援センター又は警察官に通報するように努めなければならないとしている。

　また，第6条2項では，医師その他の医療関係者は，その業務を行うに当たり，配偶者からの暴力によって負傷し又は疾病にかかったと認められる者を発見したときは，その旨を配偶者暴力相談支援センター又は警察官に通報することができる。但し，この場合において，その者の意思を尊重するよう努めるものとしている。

　そして，第6条3項においては，守秘義務を負っている者が，配偶者からの暴力を発見した場合，躊躇することなく通報できるように，刑法の秘密漏示罪の規定その他の守秘義務に関する規定が適用されないことを明らかにしている。

　第6条4項では，医師その他の医療関係者は，その業務を行うに当たり，配

偶者からの暴力によって負傷し又は疾病にかかったと認められる者を発見した
ときは，その者に対し，配偶者暴力相談支援センター等の利用について，その
有する情報を提供するよう努めなければならないものとしている。

　第7条では，配偶者暴力相談支援センターは，被害者に関する通報又は相談
を受けた場合には，必要に応じ，被害者に対し，配偶者暴力相談支援センター
が行う業務の内容について説明及び助言を行うとともに，必要な保護を受ける
ことを推奨するものとしている。

　第8条では，警察官は，通報等により配偶者からの暴力が行われていると認
められるときには，暴力の制止，被害者の保護その他の配偶者からの暴力によ
る被害の発生を防止するために必要な措置を講ずるよう努めなければならない
こととしている。

　2004年の第1次改正では，警察本部長等の責務が追加され，2007年の第2次
改正で追加された第8条の2では，警察本部長等は，配偶者暴力を受けている
者から，被害を防止するための援助を受けたい旨の申出があった場合には，当
該被害を自ら防止するための措置の教示，その他配偶者からの暴力による被害
の発生を防止するために必要な援助をすることを定めている。また，第1次改
正で，第8条の3では，福祉事務所等は，生活保護法（昭和25年法律第144号），
児童福祉法（昭和22年法律第164号），母子及び父子並びに寡婦福祉法（昭和39年法
律第129号），その他の法令の定めるところにより，被害者の自立を支援するた
めに必要な措置を講ずることが追加された。

　第9条は，被害者の保護のための関係機関の連携協力を規定している。

　そして，DV防止法の第4章は保護命令に関する規定である。DV防止法の
最大の特徴は保護命令制度を導入したことであると言っても過言ではない。第
10条のこの保護命令とは，被害者が更なる配偶者からの暴力によりその生命又
は身体に重大な危害を受けるおそれが大きいときに，裁判所が被害者からの申
立により，その生命又は身体に危害を加えられることを防止するため，一定期
間，被害者又は被害者の子や親族へのつきまとい等の禁止（接近禁止命令）や，
被害者とともに生活の本拠地としている住居からの退去等を命じ（退去命令），
その命令に違反したときには，刑罰が科される内容となっている。

　2004年の第1次改正では，成年に達しない子への接近禁止命令が認められた。
但し，子が15歳以上であるときは，その同意のある場合に限ることになってい

第4章　配偶者等からの暴力　　149

る。また，2007年の第2次改正では，被害者の親族その他被害者と社会生活において密接な関係を有する者への接近禁止命令が可能となった。さらにまた，被害者に対して電話等を禁止する命令も可能となったのである。

ところで，この保護命令には，接近禁止命令と退去命令があるが，第10条1項1号の「接近禁止命令」とは，保護命令の効力が生じた日から起算して6か月間，被害者の住居その他の場所において被害者の身辺につきまとい，又は被害者の住居，勤務先その他その通常所在する場所付近を徘徊することを禁止するものである。また，第10条1項2号の「退去命令」とは，保護命令の効力が生じた日から起算して2か月間，被害者と共に生活の本拠としている住居から退去すること，及び当該住居の付近を徘徊してはならないと命じるものである。

この保護命令は，戒能も言うように，「自らの選択で申立ができるという点で，被害者の主体性が尊重されており，また，中立・独立の司法機関である裁判所による判断が行われるという点でも優れた制度である」[58]と思う。

2004年の第1次改正において，退去命令の期間が2週間から2か月に拡大され，退去を命じられた住居の付近の徘徊の禁止も，このとき加えられたのである。

保護命令手続で問題となるのは，保護命令の申立において，被害者が配偶者暴力相談支援センターや警察に対し保護等を求めていたか否かによって，その手続に違いがあることである。

まず，被害者が配偶者暴力相談支援センターや警察に対し保護等を求めている場合においては，被害者は，これらに対し相談し，又は援助若しくは保護を求めた事実等について，申立書に記載しなければならないものとしている。一方，被害者が配偶者暴力相談支援センターや警察に対し保護等を求めていない場合には，被害者は申立書に，配偶者からの暴力を受けた状況等についての供述を記載した公証人の認証を受けた宣誓供述書を添付しなければならないものとしている。

この「宣誓供述書を添付しなければならないのは，迅速な審理を行うためであるとのことであるが，女性の証言を信用していないジェンダー・バイアスであるとする批判がある」[59]ことを藤本は紹介している。さらには，保護命令の申立要件が厳しく，保護命令の内容及び実効性には疑問があるという批判もある。しかしながら，この宣誓供述書の添付は，被害者からの一方的な証言だけでは，公平中立な裁判所としては，実感的な証拠として十分でないと考えられ

ることから，客観的な信用力を求めたものであると思料される。

　その他，保護命令に関しては，第11条の管轄裁判所，第12条の保護命令の申立てについての所定の書面についての規定，第13条の迅速な裁判，及び第14条の保護命令事件の審理の方法，第15条の保護命令申立についての決定等，第16条の即時抗告，第17条の保護命令の取消し，第18条の保護命令の再度の申立等の規定がある。

　DV防止法の第5章の雑則においては，被害者の安全確保と秘密保持についての職務関係者の配慮義務，国民の教育及び啓発，加害者及び被害者についての調査研究の推進，民間団体に対する援助，都道府県及び市の支援，国の負担及び補助等が規定されている。

　なお，先に述べた2013年の第3次改正により，第5章の2の補則に，第28条の2の準用規定が設けられた[60]。

　DV防止法の第6章の罰則規定においては，第29条で，保護命令に違反した場合には，1年以上の懲役又は100万円以下の罰金に処するものとしている。

　DV防止法は，保護命令の適用を受けるDVと支援センターによる保護の対象となるDVとに区別されているのである。

　このように，DV防止法は，複数の法分野での法執行機関が役割分担をしながら関与し，民事手続と刑事手続とを組み合わせた手続を設けている点が特色なのである。すなわち，DV防止法は，複数の法概念と定義を含んでいることに注意しなければならない。まず，前文においては，社会的概念，人権の尊重・個人の尊厳・男女の平等という憲法上の概念との関係が提示されている。そして，第1条において，DVの法的概念として，配偶者暴力とは，「身体に対する暴力（身体に対する不法な攻撃であって生命又は身体に危害を及ぼすものをいう。以下同じ。）又はこれに準ずる心身に有害な影響を及ぼす言動」と定義している[61]。さらに，第10条において，保護命令の対象となるDVの定義と保護命令の要件が規定されているのである。こうした細かい点にも配慮しながら，DV防止法を適切に運用することが望まれるのである。

第2項　DV防止法制定の意義に関する諸見解

　ところで，このDV防止法制定の意義についてであるが，何人かの研究者の見解を紹介しておきたいと思う。

第4章　配偶者等からの暴力　　151

まず，DV防止法の代表的論者である戒能民江は，DV防止法制定の意義について，「第1は，ドメスティック・バイオレンスを文字通り『暴力』と認めた法律が制定されたこと自体に意義があり，暴力を『大したことがない』もめごとだと軽視することは許されず，相手の意思に反する力の行使は『暴力』であるとして，公的に承認させたことである。第2は，国及び地方公共団体のドメスティック・バイオレンス防止と被害者の安全確保責任が明記されたことである。第3は，前文で，ドメスティック・バイオレンスが『犯罪となる行為』と位置づけられたことである。第4は，同じく前文で，ドメスティック・バイオレンスが『女性に対する暴力』であり，女性の人権侵害であるとしたことである。第5は，ドメスティック・バイオレンス対応の法的しくみを制度化したことである。第6は，違反した場合に刑事罰が加えられる保護命令制度を新設したことである」と述べている[62]。

　それに加えるに，DV防止法は，支援センター機能の設置を各都道府県に義務づけ，行政のドメスティック・バイオレンス対応に法的根拠を与えたことが重要であると筆者は思う。また，前文では，被害者の多くが女性であり，経済的自立の困難など社会経済的背景の下で，女性が被害を受けやすいことを明示していることも注視すべきである。

　戒能は，また，「DV防止法は，個人が暴力を受けることなく安全に暮らす権利と自由を保証するために，私的領域に対する積極的な介入を国家の責務とするとともに，介入の仕組みを構築したのであり，DV防止と被害者支援が行政の責務として明記されたことに意義がある」と述べている[63]。改めて指摘するまでもなく，我が国のDV防止法による支援は，行政指導型という特徴をもっているのである。

　さらに，戒能は，「DV防止法は，民事法である保護命令の違反に対して刑事罰を科すことは，日本法の民事刑事分離の原則に反することとされる。しかし，保護命令に実効性を持たせる為に刑事罰は不可欠であり，法の対象範囲や暴力の形態を限定するという条件で，立法にあたった議員と法務省とが妥協をはかったのであ」り，このことにこそ意義があると述べている[64]。

　一方，朴元奎は，「我が国のDV防止法で規定されている保護命令制度は，アメリカのDV法制の中から生まれた保護命令を参考にして，DV防止及び被害者の安全を確保するために導入された我が国にはなかった新しい制度であ

る」と指摘し[65]，そして，保護命令には，接見禁止命令，退去命令，及び面会要求，電話・電子メール等の行為禁止命令等が含まれると解釈して，DV防止法を評価している。

　また，吉川真美子は，我が国のDV防止法の革新的な部分は保護命令制度であり，「保護命令制度の目的は，配偶者から暴力を受けた被害者が更なる暴力を受けることにより，その生命又は身体に重大な危害を受けるおそれが大きい場合に，裁判所が保護命令を発令することによって被害者の生命又は身体の安全を確保することである。従来は，この目的のために，民事保全法上の仮処分の一類型である接近禁止の仮処分（民事保全法第52条，民事執行法第172条）が利用され」ていたが，それでは不十分であることが認識された結果としてDV防止法が制定されたのであり，その意義は大きいと述べている[66]。

　また，打越さく良は「2013年の第3次改正において，第28条の2で対象者を拡大し，DV防止法を準用する旨の規定が置かれた点について，生活の本拠を共にする交際相手からの暴力も，外部からの発見・介入が困難であり，継続的になりやすく，その点においては配偶者からの暴力と同様であり，その被害者を救済するためには，法律上の支援の根拠を明確にし，保護命令の発令の必要性も認められる」と説明している。また，「適用とはせず，準用とした理由については，婚姻意思の有無及び婚姻届の有無という点で，被害者・加害者の関係性の程度が異なり，配偶者からの暴力と全く同一のものとしての位置づけは難しいが，その共同生活の態様の類似性から，外部からの発見・介入が困難であり，継続的になりやすいということが認められ，ストーカー規制法や刑法による救済が困難であり，配偶者からの暴力と同様の救済の必要性が認められるからである」と述べ[67]，改正点を加味して，一定の評価をしている。

　論者によって温度差はあるものの，ほとんどの研究者がDV防止法の制定について，歓迎の意思を表明していると考えてよいであろう。

第5節　DVの実態

第1項　被害調査

　次に，DVの実態についてであるが，先に述べた1992年の戒能民江らの「夫（恋人）からの暴力」調査研究会によると，有効回答の796人中467人が何らか

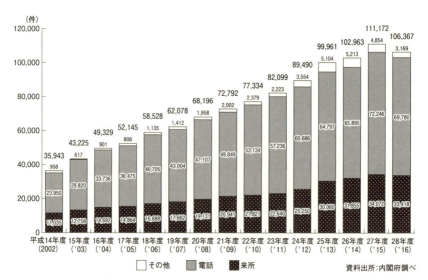

図6　配偶者暴力相談支援センターにおける相談件数

(備考)
1. 配偶者からの暴力の被害者からの相談等を受理した件数。
2. 配偶者とは，婚姻の届出をしていないが，事実上婚姻関係と同様の事情にある者を含む。
3. 配偶者からの暴力の防止及び被害者の保護等に関する法律（以下「配偶者暴力防止法」という。）の法改正を受け，平成16年12月2日施行以降，離婚後に引き続き暴力等を受けた事案についても計上。
なお，「離婚」には，婚姻の届け出をしていないが事実上婚姻関係と同様の事情にあった者が，事実上離婚したと同様の事情に入ることを含む。
4. 法改正を受け，平成20年1月11日施行以降，生命等に対する脅迫を受けた事案についても計上。
5. 法改正を受け，平成26年1月3日施行以降，生活の本拠を共にする交際（婚姻関係における共同生活に類する共同生活を営んでいないものを除く。）をする関係にある相手方からの暴力事案についても計上。
6. 全国の配偶者暴力相談支援センターの設置数は，平成29年3月31日現在，272か所（うち，市町村の設置数は99か所）。
7. 同一相談者が複数回相談した場合は，重複して計上。

の身体的暴力を受けていたという。そして，そのうちの半数以上の女性が，継続的に繰り返し暴力を受けていたとのことである。また，被害者のうちの81.4%が，気が進まないのにセックスをさせられたことがあったと報告している。そして，523人が心理的暴力を受けたことがあり，その約4分の3が，言葉の暴力を経験しているのである。夫・恋人による暴力が最も深刻であったことも報告されている。身体的暴力で，何らかのケガを負った人が約3分の2（297人）で，そのうち約6割が医者の治療を受けているという事実が報告されている[68]。

また，内閣府の2007年のDV全国実態調査「男女における暴力に関する調

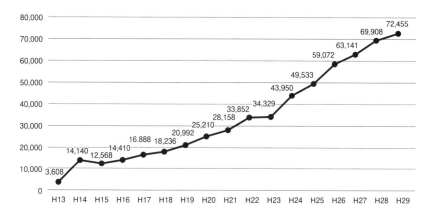

注1) 配偶者からの身体に対する暴力又は生命等に対する脅迫を受けた被害者の相談等を受理した件数
注2) 平成13年は，DV防止法の施行日（10月13日）以降の件数
注3) 法改正を受け，平成16年12月2日施行以降，離婚後に引き続き暴力等を受けた事案について，平成20年1月11日施行以降，生命等に対する脅迫を受けた事案について，また，平成6年1月3日以降，生活の本拠を共にする交際（婚姻関係における共同生活に類する共同生活を営んでいないものを除く。）をする関係にある相手方からの暴力事案についても計上

資料源：警察庁生活安全局生活安全企画課・刑事局第一捜査課．

図7　配偶者からの暴力事案等の相談等の件数

査」によると，身体的・精神的虐待・性暴力のいずれかの被害を経験したことのある女性は，「何度もあった」が10.6％，「1，2度あった」が22.6％であり，両者を合わせると33.2％に及び，3人に1人がDV被害を受けている[69]。

さらに，2013年の内閣府男女共同参画局の調査によると，身体的暴行・心理的攻撃・性的強要のいずれかを受けたことがある人は，女性32.9％，男性18.3％であったことを報告している[70]。

図6の配偶者暴力相談支援センター相談件数は，2017年3月31日現在の全国の支援センター272か所（うち市町村設置の支援センターは99か所）における件数である。2002年は相談件数が35,943件であったが，年々増加し，2015年は約3倍の111,172件となり，最多を記録している。2016年は106,367件となっている。また，電話による相談が多く，直接来所しての相談は少ないことが分かる[71]。

次に，図7は，警察における配偶者からの暴力事案等の相談等の件数の推移を示したものである。DV防止法が制定された2001年は，10月13日に施行されてからの認知件数であるために，3,608件と少ないが，2002年は14,140件となっ

第4章　配偶者等からの暴力

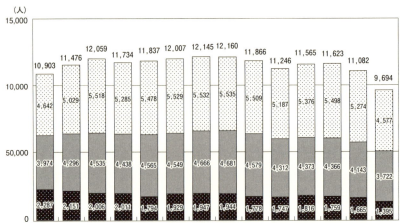

（備考）
婦人相談所は，売春防止法に基づき各都道府県に必ず1つ設置。配偶者暴力防止法に基づき，被害者及びその同伴家族の一時保護を，婦人相談所又は厚生労働大臣が定める基準を満たす施設において行っている。婦人相談所は，配偶者からの暴力の加害者以外に，帰住先がない女性や，人身取引被害者等の一時保護を行っている。

図8　婦人相談所における一時保護件数

ている。その後，法改正の時期とは関係なく，徐々に増加し，第3次改正の前年の2012年には4万件を超えている。そして，2013年の第3次改正により生活の本拠を共にする交際相手からの暴力及び被害者についても，DV防止法を準用する旨の規定が置かれたことに伴い，2014年は59,072件となり，継続して増加しており，2017年は72,455件（前年比＋2,547件，＋3.6%）と法施行以後最多となっている[72]。

図8は，婦人相談所における一時保護件数であるが，夫等の暴力を理由とする者は，2002年は4,000件弱であった。その後4,300件〜4,600件で推移し，2015年は3,772件となっている[73]。

図9は，DV防止法に基づく保護命令事件の既済件数の推移である。2002年に保護命令を発令している件数は1,128件となっている。2005年は，前年のDV防止法第1次改正を受けて，2,141件と保護命令の発令が増えているようである。2008年も前年の第2次改正の影響で保護命令が増えているが，その後は，なだ

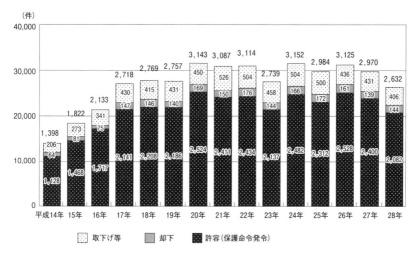

(備考)
配偶者暴力防止法に基づき，配偶者から身体に対する暴力又は生命等に対する脅迫を受けた被害者が，その後，配偶者から受ける身体に対する暴力によりその生命又は身体に重大な危害を受けるおそれが大きいときに，被害者からの申立てにより，裁判所が配偶者に対し保護命令を発する。
なお，「配偶者」の定義及び法改正の関係は，「1　配偶者暴力相談支援センターにおける相談件数」の（備考）の2～5に同じ。

図9　配偶者暴力防止法に基づく保護命令事件の既済件数

らかな起伏のある数値となり，2014年は2,528件，2016年は2,082件の保護命令が発令されている[74]。

また，2000年10月から2001年1月に行われたWHO（世界保健機関）の日本調査によると，夫・パートナーから身体的・性的暴力を受けたことがあった50歳までに暴力を受ける確率のある女性は，約19％と推定された。そして，大都市圏の女性の平均初婚年齢は30歳とみられ，30歳までにパートナーから暴力を受ける割合は，14％と推定されている[75]。

そして，この調査に参加した女性の43.9％が，夫・パートナーから心理的暴力を受けたことがあると回答している。そして，この調査により，夫・パートナーからの暴力行為の形態は，重複する傾向があることが明らかになったのである。

吉浜美恵子・釜野さおりによれば，「この調査は，夫・パートナーによる暴力が日本社会に蔓延していること，それが女性の健康の様々な側面に長期的な

影響を及ぼしていることを浮き彫りにしたといえる」としている。また，心理的暴力は身体的・性的暴力が伴っても伴わなくても，女性の健康に影響するという事実を明らかにした。そして，この調査によれば，夫・パートナーの暴力の社会的コストは，女性の健康への悪影響を越え，子どもや社会全体に広く影響を及ぼしていることを明らかにしているのである[76]。

　また，これは諸外国の例であるが，2013年6月20日に発表したWHOの調査報告によると，世界の女性の35％が性的または肉体的暴力の被害者だということである。そして，この中でも配偶者を含む性的パートナーによる暴力が圧倒的に多く，世界中の約30％もの女性がドメスティック・バイオレンスの被害者であると報告されている[77]。

　さらに，アメリカの全米の確率サンプル調査によると，全女性の20〜30％は，生涯に少なくとも1度はパートナー又は元パートナーから身体的暴力を受けているということであり，毎年約200万人の女性が親しい間柄の男性の被害に遭っていると報告されている。また，外科治療を必要とする女性の21％はパートナー暴力による被害者であると推定している[78]。

　『法務総合研究所研究報告24』によれば，1985年にアメリカで行われた犯罪被害実態調査（National Crime Victimization Survey: NCVS）では，1984年に配偶者関係にある男性の約11％は，妻に対して暴力を振るっている。全米の総人口でみると，約625万件の暴行を妻に働いたことになると推定されている[79]。

　また，1996年のイギリスの犯罪調査によると，1995年において，4.2％の女性と4.2％の男性が，現在または元パートナーによって身体的に暴力を受けている。女性がパートナーにより怪我をさせられる割合は男性の2倍であり，恐ろしいほど脅かされる割合は3倍に達する。16歳から59歳までの女性の23％と男性の15％が，現在または元パートナーにより身体的に暴力を受けたと報告している[80]。

　個人的な調査であるが，サンチェス-ウクレスとドゥットンによると，バッチマン（Bachman, R.）とサルツマン（Saltzman, L.E.）は，別居している女性は，夫のある女性のおよそ25倍，離婚した女性の3倍も，親密な間柄からの暴力被害に遭いやすく，別居している女性は，夫のある女性のおよそ2倍も見知らぬ人からの暴力被害に遭っていると述べている[81]。

　また，サンチェス-ウクレスとドゥットンによれば，家庭内暴力と社会的暴

力を比較し，家庭内暴力と他の形態の社会的暴力との決定的な相違の一つは，被害者と加害者の間の関係の性質にあるとしている。家庭内暴力は一般に親密な間柄の関係内での暴力とみなされる。すなわち，夫婦の片方による暴力，同棲しているパートナー，あるいはデートしているパートナーに対する暴力であることを見出している[82]。

　以上のように，我が国のDV被害の公的機関への相談件数は増加傾向にあり，外国のDV被害もかなり広範囲にみられるようである。

第2項　DVの背景事情

　次に，DVの背景事情であるが，近藤恵子は，DVは男女間にある不対等な力関係から不断に生み出される構造的犯罪であり，性差別の存在する社会では「いつでも」「だれでも」「どこにいても」被害者となり得る危険性があると指摘している[83]。

　一方，マリンとルッソによれば，アメリカのフェミニストの理論家は，パートナー暴力を，女性を従属させるために機能する，より大きな家父長的構造の反映とみなし続け，刑事司法，保健，軍隊，運動競技，宗教などの主な制度は，家父長的価値を反映するものであり，女性に対する暴力を奨励，維持させるものであるという[84]。すなわち，マリンとルッソは，現在の司法制度は，既存の権力関係を強制しているがゆえに，そのことがパートナー暴力を永続化させていると考えているといえよう。

　また，一方で，アメリカのDV研究者であるロックハート（Lockhart, L.L.）は，DVは社会経済的地位に関係なく，あらゆる社会層において起こることを強調している[85]。

　前述の法務総合研究所研究報告によれば，メーサシュミッド（Messerschmidt, J.W.）は，アメリカ社会において，男の子らしいということは，社会経済的地位によって男性の権力や財源へのアクセスが異なるということである。つまり，「男らしさ」は，多様な面を反映し，学問的及び経済的な成功，家庭の稼ぎ手，競争心，自分の意見をはっきり言うこと（assertiveness），攻撃的であること（aggressiveness），及び感情を出さないこと，また必要なら男性のように戦うなどを含み，社会経済的に低い地位にあるため，財源が得られず，経済的に向上する機会が少ない男性にとって，暴力が唯一の財源なのであるとしている[86]。

第4章　配偶者等からの暴力　　159

こうした日米の研究者の見解は，どの学説を採用しても，DVの社会的背景が共通したものであることを示していると言えるであろう。

　我が国の心理学者である小西聖子は，「被害者を無力化しコントロール下に置く方法として，①外界とのコミュニケーションを断つということ（孤立化），②食べたり，排泄したり，寝たりという人間が生活するための活動について，細かく，また厳しく制限を加えること（日常生活の制限），③罰として暴力がふるわれること。暴力によるコントロールは，監禁，洗脳するときの大事な道具であるが，いつも必ず実際に暴力がふるわれる必要はない（暴力と暴力の脅し），④あるメッセージを繰り返し吹き込むこと（強制的なメッセージの繰り返し），⑤気まぐれな慰謝，気まぐれな恩恵である」[87]として，同様の見解を展開しているのである。

　また，法務総合研究所の研究報告によると，家父長制度を基盤とする家庭においては，女性はあらゆる分野における決定権や経済的権力が低いとされ，また，加害者は性別役割分担意識をもつ傾向が強いとみられるとしている[88]。この家父長制による説明も，マリンとルッソと同様の見解であると言える。

　先述の「夫（恋人）からの暴力」調査研究会によると，男性にとって，「決断力，実行力，意志の強さ，積極性，論理性，攻撃性など」が社会生活において，「男らしく」行動するために不可欠であるとされている。これに反して，社会への女性の進出が著しくなった現在でも，女性は「細やかな配慮，共感，素直，従順，優しさなど」を求められ，こういう性別による役割分担意識がDVと何らかの関連性をもつことは疑う余地はない[89]としているが，この見解もメーサシュミッドと同様の考え方である。

　すでに，**第1章の女性に対する暴力の原因論**においても述べたところであるが，シルバースタインによると，デーリーとウイルソンは，心理学的分析をさらに一歩進めて，進化心理学的観点に関して広範囲に議論し，多様な人間関係内，すなわち，同性のライバル関係間，異性関係間，両親と子ども間での男性の暴力の発生率を検討している。その中で，暴力がひどくなる状況とは，妻が浮気をするとき，妻が一方的に関係を絶つとき，妻が自律的であるとき，妻が男性の性的嫉妬メカニズムを活性化するその他の要因に反応したときと特定している[90]。

　しかしながら，アンダーソン（Anderson, S.A.）とシュロスバーグ

(Schlossberg, M.C.) によると，ウィッチチャーチ（Whitchurch, G.）とペイス（Pace, J.）は，男性は実際には自分の暴力のコントロールが可能であるという結論を下している。その理由は，「大部分の虐待者は家庭外では他者に対して暴力的ではないからである。暴力が通常，虐待者自身の子どもや妻に加えられている事実を考えると，暴力の所在は個人の生物学的原因より関係的状況にある」としている[91]。

ウィッチチャーチとペイスの言うように，実際に男性にとってDVのコントロールが可能であるかどうかはともかくとして，DVは，夫婦という密室の閉鎖的関係において行われる暴力であり，意識的であれ無意識であれ，暴力によって相手を支配し，従属させることへ繋がる。そして，被害者の女性の命や身体に重大な危害が生じる可能性が高いにもかかわらず，外部から発見されにくいという特殊性があることに留意しなければならないであろう。

こうした夫から妻への暴力は，些細なできごとから突然始まり，さしたる理由もなく殴られ続けることによって，安らぎの場である家庭が恐怖と不安に支配される場所となる。そして，そうした暴力が繰り返される中で，南野知恵子ほかの指摘するように，被害女性は，自分が心身ともかけがえのない存在であり，自分の意志により活動し自分の心身を守っていくのだという自信を失い，暴力に支配される状況を甘受するようになっていくのである[92]。

それと同時に，「被害者の多くは，暴力を受けても婚姻関係という特別な関係を断ち切ることに躊躇しがちである。また，経済的自立が困難なために別れることができないという実態がある。子どもがいれば，子どもを置いて逃げることも，また一緒に逃げることも容易ではないのである」[93]。さらに，夫の暴力は，妻が別れることを決意し，行動に出たときにエスカレートする。妻はその暴力によって無力感に襲われ，再び逃げようという気力を失ってしまうのである。

また，「夫から妻に向けられるのは，身体的暴力ばかりではなく，高圧的な言動によって相手を威嚇したり，『誰のおかげで食べているんだ』というような言葉を繰り返すこともある。逆に何を言っても無視する場合もある。また，財布を握って必要な生活費を渡さなかったり，逐一電話などで相手の動向や交友関係を監視したりして，事実上，相手を束縛することもある。さらに，相手が嫌がっているのに性行為を強要したり，わいせつな文書や写真やビデオを見

せたり，あるいは避妊に協力しなかったりといった，いわゆる性的暴力を行う場合」もある[94]。

比較的最近まで，夫から妻への暴力は，犯罪となる行為も含む重大な人権侵害であるにもかかわらず，加害者である夫には，そのような認識もなく，社会においても，痴話げんかだとして矮小化される傾向にあった。

また，暴力を容認する社会背景として，1つ目に「力と支配」という上下関係や主従関係から相手を思い通りにするために暴力を用い，2つ目は「暴力を容認する意識」から，暴力を行使するのはいけないことだが，理由があれば仕方がないと暴力を肯定する，3つ目は「ジェンダー・バイアス」であり，性的分業意識から，ゆがんだ夫婦観や恋愛観につながるとする3つの考えも存在するのである。それゆえに，吉祥眞佐緒のように，DVは，「関係性と価値観の問題である」という指摘もある[95]。

このように，DVが発生する背景には，日米において共通する見解が示されており，そのどれもがDVの背景事情を説明するものであると思うが，「男性の方が女性より優秀である」という歴史的に形成された偏見が普遍的に存在し，男性の精神構造に内在することが，DVがなくならない背景事情の要因ではないかと筆者には思われるのである。

第3項　配偶者暴力の種類

配偶者暴力，すなわちDVの種類として，内閣府男女共同参画室では，身体的暴力・精神的暴力・性的暴力の3種類を挙げているが，諸外国では，一般に，身体的暴力・言語的暴力・心理的（精神的）暴力・性的暴力・社会的暴力・経済的暴力及びストーキングが取り上げられている。

諸外国のほうが，DVを幅広く捉えている点に特色があるが，我が国でも内閣府男女共同参画室以外の研究者の多くは，諸外国と同様に，DVを広範囲に捉える見解が有力であると言えるであろう。

たとえば，川喜田好恵は，「身体的暴力・性的暴力・経済的暴力・社会的暴力・精神的暴力等，夫婦や内縁関係といった生活を共にする親しい間柄の2人で起こるために，実にいろいろなことで相手を攻め，屈服させ，支配するために使われるのがDVの特徴であり，多くの場合，この何種類かの暴力を重複して振るわれる」と述べている[96]。

また，草柳和之は，配偶者暴力として，身体的暴力・精神的暴力・性的暴力・社会的暴力・経済的暴力・物を通じての暴力・子どもを利用しての暴力と7種類を挙げている。そして，具体的には，セックスの強要や避妊の非協力などの性暴力，男性との会話の禁止や外出・電話の制限などの社会的暴力，その他に，女性に苦痛を与えるものもあるとしている[97]。

　そして，内山絢子は，身体的暴力・精神的暴力・性的暴力・社会的暴力・経済的暴力・物を通じての暴力・子どもを通しての暴力・ストーキングと8種類を挙げている[98]が，草柳との違いは，ストーキングを配偶者暴力の一つに加えていることである。確かに，被害者の行動を監視し，それを相手に伝え，脅えさせるのであるから，ストーキングも暴力と捉えることができると筆者も考える。

　また，NPO法人エープラス[99]代表の吉祥眞佐緒は，「暴力とは，殴ったり蹴ったりする体への暴力だけを指すのではなく，大きく分けると身体的暴力・精神的暴力・性的暴力・経済的暴力の4つがあり，どれも被害者の心身に与えるダメージは大きく深く，被害者自身も気づかない場合もあり，その場合には周囲の人は気づくことは難しい」と述べている[100]。また配偶者暴力は，他人に行えば，犯罪なのだけれども，夫婦や家庭の中で行われるがために，民事不介入であり，アンタッチャブルな領域とされてきたとしている。この吉祥の見解は，DVの種類を4つに限定するものであり，経済的暴力を含めているが，内閣府男女共同参画室の見解に近いものがあるといえよう。

　一方，DVの種類を類型別ではなく，その本質を捉えて分析する見解もある。たとえば，宮地尚子は，「目に見えず証拠も残りにくい形でなされる人間の精神の攻撃が，DVの恐ろしさの本質であること，その痛みや傷は世代を超えて連鎖し，悪循環を社会にもたらしてしまう」と指摘し[101]，世代間連鎖について述べている。視点は異なるかもしれないが，精神的暴力の悪循環を指摘した見解として注目すべきであろう。

　また，宮地と菊地美名子は，人間の生活空間を私的領域の中の親密な関係とは捉えずに，公的領域，親密的領域，個的領域という三分法に分けて捉え，「公的領域とは，一般市民の活動の場であり，職場，学校などの社会組織，政治・経済の分野などが含まれている。親密的領域とは，恋愛や性愛，親愛や愛着によってつながった人間関係の領域であり，カップルや家族が代表であろう。

そして個的領域とは自分のためだけの自由な時間や空間のことである。自分が
あるがままでいられる，『居場所』と言い換えることもできる。生活における
ストレス，疲れ，恐怖などを癒し，次の日に活力をもって外にでかけていける
ような，くつろげる安息・休養の時間，他者からの評価や否定的視線から解放
された時空間のことである」と述べている[102]。

　こうした3領域への分類の仕方が，DVの種類を限定するものであるのか，
それとも，拡大するものであるのかはともかくとして，個的領域である自分の
「居場所」が確保できる社会を作れれば，人は皆，ストレスなく，生活できる
のではいかという提言に，筆者自身は共感を覚えるのである。

第4項　DV暴力のサイクル

　ところで，DV犯罪を考察する上での重要な専門用語として，「暴力のサイ
クル」という概念があるが，本項においては，この点について検討してみるこ
とにしたいと思う。

　この「暴力のサイクル」について，**第1章**の女性に対する暴力の原因論でも
述べているが，レノア・ウォーカーは，暴力を「被害者・加害者相互関係原因
論」から説明し，DV暴力のサイクルとは，「DVの加害者は，蓄積期，爆発期，
ハネムーン期という周期で，暴力を継続していく習性をもっている」と説明し
ている。

　「蓄積期」とは，緊張形成の段階で，葛藤，怒り，脅し，軽微な身体的攻撃
的なできごとの増加により，暴力を蓄積する時期である。「爆発期」とは，次
の緊張段階での深刻な暴力が発生する段階であり，カップルによって持続時間
が変動するもので，この段階の間，女性は，一般的に無力感と空しさの感情を
経験する時期である。そして，「ハネムーン期」とは，加害者は，詫びを入れ，
罪と遺憾の意を口にし，情愛深くなり2度と暴力を振るわないと約束する時期
である（**図10**参照）[103]。多くの女性は，この約束を信じ，暴力の深刻さや暴力
の再発を否定するが，しかし，そのパターンは持続するのである。

　確かに，ウォーカーの言うように，DVには「暴力のサイクル」があるのか
もしれないが，暴力を加害者が爆発させるきっかけは，被害者には分からず，
爆発の原因にしても，それは導火線のある爆弾ではなく，地雷のように見えず，
どこに埋まっているのか分からないのと同様に，何が要因となって爆発したの

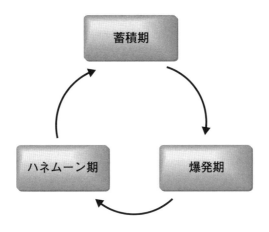

注：Walker, L. E., Battered Woman Syndrome New York：Springer, 1984（鶴元春駅『パートナー暴力——男性による女性への暴力の発生メカニズム』北大路書房（2011年）149頁）より著者作成。

図10 レノア・ウォーカー（Walker, L. E.）の暴力のサイクル

かは，被害者には全く分からないのではないかと筆者は思う。いつ地雷を踏むかが分からず，恐怖に慄きながら，多くの被害者は，生活しているのではないかと筆者は思うのである。

これも前述したところであるが，宮地は，目に見えず証拠も残りにくい形でなされる人間の精神の攻撃が，DVの恐ろしさの本質であること，そして，その痛みや傷は，世代を超えて連鎖し，悪循環を社会にもたらすとして，世代間連鎖について論じている。DVの本質を理解するためには，この世代間連鎖を考慮に入れることも必要であろう。

また，宮地の言うように，「DVの悪質さ，根深さは，加害者がどれだけ被害者の心理や行動を支配しているかで見たほうがよい。恐怖によって国民を操作する全体主義的な国家が，あからさまな暴力をいつも必要とするわけではないのと同じである」[104]とDVのサイクルについて述べているが，卓見である。

そして，宮地は，また，支配的行動を説明するために，ドゥルース・モデル（Duluth Model）[105]の「権力と支配の車輪」（**図11**）を用いているのである。**図11**は，車輪の枠の部分には，身体的暴力と性的暴力が位置し，車輪の中には，①強制・脅迫する，②威嚇する，③精神的暴力をふるう，④経済的暴力をふるう，⑤孤立させる，⑥矮小化・否認・責任転嫁する，⑦子どもを利用する，⑧

第4章　配偶者等からの暴力　165

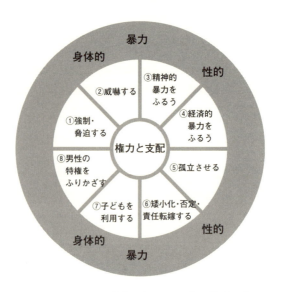

注：エレン・ペンス＝マイケル・ペイマー編著，波田あい子監訳『暴力男性の教育プログラム――ドゥルース・モデル』誠信書房（2004年）286頁 資料1（数字は著者による）。

図11 権力と支配の車輪

男性の特権をふりかざす，の8項目が挙げられている。

さらに具体的には，**図11**の車輪の中の①では，危害を加える，別れると自殺する，と言って脅かす，女性に告訴を取り下げさせる，女性に違法な行為をさせる。②では，視線，行動，しぐさによって女性を脅えさせる，物を叩き壊す，ペットを虐待する，武器を見せつける。③では，女性を貶める，罵る，「私は頭が変だ」と女性に思わせる，罪悪感を抱かせる。④では，女性が仕事を持つことを妨害し経済的に従属させる，わずかな金銭しか渡さない，女性の金銭を取り上げる。⑤では，女性の行動を管理したり制限したりする（何をし，誰と会い，何を話し，何を読み，どこへ行くか等），女性の社会活動を制限する。⑥では，暴力はなかったと言い張る，暴力の責任を転嫁し女性のせいにする。⑦では，面会権を利用して嫌がらせをする，子どもを取り上げると言って脅す，⑧では，女性を召使いのように使う，暴君のように振舞う，男女の役割の違いを強調する等の説明がなされている[106]。

この権力と支配の車輪にあるように，男性は，女性を身体的，性的，精神的，感情的に支配する。繰り返し暴力を振るわれることにより，女性は，身体的，

心理的，感情的に深く傷つく。そして，「こうした暴力の結果を誰かに話したり，やり返す女性は，加害者によって，あるいは男性に甘い社会制度によって，ダメな女という烙印を押される」ことになるのである[107]。しかも，怒らせたのは，お前が悪いからだと非難され，共依存，ハネムーン期に呪縛されてしまう。また，「被害女性がそこにいるのは，彼女が悪いからだ」として，人の尊厳を認めない[108]。このように，加害男性は，被害女性を男性に有利に定義し，社会制度もそれを擁護するのである。

このことは，藤本哲也が紹介しているマッツァ（Matza, D.）とサイクス（Sykes, G.）の理論によって説明可能である。マッツァとサイクスは，非行中和の技術の理論を提唱している。ここで言う「非行中和技術」とは，非行は，その非行行為の敢行を正当化することによってなされるものであるとする理論である[109]。

マッツァとサイクスは，非行中和の技術として，①責任の否定（the denial of responsibility），②損害の否定（the denial of injury），③被害者の否定（the denial of the victim），④非難者への非難（the condemnation of the condemners），⑤より高い忠誠への訴え（the appeal to higher loyalties）の5つを挙げている。

具体的には，①責任の否定は，逸脱行為が過失によるものであるという主張や，なんらかの一身的な責任によるものでないといった考え以上の意味をもつのである。すなわち，責任の否定は，非行者が非行の遂行にあたって，自分はやむを得ず非行を余儀なくされるような状況に巻き込まれたのだと考え，自分には責任がないと自らを正当化することである。これをDVの場合に当てはめて考えてみると，DV加害者は，暴力を振るいたくて振るっているわけではなく，DV被害者の言動によって，暴力を振るわされているのだとして，自分には責任がないと主張することになるのである。

②損害の否定は，破壊行為は，非行者が，財産を破壊された人には，十分にそれを買い戻す資力があるとすることによって，損害を否定し，自己の行為を正当化することである。すなわち，非行者は，自己の非行行為の問題を，加害の存在や実害の大小の問題にすり替えて，自己を正当化しようとするのである。DVの場合，DV被害者の持ち物は，DV加害者が買い与えたものであって，壊れたのならまた買えば良いとして，物を壊したという自分の行為は悪くないと，自分を正当化するのである。

第4章　配偶者等からの暴力　167

次に，被害者の否定であるが，③被害者の否定は，悪いのは自分ではなく被害者のほうであって，非行行為は，加害行為ではなく，正当な報復行為なのだと主張することにより，被害者自身を悪者扱いにし，自己を正当化する技術である。DV加害者は，夫である自分のいうことを聞かないなど，妻らしいことをしないために，天罰が下ったのだとして，DV被害者を悪者にして自己を正当化するのである。

　また，藤本によれば，マッツァとサイクスは，「彼自身や他人の道徳上の憤りは，その損害が周囲の事情に照らせば悪いとはいえないという主張によって中和化される」と述べている[110]。

　④非難者への非難は，非行者を非難する者を，逆に非難し攻撃することによって，自己の行為を正当化する技術である。非行者は，自己の非行行為を非難されることを避けるために，その非難を試みると思われる権威者を逆に窮地に追い込むことによって，自己を正当化しようとするのである。DVの場合，DV被害者の親族等からの非難等に対して，逆に，DV加害者は，DV被害者の親の教育が悪いからだとして非難し，自己を正当化するのである。

　そして，⑤より高い忠誠への訴えは，非行者に向けられた内的もしくは外的な社会統制は，より大きな社会の諸要求を非行者が属する小集団の諸要求のために犠牲にすることによって，中和化されるとするのである[111]。これは，非行者は，自分自身の問題を，不幸にも法律に違反するという犠牲を払って解決せざるを得ないというジレンマに捉えられているだとみるのである。DV加害者は，自分の育った家，育てた母親を守るために，自分がした行為は家（親）のためなんだ，仕方がないことだと，中和技術を用いるのである。

　この非行中和技術理論のほかに，DV被害の説明のための他の理論としては，暴力が被害者の言動・態度によって引き起こされたとする，「被害者促進理論（victim-precipitation theory）」がある。これは，加害者が，自分の暴力の理由として，パートナーが自分を怒らせるような言動・態度をとったためだと主張するのである。この理論によると，被害者が加害者を憤慨させたために，加害者が暴力を振るったという自己弁明の道具になる。つまり，この理論は，加害者が自分の行為を弁護し，言い訳をするために行った合理化である[112]とも考えられるであろう。

　さらに，マッツァは，その著書『非行と漂流』（Delinquency and Drift）の中

で，「非行漂流理論（drift theory）」を提唱している。すなわち，非行少年は行動を統制されていないし，自由に選択するのでもない。自由と統制との間を漂流している。いわば，非行少年は，犯罪行動と遵法行動との間を漂流しているのであると，藤本哲也は説明している[113]。マッツァは，「①非行少年は自己の行為に対して，罪悪感や羞恥心をもっていること，②逸脱行為をしたときには，それを和らげるために，違法行為を正当化しようとする傾向があること，③遵法生活を行っている本当に正直な人を尊敬もし，④被害者にしてもよい者と被害者にしてはいけない者を，かなりはっきり区別する点」[114]がみられると，藤本は言うのである。

　そして，「漂流するためには，遵法的世界という岸からひとまず離れる必要がある。そのためには，刑法に代表されるような規範的束縛を弱め，内心の罪悪感なく非行ができるような自己弁明の態勢にもっていくことが肝要であるということになる。前者の刑法の拘束力を弱めるものが『刑法の中和』であり，悪事を正当化するものが『悪事の中和』である」[115]。また，岸から離れて漂流している状態は，虚脱状態であるから，これで非行に進むか否かについては，何とも言えない状態なのであると，藤本は言うのである。

　法務総合研究所の報告書も，サイクスとマッツァの理論をDVに当てはめて考え，加害者が自分の暴力を正当化し，自分の起こした被害を，過小評価することの説明が可能であるとしている。すなわち，加害者は，①酒を飲んでいた，②妻が自分を追い詰めた，③妻が思う通りにならないなどと自分の行動を正当化する。また，加害者は，①ちょっと脅かしただけ，②妻はすぐにアザができる，③ちょっとつかんだだけだ等と，妻の被害を過小評価する。さらには，DVサイクル理論のように，加害者は，パートナーに暴力を振るった後，弁解がましく，もう暴力は振るわないと約束するため，被害者は，暴力を受けたことに対して，「自分が悪い」と自分を責めるようになるとするのである。これは，加害者が，被害者に責任を転嫁することにより，被害者は，「自分に欠陥があるために暴力を振るわれた」と思い込んでしまうことになるのだと説明している[116]。

　「暴力のサイクル」の理論もそうであるが，マッツァとサイクスの理論が示すように，加害者は常に暴力を振るうのではなく，暴力を振るう時とそうでないときが周期的に回ってくるので，被害者は，加害者の暴力が減少すると，生

第4章　配偶者等からの暴力　　169

活も向上するだろうと希望をもち，何年も生活を共にする場合が多いと考えられる[117]。

　これらのような「暴力のサイクル」の理論により，川喜田の言うように，「パートナーである夫を変えられないという絶望感から，被害女性は無気力になり，自分から何らかの行動を起こす意欲や自信をもつことができなくなり，DVのある生活から抜け出しにくくさせている理由」が生まれてくる[118]と考えられる。

　また，長谷川京子の指摘するように，「DVは親密な関係間で繰り返し暴力が振るわれ，エスカレートする傾向があり，それに加えて，被害者のほうから別れようとする時に，最も危険性が高まる構造がある」[119]ということにも注意しなければいけない。

　また，森田展彰は，「暴力のメカニズム」について，「①暴力の本質は，相手への支配（コントロール）であり，②暴力は，怒りや衝動性の問題ではなく，選択する行為である。また，③暴力を継続する人は，暴力の否認，合理化，影響の過小評価をしてしまうことが多く，④暴力は，これに向わせるような考え方や行動（感情の表現方法など）ゆがんだパターンにより生じる。⑤暴力とアルコール・薬物依存や精神障害も関係している」。そして，暴力をやめられない心理として，社会構造を背景にした価値観，成育環境の影響などを指摘しているのである[120]。

第5項　DV加害者の特徴

　次に，DV加害者の特徴について見てみることにしたい。このDV加害者の特徴についてであるが，アンダーソンとシュロスバーグによると，ホルツワース－マンロー（Holtzworth-Munroe, A.）とスチアート（Stuart, G.L.）は，虐待者を3つのタイプに分けている。まず第1の「家族だけに暴力を振るうタイプ」は，暴力の度合いが低く，家族に対してだけ暴力的である。このタイプは，暴力について，最も後悔と恥じらいを感じやすい。第2の「不機嫌型・境界型のタイプ」は，情緒不安定で，主として家族に対して暴力的であるが，家族以外にも時には暴力を行使する。また，彼らは，身体的，心理的，性的暴力を含む深刻な暴力を行う。さらに，妻に極端な執着心と依存心をもち，高レベルの嫉妬，結婚生活への不満，そして，関係に両価的感情を示す。第3の「通常の暴

力的なタイプ」は，最も乱暴で，妻を物として扱う傾向が大であり，後悔することが少なく，暴力をパートナーのせいにする傾向があるとしている[121]。

　上記のような特徴のほかに，小西聖子は，「ストーキング型DV」という類型を提言している。「それは，相手の感情や人格を無視し，自分が見捨てられたという感情（依存）が脅迫的な行動へと変わっていくタイプであり，これはストーキングに多く見られるが，DV加害者が女性に逃げられて，その後ストーキングを始めるという傾向はストーキングと共通点がある」としている[122]。

　また，内閣府の行った事例調査によれば，暴力を振るうパートナーが一歩家庭の外に出ると，人付き合いもよく愛想の良い，いわゆる「外面の良い」「人当たりの良い」「面倒見の良い」など，家庭の外においては，人物的な評価が高い場合も少なくないという特徴を挙げている[123]。これもDV加害者の典型的な特徴と考えられるであろう。

　一方，内山絢子によると，DVの背後には，「女性軽視，伝統的・固定的な性別役割分担意識などの価値観に基づき，男性が女性に服従を強要し，男性としての権威を誇示し，女性は男性の所有物といった価値観を有していることが多い」と指摘している[124]。

　さらに，これはアメリカの場合であるが，ペンス＝ペイマーによると，暴力男性は，しばしば自己の行為を他人事のように語るだけでなく，自分こそが殴った相手から被害を受けている犠牲者だと思い込んで，自分の行為を正当化することがあるとしている[125]。先述の非行中和技術理論の説明と同じである。しかも，この思い込みは，「警察，裁判所，民生委員，聖職者，教師，セラピスト，新聞記者，その他の社会機関の代表者の態度によって強められることがある」と述べている[126]。我々は，この特徴にも留意しなければならないであろう。

　また，草柳和之は，「加害男性の特徴は，学歴・貧富の差・職業・社会的地位・年齢等は関係なく，家の外では配慮ある穏やかな人で通っていることも多く，暴力を向ける対象は親密な関係に限られている」としている[127]。そして，具体的な特徴としては，「①問題をすり替え，責任転嫁をして，DVとは分かりにくいやり方を使う。②大したことはしていないとして暴力を否定する。③決定権は夫である自分のみにあると支配的態度をとる。④女性が自由に自分以

外の人と会うことに嫉妬し，許さず，女性を自分の所有物とみなす。⑤子ども
を自分の味方に付けようと操作し，離婚の際には，親権を盾に取り，女性との
かかわりを保つ手段として使う。⑥暴力を自分の問題と認めず，解決の努力を
行わない。または，自分の心がけの範囲に留め，本質的な解決を拒否する。⑦
相手が別離を切り出すと逆上し，阻止しようとする。思うようにならないとス
トーカー行為に及ぶこともある。そして，別れたら殺してやるなどの脅迫をす
るのも別離の際に多くみられ，第三者が聞くと加害男性の言動は表面的に筋が
通っているので，むしろ女性側が騒ぎ過ぎで頑迷だと解釈してしまうことが多
い」と述べている[128]。

　また，川喜田好恵は，加害男性の特徴・心理を①自分の感情のコントロール
を放棄し，それをパートナーである女性の責任とみなしていること，②男性で
ある自分は，女性であるパートナーに対して，何をしても許されるという特権
的な支配権を有しているとみなしていること，③衣食住の世話やセックスの相
手など自分が当然受けるべきサービスに，パートナーが思うように応じないの
は，自分に対する軽視や拒否であり，自分の男性としての尊厳が脅かされたと
感じていること，④その脅かされた自尊感情を自分自身で回復する手段が分か
らず，他者であるパートナーを力で怯えさせ，屈服させ，一時的にせよ自分が
優位であることを確認することで，かろうじて自分の心の隙間や空洞を埋めよ
うとしていること，⑤このような暴力的支配は，外から閉ざされた私的な空間
で起こり，必ず自分より弱い者，あるいは抵抗しない者に対して行われること
が多いと分析している[129]。この分析は具体的な論述で構成されており，DV加
害者の特徴をうまく表現していると思う。

　最後に，中村正は，「DV加害者が自らを加害者だと認識していないことが
何よりも問題であり，家族関係でのジェンダー作用から，妻が家の中で果たす
べきことを果たしていないからで，暴力を振るっても一緒にいられることは親
密な関係性の証だ」と述べている[130]。これは，DV犯罪に限らず，多くの犯罪
類型でみられる特徴であり，「加害者が自らを加害者だと認識していない」こ
とは，本書でも取り上げている性暴力犯罪やストーカー犯罪にも共通する要素
であるように筆者には思われる。

　まさに，被害者は，いつ，どうようなきっかけで加害者が爆発するのか分か
らず，本来ならば安心できる居場所である家庭の中で，目に見えない地雷をい

つ踏んでしまうかと脅えながら生活しているのである。そのような状況から脱出するためには，どのような対策が必要であろうか。次節では，DV対策について検討してみたいと思う。

第6節　DV対策

第1項　諸外国におけるDVの法的対応の変遷

　次に，DV対策についてであるが，このDV対策については，アメリカのDV対策を中心に紹介し，その後で，我が国のDV対策の現状について考察したいと思う。

　まず，アメリカのDV対策について紹介する前に，第1節との関係から，フランスとスウェーデンの状況について，簡単にみておきたい。

　フランスでは，2014年の男女平等法の制定により，フランスでのDV対策として，保護命令（接近禁止命令等）の発令を迅速にするために，裁判官は，最適な期間内に保護命令を発しなければならないことになった（第32条）。さらに，保護命令の実施期間は，最長4か月であったが，6か月間とした。また，同居するDV加害者への退去命令は，発令されることは少ないため，発令権者（裁判官等）は，被害者に意見を聞いた上で，暴力の再発のおそれがある場合，又は被害者が退去命令を望む場合には，これを発令しなければならないとした（第35条）。そして，2009年に，緊急時の警察への通報装置として，DV被害者に与えられる「非常に重大な危険にさらされた女性のための装置」（dispositif femmes en très grand danger）が特定の県において試験運用されていたが，今後，全仏で本格運用される（第36条）ことになったと，服部がフランスの状況について紹介している[131]。

　スウェーデンでは，DV被害者が，加害者からの追求が激しい場合には，IDを5年間変更できることになっているようである。したがって，名前も変えられるので，「制度上，全くの別人として5年間生活することが可能」である[132]と小西聖子が説明している。

　我が国でも，現在，マイナンバー制度の運用が進められているが，その有効利用として，このようなスウェーデンでの対策と同様の施策を採用することも，有効であると筆者は考える。

第4章　配偶者等からの暴力　　173

さて，アメリカのDV対策の現状であるが，アメリカでは，2013年に成立した再授権法により，DV被害者等の住居に関する権利を強化するために，政府支援住宅等の賃借人，又は賃借人の配偶者や親族等がDV被害者等である場合は，居住者によるDV犯罪行為のみを理由とし，世帯を立ち退かせること等を禁止し，公的住宅を所管する機関や支援住宅の所有者が，DV被害者等である配偶者や親族等への支援・居住等を継続させながら，同居する加害者への支援の打切りや立ち退き等を実施できるように定められたことを，井樋三枝子が紹介している[133]。

　ミネソタ州では，刑事裁判での保護観察処分合意書により，加害男性は，判決を下された日から5日間以内にドゥルース家庭内暴力介入プロジェクト（Domestic Abuse Intervention Project: DAIP）[134]に連絡し，初回の面接をいつ受けるかを決めなければならない。また，民事裁判での保護命令の言い渡しには，家庭内暴力介入プロジェクトのスタッフも出席し，裁判官が保護命令を出した後に，加害男性にプログラムについて説明し，初回の面接日を決定することになっている。

　このドゥルース市の介入モデルは，DVで有罪となった加害者の92％が裁判所の命令を受けて，ドゥルース家庭内暴力介入プロジェクトへと送られるようである。そして，そのうちの12％は暴力行為で，すでに一定期間服役している者である。また，幼児が関係している民事裁判で保護命令が出されている事例の97％も，このプロジェクトの男性グループに参加するよう命令されている。

　ドゥルース家庭内暴力介入プロジェクトは，26週間のカリキュラムを受けることにより，男性が権威主義的で破壊的な関係でしかない，先に紹介した「権力と支配の車輪」の行動パターンから抜け出し，平等な関係の基礎を築く「平等の車輪」（図12）の行動パターンへ移行できるように手助けするために考案されたものである。

　そして，このプロジェクトの主要な機能は，参加各機関が合意した政策通りに活動しているか，また，加害男性が裁判所命令に従っているかを監督することにあるのである[135]。

　また，中村正が紹介しているボストンの「エマージュ」（Emerge）[136]プログラムは，フェミニストモデルによるDV加害者プログラムであり，DVの原因を男性による女性支配の価値観にあると考え，加害者は，グループワーク等を

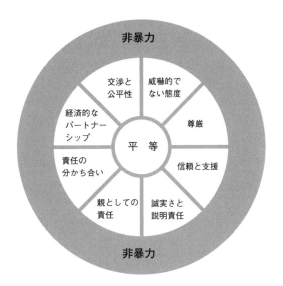

注：エレン・ペンス＝マイケル・ペイマー編著，波田あい子監訳『暴力男性の教育プログラム―ドゥルース・モデル』誠信書房（2004年）287頁（資料2）。
図12　平等の車輪

通じて，男性中心の考えが誤りだと認識し，改めるように求めるプログラムである。

　次に，「ファミリー・システム・モデル」があり，このモデルは，DVの原因を家族というシステムの機能不全であり，家庭内のコミュニケーションに問題があるとして，家族でカウンセリングを受けることを求めている。

　そしてまた，柑本美和・才田昌弘の紹介するところによると，「心理療法モデル」があり，DVの原因を加害者の内面的な問題，たとえば，加害者の人格的な障害や子どもの頃に経験したことによるトラウマ等に原因があると捉え，認知行動療法などを通して，加害者本人の問題を克服するための働きかけを行うプログラム」があるということである[137]。

　また，カリフォルニア州法は，1993年の改正によりDVに関する加害者更生プログラムを定めている。この法律はDVの犯罪化を主旨として制定された。加害者はダイバージョン・プログラムへの参加意志を表明し，DVを振るわないことの意志表明を行い，カウンセリング・プログラムの確実な遂行とカウンセリング費用の支払い等を宣誓しなければならないのである。

そして，カリフォルニア州のマンアライブ（Man Alive）は，加害者教育プログラムを提供している。そして，このマンアライブは，「ドメスティック・バイオレンス・ダイバージョン・プログラム」（Domestic Violence Diversion Program）を2つのパートに分けているのである[138]。

　このプログラムは，暴力を肯定し，誘発する病理的な意識としての男性の役割信念体系を自ら変革することを促進させるものである。最初のパート1は，個々人のアドボカシーに関するものである。すなわち，①私は暴力を止める，②アサーショントレーニング（コミュニケーション・トレーニング）を受ける，③責任ある親密さを回復すること等がその主な内容である。次のパート2は，コミュニティ・アドボカシーで，④ホットライントレーニング活動（電話相談の受け手としての活動），⑤バタラーズ教室のサポート活動，⑥コミュニティ・アウトリーチとコミュニティでの教育活動等である。そして，パート1は，ダイバージョン・プログラムとして義務づけられ，パート2は，任意参加である。このプログラムは32週間から36週間参加しなければならないことになっている。

　この他に，デンバーのAMEND[139]でも加害者である暴力男性向けのプログラムや教育のためのカウンセリングを行っている[140]。

　また，内閣府男女共同参画局によれば，イギリスでも，約30の加害者プログラムを展開しているという。その中でも，ロンドンの民間団体である「DV介入プロジェクト」（Domestic Violence Intervention Project）が，グループワークを中心とした暴力防止プログラム（Violence Prevention Program）を行っているとのことである[141]。

　このDV加害者更生プログラムそのものについては，北米においては1977年に，ノルウェーにおいては1980年に，最初のDV加害者更生プログラムができている。そして，カナダのブリッティシュ・コロンビア州では，「尊敬する関係プログラム」（Respectful Relationship Program）という加害者プログラムを実施しているようである。

　また，DV加害者更生プログラムは，認知行動療法といった心理学的見地とフェミニズム的見地から作成されているが，そこでは，加害者の人格は肯定され，暴力という行為を否定することが重要なポイントとなっている。

　この加害者更生プログラムの成果についてであるが，アメリカでの調査によれば，プログラム終了後30か月が経過した時点での身体的暴力や言葉による暴

力も全く行っていなかった者は，調査対象者の21％であるという結果が出ている。また，イギリスのドバッシュの調査では，調査対象者の67％が，プログラム終了1年後の時点で，新たな暴力行為を犯していなかったという報告がなされている[142]。このことからもDV加害者への更生プログラムに効果があるように思われる。

　これは逆説的な言い方になるかもしれないが，被害者学の視点から見ても，DV加害者更生プログラムは，新たな被害者を生み出さないという点で，DV被害者支援の一環としての意義があると言えるであろう。

第2項　我が国での新たな法的対応

　近藤恵子は，「この社会は，あまりにもDV犯罪に寛容であり，DV加害者に甘い。加害者は犯罪の自覚もなく再犯・再再犯を繰り返して，新たな被害者を生み出していく。……加害者を厳重に処罰し，暴力によらないコミュニケーション能力を培うための再教育プログラムを義務付けることが必要である」と述べている[143]。まさにその通りであり，筆者も同感である。

　先述した通り，アメリカや欧米諸国では，DV加害者の処遇プログラムを刑事処分あるいは，民事の保護命令の一種として司法制度に導入しているが，我が国においても，DV被害者の保護・支援の一つとして，DV加害者更生プログラムは，再犯防止の観点から有効であると考えられ，柑本・才田の指摘するように，「民事の保護命令制度と連動させること」[144]が得策であると思われる。

　我が国では，1990年に「メンタルサービスセンター」[145]が草柳によって設立された。また，「アウェア」では，DV加害者プログラムを2002年から実施している。この加害者プログラムは，毎週2時間，1年間，DV行動を止め，暴力の責任と向かい合うためにグループで実施している教育プログラムである[146]。そして，大阪の「メンズサポートルーム」[147]では，DVや虐待加害者の自主参加者を募ってカウンセリングを実施している。

　これまで，諸外国と我が国でのDV加害者更生プログラムについて言及したが，これらは，柑本・才田の指摘するように，3つのプログラムモデルに分類することができるように筆者には思われる。1番目には，「フェミニストモデル」(Feminist Approach: The Social Problem Approach) が考えられる。このモデルは，DVの原因が社会内に存在する男性による女性支配の価値観にあるとい

うもので，加害者にグループワークなどを通して，男性中心の考えは誤りだということを認識させるものである。2番目は，「ファミリー・システム・モデル」（The Family Systems Model）である。これはDVの原因を家族というシステムの機能不全，家庭内のコミュニケーションの問題にあると考え，DVの責任は，加害者だけでなく被害者にもあるとして，夫婦でカウンセリングを受けることが求められる。3番目は，「心理療法的モデル」（Psychological Approaches: A Focus on Individual Problems）で，DVの原因を加害者個人の内面的な問題と捉え，認知行動療法などを通して加害者本人の問題を克服するための働きかけを行うものである[148]。

　しかしながら，筆者には，「被害者にも責任がある」とするファミリー・システム・モデルは受け入れ難く，フェミニストモデルに従った加害者更生プログラムが必要ではないかと思う。特に，離別を考えていないDV被害者であれば，DV加害者更生プログラムの受講を，保護観察の特別遵守事項に加えることが有効であると筆者は考えるのである。

　法律上の対策の残された問題点については，既に述べたところであるが，緊急保護命令の導入が，被害者保護の観点から必要だと考えられる。国連経済社会局女性の地位向上部は，この点に関して，「暴力の差し迫った危険があると申立てがなされた場合は，法は，関係当局に対し，加害者が自宅から退去し，被害者に接近しないように命じる権利を付与すべきである。および，事情聴取を行うことなく，一方当事者の申立ての内容に基づき手続が開始されることを規定すべきである。また，手続中，財産権や他の検討事項よりも，被害者の安全を優先することを規定すべきである」と勧告している[149]。このことからも，緊急保護命令制度の導入を再度検討するべきであると筆者は考える。

第3項　シェルターとカウンセリングによる施策

　欧米での調査によると，DVでの怪我や死亡という事例は，加害者と同居している時よりも別居してからのほうが多いというデータもある[150]。加害者から逃げることは，危険に対する十分な対処が必要であることは言うまでもない。加害者から逃げる際には，DVシェルター等による支援体制が必要不可欠であろう。

　DV防止法第3条により，シェルターには，「当該都道府県が設置する婦人相

談所その他の適切な施設において，当該各施設が配偶者暴力相談支援センターとしての機能を」持たせると規定されている。ここでいう「その他の適切な施設」とは，婦人相談所，婦人保健施設，母子生活支援施設のような公的シェルターである。本来は，婦人相談所は，売春防止法で保護された女性の更生保護施設であるが，DVによる被害女性を保護するために援用されている[151]。この公的シェルターの他に，民間シェルターとステップハウス[152]がある。

民間シェルターの起源として，我が国では，1980年代半ばに外国籍女性支援の民間シェルターが誕生し，1993年には，初の民間女性シェルター（AKK女性シェルター）が設立された[153]。

民間シェルターは，草の根活動の女性たちにより設立され，DV被害者を保護・支援するための非営利組織である。これは，被害者を支援するという目的をもって設立され，DV被害者のニーズに応え支援する自発的な活動体である。DVが，まだ社会に認知される前から，被害者を保護・支援してきた民間シェルターは，独自な支援方法を編み出し，ノウハウを蓄積してきたのである。1990年代後半，民間シェルターは，DV防止法の制定を目的として，全国ネットワークを作り，3度のDV防止法改正過程に参入し，DV被害者の声を届け，法改正に寄与してきた。

小川真理子によれば，「民間シェルターは，20年以上も前から地道にDV被害者支援を行っているが，その活動はほとんど知られていない。これは，民間シェルターが所在を非公開にし，まるで社会に存在しないかのように，ひっそりと運営されているからである。DV被害者をかくまい安全を確保するという使命をもっているため，民間シェルターの支援者が，公の場に姿を現すことはめったにないのである。現在のところ，民間シェルターが活動を始めてから20年以上経つが，その歩みを止めることなく，DV被害女性を保護・支援するための組織として機能している」という[154]。

このように長い歴史をもつ民間シェルターは，DV防止法第26条により，必要な援助を行うための施設と定められ，民間団体によって運営されている暴力を受けた被害者が緊急一時的に避難できる施設である。現在民間シェルターでは，被害者の一時保護だけに止まらず，相談への対応，被害者の自立へ向けたサポートなど，被害者に対するさまざまな援助を行っている。各都道府県・政令指定都市が把握している民間シェルターを運営している団体数は全国で116

（2014年11月現在）あり，かなりの数ではあるが，民間シェルターは被害者の安全の確保のため，所在地が非公開になっている[155]ことに留意しなければならないであろう。

民間シェルターの事業内容は，①電話相談，②一時保護，③自立支援，④職業支援，⑤広報啓発活動，⑥研修，⑦調査研究活動である。また，民間シェルターでは，公的シェルターで入所を断られた通院治療の必要な被害者や，公的シェルターを退所して行き場を失った被害者も受け入れ，被害者個々の実態に即した臨機応変な柔軟な対応をしている[156]。

このように，特に民間シェルターは，被害者にとってのシームレスな支援を行っており，DV被害者にとっては，必要不可欠な支援を提供してくれる場所なのである。それゆえに，より充実した支援のためにも，地方公共団体から民間シェルター等に対する財政的援助額の増額[157]をさらに進めて欲しいと筆者も思う。

次に，加害者更生プログラムや民間シェルターと並んで，DV対策としては，「被害女性へのカウンセリング」が重要な施策であると考えられる。原宿カウンセリングセンターの信田さよ子によると，「DV被害の影響が鬱やフラッシュバックという症状として表面化するのは，夫から離れ安全な環境に身を置いてからであり，DV被害から脱出するには3年以上の歳月がかかる」と指摘している[158]。

また，原宿カウンセリングセンターでは，このような被害女性に対する2種類のカウンセリングを行っている。1つは，DVの基礎知識を得ることを目的とし，夫と同居中の女性を対象とした心理教育的なグループと，もう1つは，別居・離婚を視野に入れた緊急的介入をも辞さないグループの2種類のDV被害者のグループカウンセリングである。後者を支援する上でのポイントとしては，「第1は，逃げる，家を出る，調停を申し立てる，陳情書を書く，離婚成立後の困難を乗り越えるといった課題に取り組めるようにするための介入。第2は，人生で最も大きな選択をしたことを称賛し，女性たちの持てる力を認め拡大し，そして希望を示すことなどで勇気づけること。第3は，夫を怒らせたのは自分が悪いのではないかという加害者意識から起こる自責感を払拭することである」ことを指摘している[159]。

先に紹介した民間機関の「アウェア」では，DV被害女性のためのプログラ

ムも実施している。これは，被害に遭った女性がDVを見抜くための力をつけて回復し，自分らしい生き方ができるように応援するプログラムである[160]。

こうしたプログラムを実施するに当たり注意しなければならないことは，被害女性は，加害者の目線で自分を見つめるようになり，時として，加害者と同一化してしまうということである。この現象を「バタードウーマン症候群」というのであるが，ウォーカーによれば，バタードウーマン症候群とは，「男性から一定期間にわたり身体的，精神的，性的かつ感情的に虐待された女性に共通する特徴を定型化して名付けられた現象である」という[161]。「①被った暴力は被害者自身の過失だと思い込むこと，暴力の責任を他に転嫁できないようにされること，②低い自尊心，低い自己肯定感に陥ること，③不安や恐怖感，④極度な過敏さと感覚の鈍麻がみられること，⑤他人との身体的接触，不幸な記憶と結びつくものを避ける傾向，⑥集中することが困難となる，一定時間，極度の集中の後，虚脱状態に陥ること，⑦性欲の低下，性的機能不全」[162]などがその特徴である。このような症状から回復するためにも，被害者へのカウンセリングは重要であると筆者は思う。

第4項　その他の施策

その他の施策としては，DV対応における市区町村が果たすべき役割が重要である。特に，生活保護や国民健康保険等の福祉制度，さまざまな手続に必要とされる住民票にかかわる事務等である[163]。地方自治体である市区町村の窓口では，被害者情報の秘匿や経済的支援など被害者支援への重要な役割を担っている。

しかし，DV防止法の法制度の整備は，被害の顕在化という積極的な効果をもたらしたが，DV被害，離婚問題，生活困難，鬱などの心身へのダメージ，子どもの問題，社会的孤立などといった複合的な困難を抱える女性たちのニーズに対応し得る制度設計にはなっていないという指摘もある。また，DV防止法に基づく支援は，関連他法を活用しており，既存の法制度や地域の社会資源を組み合わせて支援している。たとえば，戒能は，「一時保護制度は売春防止法（第34条2項3号・4号）の婦人事業に依拠し，生活支援は，生活保護法や母子寡婦福祉法等の社会福祉制度・事業を組み合わせること」にもなり[164]，このような状況から，「支援する側の専門性と地域の諸機関間の連携が欠かせない」

と述べている[165]。

　また，井上匡子は，「被害女性にとっては，当面の住居の確保・子どもの教育・病気の治療・将来の仕事などと抱えている問題は多岐にわたる総合的なものであり，終局的な解決とは，自分の居住している地域社会で，安全に安心した生活を送ることであり，その面での対策の充実が重要である」と指摘している[166]。湯澤直美も，「DV被害者の経済的困窮・生活困窮が，DVを深刻化させる負のスパイラルとなり，健康問題も深刻化している」と述べている[167]。これらのことを考えると，DV被害女性への生活再建支援のあり方を見直す必要があると筆者は考えるのである。

　我が国のその他のDV施策としては，近藤が先にも述べていたように，DV加害者への再教育プログラムを義務づけることと，さらに，「あらゆる教育の場で，非暴力教育，平等教育，人権教育の推進が図られなければいけない」という点である[168]。

　2017年5月10日に京都府長岡京市下海印寺の西乙訓高校で，女性交流支援センター主催で，デートDVについて理解を深める授業が行われた。生徒たちは寸劇を交えながら，デートDV防止策を学んだとのことである[169]。このような試みが全国レベルで展開されることを期待したいと思う。

　DV被害者にとっては，直接的な支援だけではなく，被害者の安全を脅かす存在である加害者への働きかけも重要であり，我が国でのいくつかの実践事例は紹介したが，必ずしも十分なものとは言えず，欧米で行われている加害者プログラムの我が国での実施可能性については，実施主体，実施期間を含むプログラムの内容，位置づけ，プログラムの効果など，さらに欧米の実態を参考にしながら，調査，分析，検討を重ねる必要があろう。また，学校教育プログラムは，我が国でも実現可能な加害者対策[170]の一環として注目されるべきであると筆者は思う。

第7節　小括

　以上において，見てきたように，DV防止法に関する法体系上・法制度上の位置づけ等の研究は，いまだ十分に行われているとは言い難い。

　先行研究で積み残した問題や考慮すべき観点等が数多くあることから，今一

度DV防止法・DV対策に関する理論的検討が必要なのではないかと，筆者は思う。より実効性の高いDV被害者対策の構築のためには，理論研究，とりわけ既存の制度や法体系との関係についての研究が欠かせないように筆者には思われるのである。

　本章で紹介したように，諸外国では，刑事手続を中核とする行政的な施策を組み合わせて対応しているケースが多くみられる。しかし，我が国のDV対策は，独自の制度を創設するのではなく，既存の制度を組み合わせることにより対応している[171]が，この点についても，今後の更なる検討が必要であろう。

　そしてまた，今後のDV対策としては，DV加害防止への支援，DV被害者の自立に向かう支援，再犯防止や脱暴力更生へと至る被害と加害という新しい取組が必要[172]となってくるであろうと思う。

　DV防止対策で重要なことは，宮地が言うように，親密領域よりも，まず個的領域の自由が，ジェンダー平等な形で尊重されることが，真の人権やプライバシーの尊重になる[173]ということであろう。

　また，打越の言うように，「DV被害者は，家庭という密室の中で，身体的暴力のみならず，心理的暴力，性的暴力により自尊心を傷つけられ，無力感を感じさせられている。そして，賃金格差や社会全体における男女間の格差から，生活の不安を抱き，離婚することは容易ではないと考えている。また加害者も始終暴力を振るうのではなく，優しい態度をとることもある。それにより被害者は自分さえ我慢すれば修復可能かもしれないと耐え続ける」[174]のである。この指摘を踏まえると，経済的支援は，被害者支援の中でも重要な施策であることを認識すべきであろう。生活保護の支給がスムーズに受けられる行政システムの実施が必要であろう。そして，離婚したとしても，加害者である元夫が元妻に執着し，つきまとう可能性があることを忘れてはならないであろう。過去の絆を断ち切り，新しい生活へと移行するためのあらゆる支援が被害者にとっては必要であると筆者は考えるのである。

　この点に関しては，2017年4月から生活困窮者自立支援法（平成25年法律第105号）が施行された。この法律によって，福祉事務所のあるすべての自治体が，生活困窮者に対する自立支援に取り組んでいくことになり，相談支援の窓口では，一人一人の事情に合った総合的な支援計画を作成される[175]。この制度を利用することで，犯罪とまでされない事案についても支援ができると考え

第4章　配偶者等からの暴力　　183

られる。DV対策としての活用可能性についても精査することが必要であろう。

それでは，次章においては，もう1つの「女性に対する暴力」の具体例として，ストーカー犯罪について考察したい。

注

1) ラディカ・クマラスワミ「女性に対する暴力——その原因と結果——予備報告書」女性のためのアジア平和国民基金（1997年）。
2) ラディカ・クマラスワミ，VAWW-NETジャパン翻訳チーム訳「女性に対する暴力をめぐる10年——国連人権委員会特別報告者クマラスワミ最終報告」明石書店（2003年）27頁。
3) 1993年，国連総会で採択された「女性に対する暴力撤廃宣言」は，女性に対する暴力を「ジェンダーに基づく暴力」（gender based violence）と定義づけた。ドメスティック・バイオレンスとは，女性差別の社会を背景に，私的領域における親密な関係で起きる女性に対する暴力であり，女性の人権侵害であるとしている。国連広報センター「女性の権利」http://www.unic.or.jp/activities/humanrights/discrimination/women/（2015年8月1日閲覧）。
4) クマラスワミ・前掲注2）27頁。
5) 1994年6月米州機構総会が採択した「女性への暴力防止，処罰，廃絶に関する条約」（ベレン・ド・パラ条約）。これは地域協定である。この第1条は女性への暴力を「公的と私的領域を問わず，女性に死ないし身体的性的心理的害や苦しみをもたらす，ジェンダーに基づくあらゆる行為ないし行動」と定義している，女性のためのアジア平和国民基金「女性に対する暴力Q&A」（2003年）22頁。
6) クマラスワミ・前掲注2）27-28頁。
7) クマラスワミ・前掲注2）28頁。
8) Domestic Violenceという言葉を我が国において，家庭内暴力として使用しないのは，1980年代に子どもから親に対する暴力があり，それを家庭内暴力と呼んだからである。
9) http://www.la.us.emb-japan.go.jp/pdf/family_support_law_CA.pdf（2015年8月1日閲覧）。
10) 草柳和之「加害男性の背景にあるものと従来の対応」『DV加害男性への心理臨床の試み——脱暴力プログラムの新展開』新水社（2008年）27頁。
11) 46 Ala. 143, 146-47 (1871)。
12) 吉川真美子『ドメスティック・バイオレンスとジェンダー——適正手続と被害者保護』世織書房（2007年）84頁。
13) 藤本哲也「アメリカにおける児童強姦死刑法の変遷」『犯罪学・刑事政策の新しい動向』中央大学出版部（2013年）246頁。
14) 藤本・前掲注13）246-247頁。
15) 谷田川知恵「アメリカ 積極的逮捕政策への転換」岩井宜子編『ファミリー・バイオレンス〔第2版〕』尚学社（2010年）230頁。
16) 谷田川・前掲注15）230頁。
17) 差し迫った危険が生じる場合に警察官の請求により，裁判官が加害者に虐待行為の禁止や住居からの退去を命じる。
18) 矢澤曻治『カリフォルニア州家族法——カリフォルニア州民法典抄訳』国際書院（1989年）

参照。

19）内閣府男女共同参画局「配偶者からの暴力の加害者更生に関する研究調査」（2003年4月）http://www.gender.go.jp/e-vaw/chousa/03.html（2015年12月10日閲覧），在サンフランシスコ日本国総領事館「カリフォルニア州で『犯罪者』『違反者』とならないために」http://www.sf.us.emb-japan.go.jp/itpr_ja/anzen_15_1013.html（2017年6月14日閲覧）。

20）在サンフランシスコ日本国総領事館「ドメスティック・バイオレンスによる逮捕・拘束事例の頻発」http://www.sf.us.emb-japan.go.jp/archives/TERRORA/terroe_06_1129.htm（2015年5月7日閲覧）。

21）藤本・前掲注13）247-248頁。

22）藤本・前掲注13）248頁。

23）藤本・前掲注13）249頁。

24）藤本・前掲注13）249頁。

25）井樋三枝子「アメリカ 女性に対する暴力防止法の改正」『外国の立法』255-2号（2013年）。

26）State ex rel. Williams v. Marsh, 626 S.W. 2d 223（Mo. 1982）。

27）吉川・前掲注12）204-205頁。

28）吉川・前掲注12）220頁。

29）島岡まな「DV罪の保護法益と刑事規制――フランス刑法を参考として」『法律時報』86巻9号（2014年）75-77頁。

30）長谷川総子「フランスの2010年ドメスティック・バイオレンス対策法」『外国の立法』258号（2013年）50頁。

31）長谷川・前掲注30）50-51頁。

32）柿本佳美「フランスにおけるDV対策の現在」法執行研究会『法はDV被害者を救えるか――法分野協働と国際比較』商事法務（2013年）365-366頁。

33）長谷川・前掲注30）49頁。

34）労働不可能な状態とは，就労していなくても日常生活に差し支える場合も含まれる。また，暴力被害を診断する専門医からの所定の診断書によって認定される。

35）2016年9月1日現在，1ユーロ：115.13円。

36）服部有希「フランス 男女平等法」『外国の立法』261-1号（2014年）。

37）神尾真知子「配偶者からの暴力に対する法的対応と課題――フランスにおける法的対応との比較から」『法政論叢』47巻2号（2011年）142頁。

38）神尾真知子「フランスのドメスティック・バイオレンス関連機関の取り組み――関連機関インタビュー」『尚美学園大学総合政策研究紀要』11号（2006年）53頁。

39）矢野恵美「スウェーデン 女性の安全法からDV加害者更生プログラムへ」岩井編・前掲注15）294-295頁。

40）小西聖子『ドメスティック・バイオレンス』白水社（2001年）55-56頁，矢野・前掲注39）298頁。

41）戒能民江「ドメスティック・バイオレンス」『ジュリスト』1237号（2003年）150頁。

42）神尾・前掲注37）146頁，矢野・前掲注39）298頁。

43）矢野・前掲注39）296頁。

44）国により制度や各種手続関係に違いがあり，我が国で，そのまま導入することはできない。井上匡子「DV防止法と親密圏における非対称性問題」『民事研修』636号（2010年）66頁。

45) 立石直子「DVを原因とする離婚の問題に関する一考察」『法律時報』86巻9号（2014年）78-82頁。

46) 近藤恵子「DV防止法の制定・改正の意義と課題」『法学セミナー』648号（2008年）1頁。

47) 近藤・前掲注46) 1-3頁。

48) 岩井美奈「配偶者からの暴力の防止及び被害者の保護に関する法律」『ジュリスト』1210号（2001年）117頁。

49) 戒能民江「DV防止法の成立」『ドメスティック・バイオレンス防止法』尚学社（2001年）14-16頁。

50) 南野知恵子ほか監修『詳解DV防止法2008年版』ぎょうせい（2008年）6頁。

51) 神尾・前掲注37) 145頁。

52) 南野ほか監修・前掲注50) 6頁。

53) 南野ほか監修・前掲注50) 16-19頁，吉川・前掲注12) 6頁。

54) 戒能・前掲注49) 17頁。

55) 戒能・前掲注49) 17頁。

56) 長谷川京子＝山脇絵里子『ストーカー 被害に悩むあなたにできること——リスクと法的対処』日本加除出版（2014年）45-46頁。

57) 戒能民江「DV防止法」ジェンダー法学会編『ジェンダーと法 第3巻』日本加除出版（2012年）7頁。

58) 戒能・前掲注57) 5-6頁。

59) 藤本哲也「DV防止法」『犯罪学の窓』中央大学出版部（2010年）33-41頁，同「DV防止法」『究』33号（2013年）14頁。

60) 藤本・前掲注59) （『犯罪学の窓』）33-41頁，同・前掲注59) （「DV防止法」）15頁。

61) 井上・前掲注44) 57-63頁。

62) 戒能・前掲注41) 147-148頁。

63) 戒能・前掲注57) 6-7頁。

64) 戒能・前掲注41) 151頁。

65) 朴元奎「ファミリー・バイオレンスの加害者への対応策の現状と課題」『刑法雑誌』50巻3号（2010年）437頁。

66) 吉川・前掲注12) 4-9頁。

67) 榊原富士子監修，打越さく良『改訂Q&A DV（ドメスティック・バイオレンス）事件の実務——相談から保護命令・離婚事件まで』日本加除出版（2015年）25-26頁。

68) 「夫（恋人）からの暴力」調査研究会『ドメスティック・バイオレンス新装版』有斐閣（1998年）28-50頁。

69) 内閣府「男女間における暴力に関する調査」（2007年）。

70) 井上匡子「DV対策の現状と理論的課題」『法律時報』86巻9号（2014年）57頁。

71) 内閣府男女共同参画局「配偶者からの暴力に関するデータ」（2017年9月15日）1頁。

72) 警察庁生活安全局生活安全企画課・刑事局捜査第一課「平成29年におけるストーカー事案及び配偶者からの暴力事案等の対応状況について」（2018年3月15日）。

73) 内閣府男女共同参画局・前掲注71) 2頁。

74) 内閣府男女共同参画局・前掲注73) 2頁。

75) 吉浜美恵子＝釜野さおり編著『女性の健康とドメスティック・バイオレンス——WHO国際

調査／日本調査報告書』新水社（2007年）94頁。

76）吉浜＝釜野編著・前掲注75）72頁。

77）この調査は，ロンドン大学衛生熱帯医学大学院及び南アフリカ医学研究協議会と共同で実施した。Dominique Mosbergen（日本語版：佐藤卓／ガリレオ）2015 The Huffington Post Japan 2013年6月24日。

78）エイミー・J・マリン＝ナンシー・フェリベ・ルッソ「男性による女性に対する暴力に関するフェミニストの見解―― O'Neil-Harway モデルへの批判」M・ハーウェイ＝J・M・オニール編著，鶴元春訳『パートナー暴力――男性による女性への暴力の発生メカニズム』北大路書房（2011年）16-22頁。

79）https://www.bjs.gov/index.cfm?ty=dcdetail&iid=245参照。

80）法務総合研究所『研究部報告24――ドメスティック・バイオレンス（DV）の加害者に関する研究』（2003年）21-22頁。

81）ジャニス・サンチェス-ウクレス＝マリー・アン・ドゥットン「社会的暴力と家庭内暴力の相互作用――人種的，文化的要因」ハーウェイ＝オニール編著，鶴訳・前掲注78）202頁（Bachman R. & Salttzman L.E. "Violence Against Women: Estimates from The Redesigned Survey（NCJ #154348）. *Bureau of Justice Special Report* Washington, DC: U.S. Department of Justice, 1995）。

82）サンチェス-ウクレス＝ドゥットン・前掲注81）201頁。

83）近藤・前掲注46）1-2頁。

84）マリン＝ルッソ・前掲注78）17-18頁。

85）法務総合研究所・前掲注80）11頁（Lockhart, L.L.,"A Reexamination of the Effects of Race and Social Class on the Incidence of Marital Violence: A Search for Reliable Differences" *Journal of Marriage and the Family*, 49, 1987, pp.603-610）。

86）法務総合研究所・前掲注80）12頁（Messerschmidt, J.W., "Masculinities and Crime: Critique and Reconceptualization of Theory" *Rowman and Littlefield*, 1993, pp.85-88）。

87）小西・前掲注40）104-108頁。

88）法務総合研究所・前掲注80）13頁。

89）「夫（恋人）からの暴力」調査研究会・前掲注68）101頁。

90）ルイス・B・シルバースタイン「男性による女性に対する暴力の進化上の起源」ハーウェイ＝オニール編著，鶴訳・前掲注78）79頁（Daly M. & Wilson M., "The Evolutionary Psychology of Male Violence" In Archer, J.（Ed.）, *Male Violence*. pp. 253-288. London: Routledge）。

91）ステファン・A・アンダーソン＝マーガレット・C・シュロスバーグ「虐待に関するシステム視点――状況とパターンの重要性」ハーウェイ＝オニール編著，鶴訳・前掲注78）141頁（Whitchurch, G. & J. Pace., "Communication Skills Training and Interpersonal Violence", *Journal of Applied Communication Research*, Vol. 21, 1993, pp. 96-102）。

92）南野ほか監修・前掲注50）2頁。

93）南野ほか監修・前掲注50）2-3頁。

94）南野ほか監修・前掲注50）2-3頁。

95）吉祥眞佐緒「DV被害者を，本当に支援する生活保護制度に」『季刊公的扶助研究』236号（2015年）39頁。

96）川喜田好恵「ドメスティック・バイオレンス――一体，何がおこっているのか」『女性ライフ

サイクル研究』9号（1999年）49頁。

97）草柳・前掲注10）15-19頁。

98）内山絢子「ドメスティック・バイオレンスの現状分析」岩井編・前掲注15）11-13頁。

99）http://1oya.org/参照。

100）吉祥・前掲注95）38-39頁。

101）宮地尚子「親密的領域での暴力は被害者から何を奪うのか」『ジュリスト』1409号（2010年）155頁。

102）宮地尚子＝菊池美名子「ドメスティックバイオレンス（DV）はなぜ起こるのか——人文社会科学的側面からの考察」『保健の科学』56巻1号（2014年）5-6頁。

103）アンダーソン＝シュロスバーグ・前掲注91）149頁（Walker L. E., *Battered Woman Syndrome*. New York: Springer, 1984）。

104）宮地・前掲注101）152-161頁。

105）1984年，アメリカのミネソタ州ドゥルース市の女性シェルターが開いた教育講座に参加した女性たちへのグループ・インタビューを基に，パートナーに，身体的・精神的暴力をふるう男性たちの行動を説明する理論である。

106）宮地・前掲注101）152-161頁。

107）エレン・ペンス＝マイケル・ペイマー編著，波田あい子監訳『暴力男性の教育プログラム——ドゥルース・モデル』誠信書房（2004年）9頁。

108）ペンス＝ペイマー編著，波田監訳・前掲注107）10頁。

109）藤本哲也「社会統制を中心とする理論」『犯罪学原論』日本加除出版（2009年）139-146頁。

110）藤本・前掲注109）143頁。

111）藤本・前掲注109）145頁。

112）法務総合研究所・前掲注80）16頁（Smith M.D., " Patriarchal Ideology and Wife Beating: A Test of a Feminist Hypothesis " *Violence and Victims*, Vol.5, 1990, pp.257-274）。

113）藤本・前掲注109）135頁。

114）藤本・前掲注109）136頁。

115）藤本・前掲注109）137頁。

116）法務総合研究所・前掲注80）16-17頁。

117）法務総合研究所・前掲注80）17頁。

118）川喜田・前掲注96）53頁。

119）長谷川京子「ストーカー行為規制法」ジェンダー法学会編・前掲注57）23頁。

120）森田展彰「ドメスティックバイオレンスの加害者の理解と働きかけ」『精神科』23巻3号（2013年）345-347頁。

121）アンダーソン＝シュロスバーグ・前掲注91）151頁（Holtzworth-Munroe A. & Stuart G. L., "Typologies of Male Batterers : Three Sub-types and the Differences among Them," *Psychological Bulletin*, Vol. 116, 1994, pp.476-497）。

122）小西・前掲注40）162頁。

123）内閣府男女共同参画局『配偶者等からの暴力に関する事例調査』（2002年）。

124）内山・前掲注98）31頁，内閣府男女共同参画局・前掲注123）。

125）ペンス＝ペイマー編著，波田監訳・前掲注107）6-7頁。

126）ペンス＝ペイマー編著，波田監訳・前掲注107）7頁。

127）草柳・前掲注10）22頁。

128）草柳・前掲注10）22-24頁。

129）川喜田・前掲注96）49-50頁。

130）中村正「DVのある家族への支援とは」『保健の科学』57巻6号（2015年）382頁。

131）服部・前掲注36）。

132）小西・前掲注41）59-60頁。

133）井樋三枝子「アメリカ女性に対する暴力防止法の改正」『外国の立法』255-2号（2013年）。

134）ペンス＝ペイマー編著，波田監訳・前掲注107）11頁。このプログラムは，女性への暴力を
　　なくしたいと望む男性組織によって作成されている。

135）ペンス＝ペイマー編著，波田監訳・前掲注107）29-31頁，http://www.emergedv.com/参照。

136）中村正「アメリカにおけるドメスティック・バイオレンス加害者教育プログラムの研究」
　　『立命館産業社会論集』35巻1号（1999年）64-65頁。

137）柑本美和＝才田昌弘「DV加害者の処遇プログラム制度についての刑事政策的研究及びDV
　　加害者の治療教育に関する研究」『平成15年度厚生労働科学研究費補助金（子ども家庭総合研究
　　事業）分担研究報告書』（2003年）176-177頁。

138）中村・前掲注142）60頁。http://sfhomeless.wikia.com/wiki/Man_Alive_Violence_Prevention_
　　Program参照。

139）http://www.amendcounseling.com/参照。

140）ペンス＝ペイマー編著，波田監訳・前掲注107）265-267頁。

141）内閣府男女共同参画局・前掲注19）70-71頁。http://www.dvip.org/

142）柑本美和「被害者に対するサポートシステム及び加害者処遇に関する調査研究」『厚生科学
　　研究費補助金（子ども家庭総合研究事業）分担研究報告書』（2002年）44頁。

143）近藤・前掲注46）3頁。

144）柑本＝才田・前掲注137）175-176頁。

145）草柳和之「DV加害者更生プログラム——体系化された加害者への心理療法序論」『こころの
　　科学』172号（2013年）80-85頁。

146）アウェアとは，DVのない社会を目指して活動している民間機関。アウェアの活動http://
　　aware.exblog.jp（2015年8月20日閲覧）。

147）中村正「『加害者治療』の観点から——暴力加害者への臨床論のために」『法と心理』11巻1
　　号（2011年）14-20頁。

148）柑本＝才田・前掲注137）177頁。

149）国連経済社会部女性の地位向上部，ヒューマンライツ・ナウ編訳『女性に対する暴力に関す
　　る立法ハンドブック』信山社（2011年）70頁。

150）川喜田・前掲注96）54頁。

151）辻龍雄＝加登田恵子＝山根俊恵＝小柴久子「DV被害者に対する民間シェルターの実際の活
　　動」『学校保健研究』55巻6号（2014年）509-510頁。

152）ステップハウスとは，短期収容を基本とするシェルターとは違い，長期間，入所可能な部屋
　　で，不動産業の篤志家の厚意により，無償で提供されている住居である。安心できる場所の提
　　供，暴力被害からの心の回復のサポート，新しい生活に向けた準備のサポート等の役割を担っ
　　ている。

153）戒能・前掲注57）4頁。

154) 小川真理子『ドメスティック・バイオレンスと民間シェルター——被害当事者支援の構築と展開』世織出版（2015年）ⅰ-ⅴ頁。

155) 内閣府男女共同参画局民間シェルターhttp://www.gender.go.jp/policy/no_violence/e-vaw/soudankikan/05.html（2015年8月10日閲覧）。

156) 辻＝加登田＝山根＝小柴・前掲注151）509頁。

157) フィリップモリスジャパン株式会社は，全国共通DVホットラインやDV被害当事者サポートPMJ基金者の助成など，DV被害女性への支援を行っている。内閣府男女共同参画局『共同参画』2008年10月号。

158) 信田さよ子「DVの包括的支援を目指して」『更生保護』65巻7号（2014年）14頁。

159) 信田・前掲注158）13-14頁。

160) アウェア「DV被害女性のためのプログラム」http://aware.exblog.jp/i44/（2015年8月20日閲覧）。

161) 中村・前掲注130）383頁。

162) 中村・前掲注130）383頁。

163) 井上・前掲注44）60頁。

164) 戒能・前掲注57）8頁。

165) 戒能民江「複合的な生活困難の連鎖を断ち切る——女性の人権保障をめざして」『日本の科学者』50巻3号（2015年）13頁。

166) 井上・前掲注44）65頁。

167) 湯澤直美「シェルターに辿り着いた女性たち——一時保護所・民間シェルター利用者調査結果を中心に」戒能民江編著『危機をのりこえる女たち——DV法10年，支援の新地平へ』信山社（2013年）42頁。

168) 近藤・前掲注46）3頁。

169) 京都新聞2017年5月17日 http://www.kyotonp.co.jp/education/article/20170511000059（2017年6月14日閲覧）。

170) 柑本・前掲注142）43-45頁。

171) 井上・前掲注70）57-62頁。

172) 中村・前掲注130）383頁。

173) 宮地＝菊池・前掲注102）9頁。

174) 榊原監修，前掲注67）2頁。

175) 宮本太郎「視点・論点 生活困窮者の自立支援を進めるために」（2015年5月7日）http://www.nhk.or.jp/kaisetsu-blog/400/216234.html（2017年6月14日閲覧）。

第5章　ストーカー被害とストーカー規制法

第1節　ストーカー規制法の制定根拠となった事件

　昨今，我が国では，長崎ストーカー事件や逗子ストーカー事件，あるいは三鷹ストーカー事件をはじめとして，ストーカー被害が深刻な社会問題となり，マスメディアによって盛んに報じられたが，「ストーカー行為等の規制等に関する法律」（平成12年法律81号：以下「ストーカー規制法」とする）が制定されるきっかけとなった事件は，「桶川女子大生ストーカー殺人事件」であった。

　この事件は，被害者の女子大生が，1999年初めに，犯人Kと知り合って交際を始めたが，数か月後に別れ話を切り出した直後から，Kの脅迫と暴力が始まったことに端を発する。Kは「別れるなら家をめちゃめちゃにして，精神的に追い詰めて天罰を下す」，「俺をバカにする人間は全財産を使っても，どんな人間を雇ってでも，とことん追い詰める」，「俺を普通の男と思うなよ」などと脅し，手下を使っての悪質な嫌がらせを始めた。さらに実兄ら3人で被害者宅に押し掛け，現金を要求する。昼夜を問わない嫌がらせ電話，中傷ビラ，車による尾行，監視，つきまとい等が続いた。女子大生は家族とともに，計8回警察を訪ね，被害を訴えた。同年7月29日には所轄の埼玉県警上尾署に被害届を提出し，Kを名誉毀損で告訴したが，上尾署が動いた様子はなかった。それどころか9月には，担当警察官が自宅を訪れ「告訴を取り下げてはどうか」と持ちかけた。女子大生が殺されたのは，この「取り下げ要請」から約1か月後のことであった[1]。

　事件からしばらくして，屈斜路湖で男の凍死体が発見された。身許は桶川女子大生ストーカー殺人事件の主犯，風俗営業店経営の男であった。事件後，実行犯など12人は桶川署に殺人や名誉毀損等の容疑で逮捕されたが，約1,800万

円という桁外れの金を払って女子大生の殺害を教唆していた主犯の男は，捜査陣の前から姿を消していた。死体となって発見された時，男は湖畔にほど近い温泉旅館の浴衣の紐を首に巻いて死亡していた。睡眠薬と酒を大量に飲んでいて，検死の結果，自殺と判断された。事件の全容は，すでに逮捕されていた共犯者の供述で解明されているが，被害者の女子大生にしつこくつきまとったこの事件で，ストーカーの背後に潜む凶悪性が，改めてクローズアップされたのである[2]。

この事件は，警察の対応の不手際から，殺人事件にまで発展してしまったものであり，その反省もあって，後に詳しく述べるように，ストーカー規制法が制定されるに至ったのである。

第2節　ストーカー規制法制定前の背景事情

1999年の『月刊自由民主』において，「深刻化するストーカー被害　法整備を望む声も」と題して，我が国でのストーカー防止法の制定に関する記事がある。その記事では，ストーキングについて説明し，ストーカー，すなわち，英語のストーク（stalk）に由来するこの言葉には，さまざまな意味がある。異星人の接近，侵入あるいは密猟者等である。細菌学や病理学ではストーキングといえば，ウィルスなど病原菌の蔓延などを指す。しかし，いま社会問題となっているストーキングは「忍び寄り」，「ひそかな追跡」を意味するもので，ストーカーとはストーキングする者を指すものである，としている。

そして，相手への病的な執着を抱き，相手に心身ともに苦痛を与える「ストーカー被害」が1997年から毎年6,000件を超えていることが警察庁の調査で分かり，相談窓口に寄せられた声では，交際を断った相手や，別れ話のこじれなど異性関係のもつれの他，仕事関係や学生時代の友人からつきまとわれるなどの内容が目立っている。そこでは，防止策とともに欧米に比べて立ち遅れている我が国の法整備を強く望む声があることを報告しているのである[3]。

また，我が国では，ストーカー規制法制定以前に，鹿児島県が，1999年10月に，「公衆に不安等を覚えさせる行為の防止に関する条例」（平成11年鹿児島県条例第42号）いわゆる「不安防止条例」を施行し，運用している。

この条例は，社会問題化している悪質なつきまとい行為や無言電話等のス

トーカーを規制する条項を含んだストーカー行為規制法令としては，我が国で最初のものであった[4]。

リンデン・グロス（Gross, L.）の『ストーカー——ゆがんだ愛のかたち』を翻訳した秋岡史は，ストーキング被害者に対する理解について，「兵庫の太子町ストーカー殺人事件[5]と桶川の女子大生ストーカー殺人事件には，多くの類似点があり，兵庫の事件は，桶川の事件の約9か月前に起きている。事件の推移は桶川のケースと驚くほどよく似ていることが分かる。主な類似点は，①嫌がらせ，暴力がエスカレート，②家族に危害を加えるとの脅迫行為，③加害者家族の協力・加担，④警察がまともに動かず，『告訴を取りやめろ』を示唆，⑤犯行後に加害者が自殺している等である」と説明している[6]。

いずれの事件も，警察がなかなか動かず，加害者が何かと理由をみつけては，繰り返し女性との接触を謀っている点，加害者の家族がストーキング行為に加担している点等に留意すべきである。このような警察の鈍い対応の裏には，ストーキング犯罪に対する無理解，ストーカーに対する認識の甘さがある。警察側が，被害者本人や家族の訴えのほかにも，いくつもの危険な兆候を見逃した責任は大きいと思う。ストーキング行為を放置して最悪の結果を招くという，慢性的な悪循環を断たなければ，現実は何も変わらないと筆者は思うのである。

秋岡史の主宰する「ストーキング被害者の会」（1997年設立）には，全国から被害を訴える手紙が寄せられているとのことである。「多くの被害者は，被害が長引くにつれ恐怖や怒りの感情を繰り返し，ストレスから心身症にかかり，ひどい場合は，トラウマやPTSD（心的外傷後ストレス障害）の症状をきたすこともある」と述べている[7]。

グロスの『ストーカー——ゆがんだ愛のかたち』にみられるアメリカのストーキングは，日本とは違い，家庭内暴力の一形態として社会問題化しているものである。アメリカでは，毎年，別れた元夫や恋人らによって多くの女性が殺害されている。彼女たちの90％以上が，生前，その犯人によってストーキングの被害を受けているとの報告があるほどである[8]。これは，「DV型ストーカー」ともいえるであろう。元妻殺害の容疑で起訴されたものの無罪になった，アメリカン・フットボールの元花形スターのO. J. シンプソンは，この元妻のストーカーであったと言われている。

我が国では，有名人に対するストーカー事件として，ストーカー規制法が制

定される以前に，後述する人気歌舞伎役者を執拗につけまわしていた女性ス
トーカーが検挙されるという事件があったが，アメリカでは「スター・ストー
カー」事件として，元ビートルズのジョン・レノンを殺害したチャップマンの
事件や，女優ジョディ・フォスターをストーキングしていたジョン・ヒンク
リーが，フォスターの気を引こうとして，レーガン元大統領を暗殺しようとし
た事件が良く知られている。

　ストーキングは「愛の病理」とも言われるが，その動機は，多種多様で複合
的である。ストーカーには，何らかの精神障害が疑われる者も多いが，その障
害の程度は，人格障害の程度から，ほとんど，あるいは全く精神障害が認めら
れない者まで幅があり，女性ストーカーもいるということである[9]。

　こうした実情を踏まえながら，次節では，ストーカー被害の現状について分
析したい。

第3節　ストーカー被害の現状

　警察によると，相談等件数は，2012年以降高水準で推移しており，2017年は
23,079件（前年比＋342件，＋1.5％）とストーカー規制法施行後最多となっている
（図13）[10]。ストーカー規制法施行後から2011年までに比べ，2012年以降は高水
準で推移している。

　内閣府が2014年度に行った「男女間における暴力に関する調査」によると，
特定の異性からの執拗なつきまとい等の経験を持つ人は，女性10.5％，男性
4.0％で，そのうち，命の危険を感じた経験のある人は，女性28.9％，男性
15.7％となっている[11]。

　鈴木眞悟の若年女性を対象とした調査では，愛知県内の市部に居住する18歳
から29歳までの女性600人のうち，ストーカーからの被害経験者は7.2％で，18
歳～21歳が経験者の割合が高く，この年齢の者がターゲットになりやすいこと
が報告されている。

　また，被害者とストーカーの関係では，「全く知らなかった人」30.2％，「以
前，交際したことのある人」25.6％，「以前，学校，職場，サークル等で一緒
だったことがある人」18.6％のように，見ず知らずの者ばかりでなく，何らか
の関係があった者からストーキングされていることが報告されている[12]。

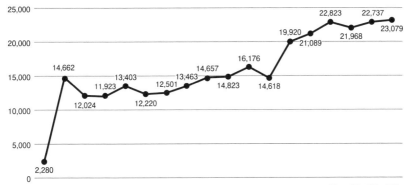

注1）平成12年には，ストーカー規制法の施行日（11月24日）以降の件数
資料源：警察庁生活安全局生活安全企画課・刑事局第一捜査課資料。
図13　ストーカー事案認知件数

　また，安香宏等の首都圏に居住する高校生と大学生を対象としたストーカーの被害調査（高校生：男子134人，女子297人，大学生：男子182人，女子308人，合計921人）では，異性からのストーカー被害は，高校生と大学生の女子が1割強と多い他，大学生男子も5％を超え高めである。高校生と大学生には差がみられ，ストーカー被害は加齢とともに増加していると報告されている[13]。

　さらに，筆者が行った東京都にある6つの大学の18歳から23歳の男女大学生に対するアンケート用紙による調査では，有効回答者457人のうち109人がストーカー被害の経験があり，男性50人（17.7％），女性59人（33.9％）であった。すなわち，調査対象者の457人のうち23.9％にストーカー被害の経験があったのである。また，筆者の調査からは，SNS等による嫌がらせ行為も多いことが明らかとなった[14]。

　そして，これは外国での調査事例であるが，チャーデン（Tjaden, P.）＝トーエンネス（Thoennes, N.）の全米の女性8,000人と男性8,000人を対象にした調査によると，ストーキングの被害は，生涯の出現率と年間の出現率において測定されるとしているが，調査結果は，8％の女性と2％の男性が，彼らの生涯のある時期においてつきまとわれているということを見出している[15]。

　また，ビジュレガード（Bjerregaard, B.）のアメリカの国立大学での学生のストーキングとその被害調査では，25％の女子学生と11％の男子学生が，人生の

ある時点でつきまとわれ，6％は現在つきまとわれているということを見出した。その上，この調査では，ストーキング被害者の大多数は女性であり，男性加害者によってつきまとわれていることが報告されている[16]。

アメリカ司法統計局特別報告の全米犯罪被害者調査では，4人に1人以上のストーキング被害者は，Eメール（83％）やショートメッセージ（35％）のような何らかの形のサイバーストーキングが使用されていた[17]。

また，英国犯罪調査は，被害者のほぼ50％が2つから5つの全く異なるストーキング行為を受けたと報告している。ストーキング被害に生涯で遭遇する比率は，女性ではおよそ12％〜16％，男性では4％〜7％であるとしている[18]。

齋藤純子によるとドイツのマンハイム精神保健中央研究所の研究班による調査では，679人（女性400人，男性279人）のうち12％が，ストーキングをこれまでに受けたことがあり，被害者の87.2％が女性であり，加害者は85.5％が男性であったと報告されている[18]。

以上のように，我が国のストーカー被害は，警察庁の統計からも分かるように，ストーカー規制法制定前も制定後も一定数存在し，減っていないのが実情である。また，諸外国でも，ストーカー被害は多いようである。

第4節　ストーカー規制法制定の経緯

ストーカー規制法制定以前は，現場の警察官だけでなく，裁判官や弁護士などの専門家でさえ，ストーキング被害に対する偏見と乏しい知識しかもたないという状態であった。法律がないために，勇気を奮って訴えた被害者が裁判で不当な扱いを受けて傷つく例も少なくなかったのである。妄想にとりつかれたストーカーの行動は実に様々で，従来の常識では想像できないケースも珍しくなかった。そのため被害状況の把握には，経験を積んだプロの意見が必要で，現場の警察官にも専門的な知識が求められたのである。「被害者の救済のためにも，亡くなった多くの被害者や遺族のためにも，今こそ機敏な対応を示すときではないか」と秋岡は述べている[20]。

このようにストーカー行為が社会問題化するにつれ，これを取り締まるべく，各地で条例が制定され，あるいは制定の検討がなされ始め，国レベルでの対応も求められるようになった。埼玉県桶川市で起きた女子大生ストーカー殺人事

件では，岡田久美子は，「警察が問題を深刻にとらえて初期の段階で適切に対応していれば，被害者の死を回避できた可能性がある」との指摘をしている[21]。ちなみに，この事件は，2000年3月の参議院予算委員会でも取り上げられている。

　この2000年3月の参議院予算委員会では，自由民主党の参議院議員が中心となって検討した結果，ストーカー行為に対する直罰と警告・命令という行政措置を柱とする法案の骨格を固めたが，4月には，民主党が，ストーカー行為を処罰する法律案を衆議院に提出した。その後，5月に，与党3党が，規制の対象を「恋愛感情その他の好意の感情又はそれが満たされなかったことに対する怨恨の感情を充足する目的」で行われるものに限定することで，与党案として合意し，野党と協議の結果，既に法案を提出していた民主党も含め，5年後の見直し規定を附則に盛り込むことで，与野党が与党案で合意に至ったのである[22]。

　2000年5月16日の参議院地方行政・警察委員会におけるストーカー行為等の規制等に関する法律案の草案での松村龍二議員の趣旨説明によれば，ストーカー規制法を制定する立法事情として，「最近，我が国において，悪質なつきまとい行為や無言電話等の嫌がらせ行為を執拗に繰り返す，いわゆるストーカー行為が社会問題化しており，ストーカー行為がエスカレートし，殺人などの凶悪事件に発展する事案が全国的に見受けられるところであります。これらの行為については，国民からも特にストーカー行為を規制してほしいとの要望が多く寄せられているところであり，また，その初期段階において法令を適用し，防犯上適切な措置を講ずることが，重大犯罪発生の未然防止に極めて有効であると考えられております。しかしながら，特定の者に対する執拗なつきまとい行為や無言電話等は，刑法や軽犯罪法の適用により対応が可能な場合もあるものの，現実には既存法令の適用が困難な場合が大部分であり，これまで有効な対策をとりがたいものでありました。そこで，この法律案は，このような現状を踏まえ，ストーカー行為を処罰する等ストーカー行為等について必要な規制を行うとともに，その相手方に対する援助の措置等を定めることにより，個人の身体，自由及び名誉に対する危害の発生を防止し，あわせて国民の生活の安全と平穏に資することを目的として立案したものであります」と述べている。

第5章　ストーカー被害とストーカー規制法　197

また，規制の対象としている，つきまとい等及びストーカー行為の定義については，「つきまとい等とは，特定の者に対する恋愛感情その他の好意の感情またはそれが満たされなかったことに対する怨恨の感情を充足する目的で，当該特定の者等に対し，つきまとい，交際の要求，無言電話，名誉・性的羞恥心を害する事項を告げること等の行為をすることを言うものとしております。また，ストーカー行為とは，同一の者に対し，一定のつきまとい等を反復してすることを言うものとしております」と説明している。

　そして，大森礼子議員が，「『恋愛感情その他の好意の感情又はそれが満たされなかったことに対する怨恨の感情を充足する目的で，』と，このような目的に限定して」いることに関して，その理由を質問している。それに対して，松村龍二議員は，つきまとい等に関する実態について，警察庁からの説明では「交際を求めたり，離婚後復縁を迫るために行われる例が多く，またこれらの場合には，その相手方に対する暴行，脅迫，ひいては殺人等の犯罪に発展するおそれの強いものと聞いております。そこで，国民に対する規制の範囲を最小限にするためにも，規制の対象を，恋愛感情その他の好意の感情又はそれが満たされなかったことに対する怨恨の感情を充足する目的で行われるものに限ったところであります。」と答えている。

　また，「好意の感情の範囲」については，「好意の感情とは，一般的には好きな気持，親愛感のことを言いますが，この法律においては，つきまとい等を規制するに当たりまして，恋愛感情その他の好意の感情を充足する目的等を存在要件としておりまして，その感情が充足され得るものであることが予定されていることから，単に一般的に好ましいと思う感情だけではなく，相手方がそれにこたえて何らかの行動をとってくれることを望むものを言うと考えられます。また，一例を，本当に一例だけでございますが申し上げますと，女優，あるいはテレビを見ておりまして，その画面に載るニュースキャスター等に対するあこがれの感情など，恋愛感情には至らないものも，好意の感情に該当し得るものと考えておるわけであります」と述べている[23]が，この答弁からすれば，我が国の場合も，アメリカでよくみられるスター・ストーカーも，その範囲に想定していることが分かるのである。

　たとえば，我が国では，ストーカー規制法制定以前の段階において，「歌舞伎役者が女性ファンに対し，歌舞伎を演じる権利等を侵害されたとして求めた

198

ストーカー行為等の禁止等が容認された事例」（大阪地裁平成10年6月29日判決）
がある。これは極めて注目すべき判例であると思われるので，以下において簡
単に見てみることにしたい。

この事案の概要は，「X（原告）は，著名な歌舞伎役者であり，Y（被告）は，
昭和49年にXの後援会の会員になったが，昭和52年に除名され，そのころか
ら姿を見せなくなった。ところが，Yは，平成4年，Xの歌舞伎公演に突然姿
を現し，以後，連日連夜にわたり観劇し，Xにつきまとうようになった。その
際，Yは，派手な服装で必ず劇場の一番前の席に陣取り，他の客が笑ったり手
を叩いたりする場面でも，じっと能面のような表情で観劇し，休憩中には，自
分はXに言われて芝居を観にきている，自分はXの婚約者で近々結婚するな
どと虚偽の事実を言いふらしたりした。そのため，Xは，Yが舞台から派手な
服装で他の客が笑ったり手を叩いたりする場面でも，じっと能面のような表情
で観劇しているのを見て，段々恐怖心を抱くようになり，舞台に神経を集中す
ることが妨げられた。Xのマネージャーは，観劇に来たYに対し，またはYの
兄を介して，何度もXにつきまとわないように依頼したが，Yはこれを聞き入
れず，たまたま話し合いの場に通りかかったXがYに『大変迷惑をしている。
つきまとわないで欲しい』などと言ったところ，Yは激高して傘を振り上げる
などした。Xは，Yを債務者として，観劇禁止等の仮処分の申請をし，その旨
の決定を得たが，Yは仮処分決定を無視して，観劇に来ることを止めなかった
し，Xの海外公演の際には，Xと同じホテルに宿泊するなどした。そこで，X
は，人格権に基づき，①Xが出演する劇場への立入禁止，②Xの所在地から
半径200メートル以内の近隣を徘徊してその身辺につきまとうことの禁止，③
Xの名誉，信用毀損行為及び業務妨害行為の禁止，並びに④不法行為による損
害賠償を求めて出訴した。」

これに対し，本判決は，次のとおり判示して，Xの①ないし③の請求を認容
し，④の請求を一部認容した。なお，本件において，Yは，X主張の事実を争
う旨の答弁書を提出したものの，口頭弁論期日には出頭しなかった。

判決は，「被告は，原告のファン等に対し，原告と婚約しており，近々結婚
するなどと虚偽の事実を流布して名誉等を毀損したほか，原告に執拗につきま
とい，異常な態度で観劇するなど，通常のファンの域を超えた言動により，原
告に対し著しい苦痛を与えており，右言動は，原告が人気商売の歌舞伎役者で

第5章　ストーカー被害とストーカー規制法　199

あることを考慮しても，原告の受忍すべき限度を著しく超えているものと認めることができるから，原告は，人格権に基づき，被告に対し，原告が出演する劇場への立入禁止，原告の身辺へのつきまといの禁止及び名誉毀損等の言動の禁止を求めることができるものというべきである」としている。

また，「被告の右言動は，原告の名誉等を侵害するものであり，不法行為にあたるものと認められるところ，本件に現れた一切の事情を考慮すると，慰謝料50万円が相当である」と結論づけているのである[24]。

ここでの問題の所在は，差止請求の法的根拠，差止めの要件（判断基準），その際に考慮されるべき判断要素などになろう。生命，身体，名誉，自由等の各種の人格的利益を侵害する加害行為に対して，被害者が差止請求権を有するか否かについては，実定法上明文はないが，解釈により認めるのが学説では一般的である。差止めの要件については，侵害される人格的利益の内容，性質，言い換えれば，被害の内容，すなわち問題となる被害が生命，身体，名誉，プライバシー，生活妨害などのうちのどれかによって，重視されるべき要素が異なるものであり，被害類型に応じた検討が必要であるとするのが一般的見解である。

他方，本件のような生活妨害的被害に対する差止めの要件について，多くの判例及び通説は，加害者・被害者の種々の事情を考慮して（比較考慮説），加害行為による被害が，社会生活上受忍すべき限度を超えているか否かによって違法性の有無を判断するという，いわゆる「受忍限度論」を採用している。

本件は，ストーカー行為のような現代社会における新しい紛争類型において，受忍限度論を適用して，侵害行為の差止めを認めた事例としても，先例的価値が認められるであろう。

また，この判例のように受忍限度論を適用すれば，恋愛感情に限定することなく，嫌がらせ行為に対しても，侵害行為の差止を適用できるのではないかと筆者は考えるのである。

第5節　ストーカー規制法の概要

ストーカー規制法（全21条）は，その第1条に目的規定を置いているが，本法では，ストーカー行為等について必要な規制を行うこと等により，「個人の

身体，自由及び名誉に対する危害の発生を防止し，あわせて国民の生活の安全と平穏に資すること」を目的とすることが，明記されている。

第2条では「つきまとい等」，「ストーカー行為」の2つを規制の対象としている。

「つきまとい等」とは，特定の者に対する恋愛感情その他の好意の感情またはそれが満たされなかったことに対する怨恨の感情を充足する目的で，当該特定の者又はその配偶者，直系・同居の親族その他当該特定の者と社会生活において密接な関係を有する者に対して，①つきまとい，待ち伏せし，進路に立ちふさがり，住居，勤務先，学校その他その通常所在する場所（以下「住居等」という）の付近において見張りをし，住居等に押し掛け，又は住居等の付近をみだりにうろつくこと（第1号），②その行動を監視していると思わせるような事項を告げ，又はその知り得る状態に置くこと（第2号），③面会，交際その他の義務のないことを行うことを要求すること（第3号），④著しく粗野又は乱暴な言動をすること（第4号），⑤電話をかけて何も告げず，又は拒まれたにもかかわらず，連続して，電話をかけ，ファクシミリ装置を用いて送信し，若しくは電子メールを送信等をすること（第5号），⑥汚物，動物の死体その他の著しく不快又は嫌悪の情を催させるような物を送付し，又はその知り得る状態に置くこと（第6号），⑦その名誉を害する事項を告げ，又はその知り得る状態に置くこと（第7号），⑧その性的羞恥心を害する事項を告げ若しくはその知り得る状態に置き，その性的羞恥心を害する文書，図画，電磁的記録（電子的方式，磁気的方式その他人の知覚によっては認識することができない方式で作られる記録であって電子計算機による情報処理の用に供されるものをいう。以下この号において同じ）に係る記録媒体その他の物を送付し若しくはその知り得る状態に置き，又は性的羞恥心を害する電磁的記録その他の記録を送信し若しくはその知り得る状態に置くこと（第8号），である。

この規定方法は，「限定列挙」といい，警察の権力濫用を防ぎ，加害者の人権保障のためにこういう規定方法が採られていると考えられるのである。

これらの「つきまとい等」の行為では，①は軽犯罪法第1条28号，③は刑法第223条「強要罪」，④は軽犯罪法第1条13号，⑥は軽犯罪法第1条27号，⑦は刑法第230条「名誉毀損罪」，刑法第231条「侮辱罪」，⑧は刑法第175条「わいせつ物頒布罪」に該当する行為のようにもみえるが，その規制の趣旨・範囲は

第5章　ストーカー被害とストーカー規制法　201

異なるものと考えられ，いずれもいわゆるストーカー行為の実態を踏まえて規定されたものである。

また，主観的要件として規定されている「恋愛感情その他の好意の感情」には，女優，ニュースキャスター等に対する憧れの感情や，特定の女性と性交渉をもちたいという「性的な感情」も含まれると解される。規制対象を恋愛感情等一定の感情を充足する目的の行為に限定したのは，国民に対する規制範囲を最小限にし，マスコミ活動や組合活動，探偵業務等，商業活動や労働運動，宗教活動等に規制が及ぶことを避けるための配慮である。

そして，この第2条においては，いわゆるストーカー行為の中から悪質性の高いものを「ストーカー行為」として捉えて罰則の対象とするとともに，そこまでに至らない前段階の行為を「つきまとい等」と捉え，危険防止の観点から，警告，禁止命令等行政措置の対象としたと考えられる。その後，警察庁生活安全局長から，法律の解釈及び運用の留意事項に関する通達が発せられている。

次に，「ストーカー行為」とは，第2条2項において，「つきまとい等」の行為を同一の者に対して反復して，つまり複数回繰り返し行った場合を「ストーカー行為」と定義している。但し「つきまとい等」の①〜④（条文では，第2条1項1号から4号）までの行為については，身体の安全，住居等の平穏若しくは名誉が害され，又は行動の自由が著しく害される不安を覚えさせるような方法，いわゆる「不安方法」により行われた場合に限られる[25]。

第3条では，何人も，つきまとい等をして，その相手方に身体の安全，住居等の平穏若しくは名誉が害され，又は行動の自由が著しく害される不安を覚えさせてはならないとして，「つきまとい等」を規制している。これに違反して「つきまとい等」がなされた場合に，第4条で，警視総監・道府県警察本部長・警察署長（以下「警察本部長等」という）は，「つきまとい等」の相手方から警告を求める旨の申出を受けて，当該行為をした者に対し，更に反復して当該行為をしてはならない旨を警告することができるというものである。

第5条は，警告を受けた者が当該警告に従わずに「つきまとい等」をして相手方に不安を覚えさせた場合には，都道府県公安委員会は，この者に対し，聴聞を行った上で，更に反復して当該行為をしてはならない旨の命令，すなわち禁止命令等をすることができるとした。

第6条では，何人も，ストーカー行為等をするおそれがあることを知りなが

ら，その者に対し，当該ストーカー行為等の相手方の氏名，住所，その他相手の情報を提供してはならない。

また，第7条では，警察本部長等の援助等，第8条は，職務関係者による配慮等，第9条は，国及び地方公共団体，関係事業者等の支援について規定している。

第10条は，ストーカー行為等をした者を更生させるための方法，相手方の心身の健康を回復させるための方法に関する調査研究の推進について，第11条は，ストーカー行為等の防止等に資するためのその他の措置，第12条は支援等を図るための措置，第13条は報告徴収等について，第14条〜17条は，禁止命令を行う公安委員会についての権限等を規定している。

第18条〜20条に罰則規定を設けている。第18条は「ストーカー行為」をした者は，1年以下の懲役または100万円以下の罰金を科せられる。また，第19条では，禁止命令等に違反してストーカー行為を行った者は，2年以下の懲役又は200万円以下の罰金に処せられる。第20条は，ストーカー行為をしたとは言えないときに，禁止命令等に違反した者は，50万円以下の板金に処するとしている。

第21条では，この法律の適用上の注意を規定している。

また，長谷川・山脇の指摘するように，ストーカー規制法は，被害者だけでなく，その配偶者，直系又は同居の親族，その他被害者と社会生活において密接な関係を有する者からも，警察に対する相談等の保護を求めることができ，DV防止法とは，この点が異なっている[26]。

そして，戒能民江の指摘するように，ストーカー規制法は，夫からのストーキングも当然対象になるが，禁止されている行為の目的が，「恋愛感情」「好意の感情」及び「それらが満たされないことへの怨恨の感情」の充足と限定されているために，離婚した夫が，「子どもに会わせろ」とつきまとい行為を行った場合には，ストーカー規制法の対象にはならないのである[27]。

また，このストーカー規制法の禁止命令は，DV防止法のような効力期限はなく，一度発令されれば，その禁止に違反したら，取り締まることができる[28]ことに注意しなければならない。

2015年12月の第4次男女共同参画基本計画においてもストーカー事案への対策の推進を掲げていたこともあり，2016年12月6日に2回目となるストーカー

規制法の改正が成立した。この第2次改正では，罰則の強化や禁止命令の手続きの迅速化などが盛り込まれ，筆者が行った調査の結果からも懸念されていたSNS等の行為も，第2次改正によって規制対象に盛り込まれた。

それでは，次に，諸外国のストーカー規制法について見ていきたい。

第6節　諸外国のストーカー規制法

外国のストーカー規制法のあり方としては，「反ストーキング法」(Anti-Stalking Law：11か国)と「ハラスメント法」(Harassment Act：17か国)の法体系に分かれている。

第1項　アメリカの反ストーキング法

アメリカでストーカー犯罪が注目されるようになったのは，有名人を狙ったケースが多発したことによる。既に紹介した事例であるが，1980年のジョン・レノン射殺事件がその始まりである。また，翌年の1981年には，ジョン・ヒンクリー[29]が，女優ジョディ・フォスターの気を引こうとして，レーガン大統領の暗殺を図り，レーガン大統領の他3人を負傷させたという事件が発生した。藤本哲也によれば，こうしたストーカー事件が頻発したことから，その結果を受けて，1990年には，カリフォルニア州において，全米初の「反ストーキング法」が制定されたと説明している[30]。

反ストーキング法では，ストーキング行為を「意図的で，悪意があり，かつ繰り返されたつきまとい及び嫌がらせ」として規定しているが，ストーカーが「つきまとい」までに至る理由は，被害者と知り合いになりたいというものから，嫉妬，公憤など，さまざまである。

江下雅之によれば，「反ストーキング法が連邦政府の司法委員会で論議される中で，ストーキング行為はエスカレートし，攻撃が繰り返される点が注目された。しかしながら，ストーキングは多くの行動の集積であり，初期段階の個々の行動の多くは合法であるが，その反面，殺人にまで至ることがあることから，総合的な見地から被害者への危険を判断する基準や法体系が必要と考えられた」ということである[31]。

犯罪の立証には動機の確定が必要であるが，江下はこの点に関して，「初期

204

の動機には脅しや嫌がらせの意図がなくても，攻撃がエスカレートする危険性があることから，ストーキングでは主として行動が注目されることになったのである。なかでも加害者による『一連の行動』が焦点となる。これは，『目的を保ったまま一定期間にわたって実行された連続行為』」が問題とされるからであると説明している[32]。

ストーキングに対する刑罰は，軽微な行動と判断されたもので1年以内の拘禁刑，被害が重いもので3年～5年，州によっては10年あるいは20年の刑罰を科している。「反ストーキング法の調査委員会は，ストーカーへのカウンセリングの必要性を強調した。しかしながら，カウンセリングの専門家のなかには，当の本人が自分には何の問題もないと確信しているときには，カウンセリングは効果がない」と江下は指摘している[33]。

また，中川正浩は，1993年9月には，『全米刑事司法協会』（National Criminal Justice Association: NCJA）[34]が，各州の政策立案者司法関係者を支援するためにストーキング防止法のモデル法案を策定したことを紹介している。

このモデル法案の概要は，全米刑事司法協会が，ストーキング問題に法的に対処するため，憲法に適合し，かつ執行可能な法的枠組みを追求することを目的としているものであり，このモデル法案は，ストーキングを重罪とし，犯罪の重大性に見合った刑罰を科するとともに，刑事司法関係者に，逮捕，訴追及び刑の宣告をする権限と法的手段を与えることを各州の立法者に促すものである。

通常人であれば恐怖心を感じるような一連の行為を，それと知りながら行い，実際に怯えさせたことをストーキングとして捉えている。ストーキング防止法は，ストーキングという状況でなされなければ違法とは言えないような行為を被害者の恐怖心を引き起こすという理由で犯罪とするものであるから，被害者が感じる恐怖心の程度が，ストーキング罪の本質的な要素となる。ストーキング罪を重罪として規定する場合には，生命，身体の安全にかかる高度の恐怖が必要とされるのである[35]。

アメリカでストーキング防止法を制定した全ての州では，目的を共有してはいるが，ストーキングの定義や問題のアプローチの仕方についての統一性はほとんどない。敢えて，定義の共通項をあげれば，ストーキングとは，「意図的に，悪意をもって，他人に対して繰り返しつきまとったり，嫌がらせを繰り返

すこと」である。多くの州法は、ストーカーの一連の行為をとらえ、通常の判断能力を有する一般人であれば、身体の安全と生命の危機についての恐れを抱くのがもっともであると考えられることを要件として明記している[36]。

この点に関しては、全米犯罪被害者センターと司法省の女性への暴力担当事務所が「ストーキングリソースセンター（Stalking Resource Center: SRC）」[37]を設立し、そこでは、ストーキングを「特定の人に向けられた、通常人であれば不安を覚えるような一連の行為」と定義している[38]。

また、多くの州がストーキングを軽罪と重罪に分け、軽罪で有罪とされた場合、1年以下の拘禁刑、重罪の場合は、3年～5年の拘禁刑が典型的である。保釈や公判前釈放（pretrial release）を定めている州もあるが、その際、被害者等との接触を禁ずる命令を公判前釈放の要件としている州や、以前に保釈、公判前釈放、仮釈放の条件に違反してストーキングを行ったことがある場合には、保釈を禁ずことができるとしている州が多い。

連邦のレベルでは、「1994年女性に対する暴力法」（Violence Against Women Act 1994）が、性差別に基づく暴力犯罪に対する民事責任の規定を創設した。この連邦法の制定は、ストーキングの被害者に対する民事上の救済措置の充実を各州に促す結果となったものである。

アメリカにおいても、我が国と同様に、保護命令（protective order）の活用は、ストーキング被害を予防する有効な手段である。この報告者の公表後、多くの州が保護命令をすべてのストーキング被害者の救済に活用できるようにするため、命令の申請適格を緩和している。

また、保護命令を効果的に執行するためには、被害者、被告人、裁判官、保護観察官等のすべての当事者が、命令の内容を熟知していなければならない。保護命令はストーキング事案に早期に介入し、被害者救済に有効に機能することは疑いがないが、何人も同一の犯罪について重ねて刑事責任を問われないとする二重の危険の禁止条項に違反しないかという憲法上の問題があることも確かである。1993年6月、合衆国対ディクソン事件（United States v. Dixon）[39]で、連邦最高裁判所は、保護命令違反により刑事裁判所侮辱罪で訴追した後、同一の行為をストーキング罪として訴追することも妨げないとする判断を下した。1996年には州を超えたストーキングを処罰するための連邦法も制定されている[40]。

第2項　イギリスのハラスメント保護法

イギリスでは，タブロイド紙が，頻発する有名人狙い，赤の他人，元パートナーによるつけ回し事件を取り上げたことで，ストーキングが政治課題となり，1997年3月21日，「1997年嫌がらせ防止法」（Protection from Harassment Act 1997）が成立した。中川によれば，「この前年に労働党議員のジャネット・アンダーソンの提案したストーキング法案が議会で否決された後，マスコミを舞台に活発な議論が展開された。……『スージー・ランプル・トラスト』（Suzy Lamplugh Trust）等の民間団体が中心になって，被害者の実態調査をするとともに，同年3月以降，精力的に反ストーキング・キャンペーンが繰り広げられ，5月には，内務省が『検討ペーパー』（A Consultation Paper）を作成し，広く意見を募った」[41]ということである。その結果，検討ペーパーは，市民の日常生活に支障を及ぼさないようにしつつ，ストーキング被害者保護のため有効な方策を探ることを目的として作成されたのである。

また，中川によれば，イギリスの現行法では，民事，刑事いずれにおいても，ストーキングの定義はなされていないが，一般に，他人に嫌がらせをする意図でなされたか，又は現実にそのような結果を及ぼしている一連の行為として認識されている。そして，ストーキングの動機は複雑であるが，典型的には相手から愛されている，被害者との間に何らかの関係が存在する，又はかつての関係を取り戻すことができるという思い込みから事件が発生していることが多く，ストーカーは多様な手段を用いるのである。「個々の行為の性質に関わりなく，その執拗さの故に被害者の心に大変な負担となり，脅威を感じさせる行為」というのがストーキングの特徴を示す1つの定義である[42]。

「全英反ストーキングとハラスメント運動」（National Anti-Stalking and Harassment Campaign: NASH）の調査によれば，1994年1月から1995年11月までの間に，7,000人を超える被害者が電話相談をしてきたとされ，被害者は女性に限らないが，95％が女性であると推測されている[43]。

「1997年ハラスメント保護法」は，16条からなり，第1条から第7条までがイングランドとウェールズに適用され，第8条から第11条までがスコットランドに適用される。この法律は，ストーカー（stalkers），迷惑な隣人（nuisance neighbor），人種的虐待者（racial abusers）などから，嫌がらせを被る被害者を保護することを目的としている[44]。

この法律で禁止の対象となるのは，「ハラスメント行為」及び「暴力の恐怖を与える行為」で，いずれも2度以上反復されたものが対象である。第1条は「他の者にハラスメントを及ぼし，その者に対しハラスメントを及ぼすことを知り又は知り得た一連の行為」を禁止する。第2条は，ハラスメント行為を行うことが罪になると定め，第3条は，被害者はハラスメントによる苦痛及び経済的損害を含めた損害賠償の訴えを行うことができるとする。そして，第4条は，暴力の恐怖を与える行為を犯罪と規定し，第5条は，第2条のハラスメント及び第4条の暴力の恐怖を与える行為を行った者に対し，裁判所は差止命令を発し，命令で定める行為を禁止することができるとするのである。なお，国家安全，経済的幸福，重大な犯罪の防止・捜査に関して，大臣が指定する特定の者については，この法律は適用されないとされている[45]。

また，イギリスでは，2012年11月，「1997年嫌がらせ防止法」を改正し，「2012年自由保護法」(Protection of Freedom Act 2012) が施行され，ストーカー行為の罰則が強化され，ストーカー罪が新設された。

条文では，故意又は過失により，見張り又は監視，つきまとい等に伴う嫌がらせをした者は，略式裁判により51週以下の拘禁刑若しくは5,000ポンド以下の罰金に処し，又は併科すると定めている[46]。

第3項　ドイツの暴力防止法

ストーキングは，「古くからある現象に新しい名称を与えたもの」と言われるが，ドイツにおいて「ストーキング」という概念が英米語圏から導入され，深刻な社会問題として認識されるようになったのは，近年のことのようである。1999年に，ストーキングに関するフォルクマール・フォン・ペヒシュテット (Pechstaedt, V.v.) 弁護士の論文が発表され，2000年2月に週刊誌『デア・シュピーゲル』にストーキングに関する記事が掲載されたことが，この問題が社会の注目を集めるきっかけとなったのである。

ドイツでは，2001年12月11日，「暴力行為及びつきまといの際の民事裁判上の保護を改善し，並びに別居の際の婚姻生活の住居の明渡しを容易にするための法律」の第1章として，「暴力行為及びつきまといからの民事法上の保護のための法律」(Gesetz zum zivilrechtlichen Schutz vor Gewalttaten und Nachstslungen vom 11. 12. 2001，以下「暴力保護法」とする) が制定され，2002年1月1日から施

行された。これがドイツにおける最初のストーカー対策立法である。

　この暴力保護法は，DVからの保護に加えて，ストーキングからの保護も対象とすることとなった。これは，「ストーキングはドメスティック・バイオレンスの典型的な行為類型」であると言われるように，ストーキングの被害者は圧倒的に女性であり，知り合い・関係者の間でのストーキング，特に別れたパートナーに復縁を迫るタイプの行為が多いという実態に即したものでもあったのである。

　齋藤純子によれば，ドイツの暴力保護法の第1条では，暴力行為があった場合，被害者からの申立てがあれば，裁判所は必要な措置を取らなければならないことを定めている。裁判所は，加害者に対し，被害者の住居等への立入り・接近，被害者への連絡，被害者との遭遇を引き起こすことの禁止を命じることができ，生命，身体等を侵害するとして脅迫した場合，被害者の意思に反してその住居に不法侵入したり，繰り返しつきまとい又は遠隔通信を用いて苦しめた場合も同様としている。

　第2条は，被害者が加害者と継続的な共同の世帯を営んでいた場合には，被害者は，加害者に対し，共同で使用していた住居の明渡しを要求することができるとする。第3条は，被害者が親の配慮等を受けている場合の適用法規，被害のその他の請求権について定めている。第4条では刑罰規定を定め，裁判所の命令に違反する者は，1年以下の自由刑又は罰金刑に処せられると規定している[47]。

　この民事法的規制に関しては，すでに連邦政府は1999年12月1日に，「女性に対する暴力撲滅のための行動計画」を作成していた。これは市民の私的な領域への重大な侵害となるストーカー行為を含む，あらゆる形態の暴力行為を社会から排除しようという風潮を作ることを目的としたものであった。

　嘉門優の説明するところによれば，「暴力保護法以前にも，ドイツ民法典第823条第1項には『故意又は過失により他人の生命，身体，健康，自由，所有権その他の権利を違法に侵害』した者は，損害賠償義務を負うと規定しており，健康侵害，自由侵害，性的自己決定権に対する不法行為の場合に，原則として慰謝料請求権も認められていた（民法第847，第253条）」という。さらに，「第1004条を類推適用して，加害者に対し暴力行為の不作為を請求する制度もあり，この規定により，家庭内での暴力やストーカー行為等に対しても不作為請求権

第5章　ストーカー被害とストーカー規制法　　209

を行使することができた」とのことである[48]。

　そして，「つきまとい処罰法」の実質的規定は，刑法典の改正及び刑事訴訟法の改正によるのである。すなわち，齋藤純子によれば，「執拗な以下の行為によって権限なく相手につきまとい，そのことによって相手の生活形成を重大に侵害する者は，3年以下の自由刑又は罰金刑に処せられる」のである。つまり，①相手の空間的近くに行くこと，②電気通信その他の通信手段を用いて，又は第三者を介して接触しようとすること，③相手の個人情報を不正利用して相手になり代わり商品若しくはサービスの注文を行い，又は第三者に相手に接触させようとすること，④相手自身又は相手に近しい者の生命，身体の完全性，健康又は自由を侵害するとして脅迫すること，⑤これに相当するその他の行為を行うこと等，ここでは，行為類型に関する概括規定が置かれている。また，「相手の生活形成を重大に侵害する」ことが要件とされていることから考えて，結果犯として構成されているのである。

　次に，刑事訴訟法の改正（第2条）では，エスカレート予防勾留の可能性（第112a条の改正）について，第112a条による勾留が認められる犯罪に，悪質な「つきまとい」を追加することにより，行為を繰り返したりエスカレートさせるおそれのある危険なストーカーの勾留を可能としていると齋藤純子はいう。

　また，齋藤純子は，刑事訴訟法第374条の改正では，私人訴追を可能にしているとしている。ドイツには，一定の軽微な犯罪については，公訴が提起されるか否かにかかわりなく，被害者が訴追することができる私人訴追制度がある。この制度においては，原則として，被害者と加害者の間でまず和解を試みなければならず，被害者による訴追は，この和解が不成功に終わったことを前提とするのである。

　ストーキング犯罪についても，私人訴追を可能とするが，ただし，「今回の改正では，この前提条件を外し，和解の試みを要件としないこととした。これは，ストーキング犯罪の場合，一般的に，被害者は加害者と直接対決することを望まないことを考慮したためである」と齋藤純子は説明している。

　第395条の改正は，訴訟参加の可能性を与えたもので，「公訴が提起された場合，被害者等が『訴訟参加人』としてこれに参加することができる犯罪の一つとして『つきまとい』を加えることにより，ストーカー犯罪の被害者に訴訟参加の道を開く」と齋藤純子は指摘している[49]。

そして，ドイツでは，ストーカー行為処罰に関する規定を刑法典に新設する法案が提出され，2007年3月に刑法新第238条「つきまとい」等を含む改正法が成立している。この第238条の特徴は繰り返しになるかもしれないが，「その行為によって，被害者がその生活形成に重大かつ不当な侵害を受けること」と規定し，ストーカー行為を「結果犯」とする構成を採ったのである。

このように，ドイツにおけるストーカー行為規制立法の特徴は，ストーカー行為を結果犯として構成した点，結果的加重構成要件を設けた点である。

嘉門優は，ドイツにおけるストーカー行為処罰規定は，ストーカー行為の処罰要求が高まる中，一種の妥協によって成立した規定であり，基本的構成要件に，「権限なく」「迷惑行為をする」「執拗に」「生活形成」「重大に」などの不明確な法概念が入り，各所に矛盾が生じ，問題を数多く有する規定となったと批判している[50]。

また，ホックマリー（Hochmary, G.）は，ストーキングとは「行為者が次第に犯罪の既遂に接近するという特殊性」が存在し，このような特殊性を把握するために「漸次犯（das sukzessive Delikt）」という犯罪類型を提唱していることを，四條北斗が紹介している[51]。

また，渡辺富久子は，2017年3月に，ストーカー被害者保護を強化する目的で，刑法典等が改正されたことを紹介している。「主な改正点は，①従来，ストーカー行為は，被害者が住所や勤務先を変更した場合など，被害者の生活に重大な影響を与えた場合に処罰可能であった。したがって，被害者が外形上生活を変えずに被害に耐えている場合には，当該行為を処罰できなかった。改正により，生活への影響という外形を伴わなくとも，実態として被害が認められる場合には，ストーカー行為の処罰が可能となった（刑法典第238条）。②従来，ストーカー行為は，被害者本人が訴追することも可能であった（私人訴追）。そのため，検察官は，被害者にこの制度を教示して刑事手続を打ち切ることがあった。しかし，被害者自らが訴追して加害者と向き合う精神的負担に配慮し，今回の改正により，ストーカー行為は私人訴追の対象から除外された（刑事訴訟法第374条）」と報告している[52]。

以上，いくつかの外国のストーカー規制法を見てきたが，アメリカにおいては，保護命令の活用は，ストーキング被害を予防する有効な手段であり，イギリスでは，ストーカー，迷惑な隣人，人種的虐待者などから，嫌がらせを被る

被害者を保護することを目的としているところに特徴がある。ドイツでは，ストーキングの被害者は圧倒的に女性であり，知り合い・関係者の間でのストーキング，特に別れたパートナーに復縁を迫るタイプの行為が多いという実態に即し，DVからの保護に加えて，ストーキングからの保護も対象とする制度となっている。

　続いて，次節では，我が国のストーカー規制法の問題点について論じたいと思う。

第7節　ストーカー規制法の問題点

　我が国のストーカー規制法は，「夫からのストーキングも当然対象になる。だが，禁止される行為の目的が，『恋愛感情』『好意の感情』および『それらが満たされないことへの怨恨の感情』の充足と限定されていることから，離婚した夫が，『子どもに会わせろ』とつきまといを行った場合には，ストーカー規制法の対象にはならない」と戒能が指摘している[53]。

　また，長谷川と山脇の言うように，ストーカー規制法では，つきまとい等に関しての相談は，警察にしかできず，DV防止法のような一時保護制度もなく，被害者は引越しや転職をして身を隠すか，自力で身を守るしか対応策はなかった。支援者からは，法施行当時から，不備が多く，被害者を守るために効果的に機能していないという批判が強かったのである[54]。

　ストーカー規制法制定後のストーカー規制法の問題点については，多くの学者や研究者たちが，改正を見据えて，2002年から2004年にかけて，いろいろな意見を述べていたが，2013年6月，ようやくストーカー規制法の改正がなされるに至ったのである。

　以下においては，ストーカー規制法制定後，初の改正に至るまでの「凶悪事件とストーカー規制法の問題点」についての論議を，紹介しておきたいと思う。

第1項　初改正に影響を及ぼしたストーカーによる凶悪事件

　まず，ストーカーによる凶悪事件として，「逗子ストーカー事件」から見ていきたい。

　逗子ストーカー事件は，2012年11月6日午後3時10分ごろ，神奈川県逗子市

のテラスハウスで，近くを通行中の男性配達員から「男性が外で首をつっている」との119番通報があったことに端を発する。通報を受けて駆けつけた消防隊員が，テラスハウスの庭先で首をつっている男性と，部屋の中で血まみれで倒れている女性を発見したのである。

　神奈川県警逗子署によると，事件は，被害者が住む集合住宅に，東京都世田谷区等々力の元教員であるKが無施錠の窓から侵入して刺殺後，首をつって自殺したというものである。現場には血の付いた刃物が落ちており，同署は，容疑者死亡のまま殺人容疑で書類送検する方針をとっている[55]。

　2人は，2004年頃から交際し，2年ほどで別れた。被害者は，Kと別れた2年後の2008年に結婚して改姓し，逗子市内に転居。2011年4月，容疑者から「刺し殺す」などと脅すメールが送りつけられたのである。

　被害者から相談を受けた同署は，緊急通報装置を貸し出し，同年6月に脅迫容疑でKを逮捕。7月にはストーカー規制法に基づく警告を出し，9月には監視カメラを設置している。

　被害者が同署に相談した際，「姓や住所は言わないでほしい」と要望していたため，同署は幹部らの間で，この要望を情報共有していた。しかし，脅迫容疑で容疑者を逮捕する際，逮捕状に記載された被害者の結婚後の名字や転居先の市名等を読み上げ，さらに，警察署内でKに弁解の機会を与えた際にも，同様の内容を告げたという。

　執行猶予付き有罪判決確定後の2012年3月下旬から4月上旬に，再び，計1,089通の嫌がらせメールが送りつけられたため，被害者が警察に相談し，再度の逮捕を望んだ。しかしながら，メールには「結婚を約束したのに別の男と結婚した。契約不履行で慰謝料を払え」などと書かれており，脅迫的な文言もなかったので，県警はストーカー規制法の適用ができないと判断した。

　このメールに関しては，容疑者が2011年，神奈川県警からストーカー規制法に基づく警告を受けた際，警察から示された文書を参考にして，巧妙にストーカー規制法に抵触しない文言のメールを送っていた可能性もあるとみられている。

　数日後には，被害者の夫から「Kがすでに妻の名前を知っていると聞いた」と抗議を受けた。警察としては，同7月のストーカー規制法に基づく警告の際には，被害者の居住地の特定を防ぐため，逗子署長名ではなく本部長名で出す

などの配慮をしていたようである。

インターネットの質問サイトには，2011年5月から事件2日前まで，Kが書き込んだとみられる事件の準備や予告を窺わせる投稿が，約400件あったことも判明している。また，Kは，事件前日，探偵に，被害者の所在調査を依頼し，同日中に回答を受けていた。県警がK宅を家宅捜索した際，探偵からの請求書が見つかったという。

この事件では，被害者の名字や転居先の市名等を読み上げてしまう等の警察の失態が窺えるが，法廷でも，匿名性を重視し，性的被害などの被害者の名前を読み上げないことが定められているのに，警察が犯人に，被害者の名前等を告げてしまうことは，問題であった。

また，執行猶予付き有罪判決が下されているのに，警察でその情報がつかめていないことにも問題があったと思う。データベースで犯歴等が分かるのであれば，法務省との連携で，情報を随時更新すべきであると筆者は思う。

それはそれとして，この事件のストーカー規制法の問題点は，大量のメールが送られているのに，脅迫的な内容ではないから警察が手を出すことができなかったという点である。この事件の当時には，電子メールを規制する規定がなかったのである。法律に欠陥があったといえるであろう。しかしながら，この点に関しては，改正法によって解決されたことを付言しておきたい。

次に，「長崎ストーカー事件」であるが，この事件は，2011年12月16日午後9時前，長崎県西海市の被害者宅に帰宅した次男が，家に明かりがなく居間の窓ガラスが割られているのを見つけ，三女と東京にいた父親に電話で伝え，西海署に通報した。次男は，近所の親類と一緒に母親と祖母の2人を捜し，敷地内にあったワゴン車の荷台で，倒れている2人を見つけて110番したのである。

長崎県警によると，この事件前の父親が10月29日，県警西海署に「千葉県に住む三女が元交際相手の男Tから暴力を受けたり，脅されている可能性がある。千葉県警に捜査してほしい」とストーカー行為による被害の相談を受け，長崎県警は，同日，千葉県警に通報したということである。

2013年6月14日に裁判長は「何の落ち度もない2人の命が理不尽に奪われ，被告［T：筆者注］の刑事責任は誠に重大。いかなる見地からも死刑を科すほかない」と述べた。

Tは捜査段階で容疑を認めたが，公判では「警察官に脅されて自白した。証

拠は作られたものだ」と無罪を主張していたのである。判決は，「事件の翌日，被告が凶器の出刃包丁を持っていたことや，着ていたコートやズボン，革靴に被害者とDNAの型が一致する血の痕がついていたことは，被告が犯人でなければ合理的に説明できない。犯行を認めた捜査段階の供述は信用できる」と述べ，被害者の財布を持っていたことや，被害者宅にTの靴と似た足跡があったことからも「犯人だと認められる」とした。

　捜査段階での自白については，殺害の経緯や様子を具体的に述べているとして信用性を認め，「脅迫など違法な取り調べがなされた事実はない」と判断。公判でのTの主張は「多くの証拠と矛盾する」と退けた。また，Tには人格障害があるが精神病ではなく，行動は計画的で自己防衛的な言動も多いとして，刑事責任能力があると認めた。その上で「遺族の処罰感情は厳しい。公判では不合理な弁解に終始し，改悛の情は全く見出せない。死刑を科すほかない」と，判決を死刑とした理由を述べている[56]。

　1審判決後，Tは判決を不服として，福岡高等裁判所に控訴したが，2014年6月24日，原判決通り死刑を認めた（福岡高判平成26年6月24日）[57]。更に，上告したが，最高裁判所第1小法廷で「刑事責任は極めて重大である」として，1審判決を支持する判決が下された[58]。

　この事件では，被害者の父親から，被害者への暴力を含むストーカー被害があることを，千葉，三重，長崎の3県警に相談したが，被害者が住む地域を管轄する千葉県警習志野署の担当者は，傷害の被害届について「1週間待ってくれ」と対応を保留した。事件2日前の12月14日に，加害者が三重県内の実家で父親に暴力を振るい失踪した際にも，事態を把握していた千葉，三重両県警は長崎県警に連絡しておらず，三重県警の当直は「危険人物と把握していなかった」などとして，対応の不備を認めている。

　この事件については，捜査の過程について，「重大事件に発展する危機意識が不足し，警察署の組織的対応や県警の連携に不備があった」とする検証結果と，ストーカー規制法の積極活用などの再発防止策を公表して，警察は謝罪したのである。

　この事件を受け，警察庁は，全国の警察に通達を出し，ストーカー等の事件が複数の都道府県警に関係する場合は，情報の共有と被害者の保護を徹底するよう指示をしている。

第5章　ストーカー被害とストーカー規制法　　215

本事件は，ストーカー被害者の家族が巻き添えになった陰惨な殺人事件であり，このようなストーカー殺人事件は，規制法制定後もなくなっていない。また，警察は民事不介入の原則から，ストーカーに対して，一定の説諭や巡回等は行っているが，それらは，なんら有効な対策とはなっていない。そのため，現行法のように，警察の上部組織である公安委員会が禁止命令を出すのではなく，裁判所が禁止命令を出すようにストーカー規制法を改正し，警察が違反者を逮捕するという形に手続きを変えるべきであり，このことからしても，ストーカー規制法は再度の改正の必要性があるように筆者には思われる。

第2項　これらの凶悪なストーカー事件から見られる問題点

　まず，櫻井敬子は，「戦前において，警察が行政警察にかかる権限を濫用的に行使し，過酷な人権侵害が行われたという反省から，わが国では，戦後における警察の仕事は，犯罪発生後の捜査活動という司法警察にもっぱら重点が置かれ，犯罪発生前に警察が活動することは，法制度上厳に抑制されてきたという事情がある」ということを指摘する[59]。しかしながら，犯罪捜査とは別に，一般市民のニーズにあった公共サービスの一環として，行政警察活動が適切に展開される必要があることは，何人も否定できないであろう，と筆者は思うのである。

　しかも，ストーカー行為を行う者の内心は，すべて第三者の理解可能な合理的なものとは限らないのであって，ターゲットとなった者にとっては，ストーカー行為を行う者の行動を合理的に予測して，これを回避することが困難であることも理解しなければならない。「他者に不合理な恐怖を与える行動をとる者」と「言い知れぬ不安の中で生活しなければならない者」とがいる場合，いずれを保護すべきかは明らかな事実であり，こういう場合に，ストーカーの「人権」に過度に配慮して，その行為がエスカレートして「犯罪」に発展することを待つことは，被害者の法益を著しく軽んじ，法益保護のバランスを失するものであることに留意しなければならない。

　「このような場合に，両者の間に行政機関が入り，双方の法益を均衡させる形で，一方においては，その自制を促すとともに，必要に応じてこれを牽制し，他方において，援助・保護を与えることは，文字通り正義にかなうことである」[60]と櫻井は述べている。

そして，ストーカー行為を現に受けている者の望みは，ストーカー行為がなくなることである。「法の効果は，被害者の平穏で安全な日常生活が回復されてこそ意味がある。まず，警察当局が行為者に接触することが先決であり，第三者として当人に会って現認するということが，すべてのはじまりである」とも櫻井は述べている[61]。

　このような櫻井の指摘からも，被害者が被る精神的苦痛が多大であるストーカーを，警察が規制できないのであれば，裁判所が禁止命令等を下し，警察が加害者を逮捕するというように手続きを変更すれば，円滑に法律が執行できるのではないかと筆者は思うのである。

　また，江下雅之は，「ストーキングは，複雑な人間関係の錯綜する現代社会では，無視できない問題となってきている。今日，通信ネットワークは極めて有効な手段として認知され，わずかなコストで世界中の人間と交流できるのである。脅迫状を送ろうと思ったら，それなりの労力とコストが必要だが，通信ネットワークの世界では，こうした行為がごく簡単にできるようになってしまった。メディアの発達は，ストーキングのような行動に対する脆弱性を一層深刻にしている」と指摘している[62]。

　そして，江下は，姿なきストーカーが，ある「標的」に繰り返し嫌がらせの電子メールを送ったという事例を紹介している。こうした隠れたストーカーが，実際に我々の社会生活に脅威を及ぼそうとしていることは確かである。「抜本的な対策を図っていくためには，懲罰的な立法措置を取るだけでは不十分であり，社会秩序と個人の自由という根本的な問題から検討していかざるを得ない」という[63]のが江下の結論であるが，筆者もそう思う。

　さらに，魚谷増男は，アメリカでの裁判所でストーカー規制法の憲法上の問題が争点となったことについて述べている。それは，アメリカ憲法の「デュー・プロセスの要請の下で『Void for Vagueness』（曖昧性ゆえの無効）の法理でストーカー規制法は，憲法に違反するものであり，憲法上のデュー・プロセスの要請は，州のストーカー行為規制法は，違反行為を明確に規定することである」とする。また，このことは，ストーカー行為の規制にあたって憲法上で保障されている言論・行動の自由を，侵害することにもなりかねないのである[64]。

　魚谷は，この憲法上の問題をクリアするために，アメリカでは，連邦司法省

の指導でストーカー規制法のモデルを1993年に作成し，各州のストーカー規制法の改正または制定の促進を図ったことを指摘している。

　また，原田保は，被害者保護の観点からすれば，警察当局からの積極的支援の提供が必ずしも予定されていない点は，極めて重大な問題であるという。そして，「本法制定促進の直接契機となった桶川女子大生ストーカー殺人事件は，代行ストーカーの事案であるが，その桶川事件に対応できない法律——ストーカー規制法——を作った」と批判している[65]。

　長谷川京子は，現行法制の問題点として，ストーカー規制法の「禁止命令は，当時，条例上，都道府県公安委員会が，暴力団の活動を抑制する中止命令が出せた制度（1991年の『暴力団による不当な行為の防止に関する法律』〔平成3年5月15日法律第77号〕）にならったもの」であるために，機能不全を招いているという[66]。ストーカー規制法の禁止命令は，DV防止法の保護命令のような裁判所命令ではなく，公安委員会が発令する行政命令としたことで，警察が実質的に発令とその執行を担う構図となっており，怠慢を助長することになるというのである。また，警察の権力濫用を抑制するため，禁止命令を発令するためには数多くの段階を経るという配慮がなされているために，迅速性が犠牲になっていることを指摘する。長谷川は，「被害者は単なる情報提供者に過ぎず，『手続の当事者』ではないという意味で，被害者を手続から排除している」とするのである。さらにまた，「ストーカー加害者に対する禁止命令への不服申立ての機会保障が不充分である」とも述べている[67]。

　藤本哲也は，『長崎ストーカー殺人事件』の警察の対応をみる限り，問題はストーカー規制法の欠陥にあるというよりも，ストーカー行為の危険性の認識不足と，管轄権にこだわりを持つ各県警間の連携不足にあり，また，『民事不介入の原則』が，今もなお，警察内部に存在していることを疑わせる対応となっている」と指摘する[68]。ストーカー規制法を積極的に運用し，被害者を救済するという意識改革こそが，何よりも先に警察に求められるところであるとするのである。

　また，藤本は，被害者側は，3県警に相談をしたが，いずれの警察もメールの内容を確認せず，「管轄は向こう」と対応を「たらい回し」にしていることが問題なのであり，「こうした不手際の上に，加害者には，かつて埼玉県でストーカー規制法違反の犯罪歴があったが，この情報は各県警間で共有されてい

なかったという事実である。各県警は，相談内容が重大事件に発展するという危機意識が欠落していたとしか言いようがなく，そのためか，直ちに強制力のあるストーカー規制法の適用に踏み切ることを怠っている」ことをも指摘している[69]。

　藤本は，さらに，「過去において，警察庁は，ストーカー規制法が施行される2000年11月24日直前の11月21日に，『ストーカー行為等の規制等に関する法律等の施行について（依命通達）』を出している。その後も何度となく通達を出しているが，共通しているのは，被害者から被害届等の申告がなくても，積極的な対応を取るべきであるというものである」と指摘し，警察の対応の悪さを問題としている[70]。

　そしてさらに，藤本は，「逗子ストーカー殺人事件」では，「逗子署は『連続メールはストーカー規制法に当たらない』と回答。逗子署から加害者に厳重注意をすることを提案している」が，この事件は「ストーカー行為が6年続き，警察署への相談回数4回，しかも，最終的には2か月間で1,089通のメールの送付という行為に，なぜ違法性を問えないのかという疑問が提起されている。メールの連続送信行為だけでは，ストーカー規制法違反となるという明文規定は置かれていないことは周知の事実であるが，臨機応変な対応が可能ではなかったか」という疑問を提示しているのである[71]。

　「しかし，それよりも問題なのは，警察，検察，保護観察所の連携不足があったのではないかという点である。保護観察付き執行猶予判決を受けた加害者は，『いかなる形でも被害者と接触してはならない』という特別遵守事項が付けられていた。したがって，電話やメールや訪問といった，あらゆる接触方法が取れないことになっていたはずなので，連続メールを送信したとなれば，特別遵守事項違反であり，執行猶予を取消し，刑務所へ収容することができたはずである」と，藤本は指摘している。確かに，加害者に保護観察が付いていることが分かれば，何らかの対応が可能であり，被害者が殺されることはなかったであろうと筆者は思う。

　この「逗子ストーカー殺人事件」を受けて，2013年4月から警察と保護観察所の情報交換制度が始まった。保護観察付き執行猶予判決を受けた加害者が嫌がらせを再開した場合，警察が保護観察所に遵守事項等の問い合わせをすることになったのである[72]。

第5章　ストーカー被害とストーカー規制法　　219

また，これは，ストーカー規制法第2条2項にいう「不安方法」に関する判例の解釈についてであるが，四條北斗は，「ストーカー規制法を解釈するにあたって，法の目的および趣旨に沿う形で，被害者保護に重きを置くことが現在の潮流であると見受けられる。……しかし，刑事裁判は，本法によるストーカー問題への対策の一部をなすに過ぎない。加えて，そもそも，本法の罰則の法定刑からしても，それを適用することによる被害防止効果への期待はそれほど大きくないといわざるを得ない。被害者保護が軽視されてはならないが，ストーキングを犯罪化し，個別の事案を事件化することで，被害者保護が実現されるわけではないことも見過ごされてはならない」と述べている[73]が，一方で，高森高徳は，「交際要求の手紙等を輸送した被告人の行為について，ストーカー行為等の規制に関する法律違反に当たらないとして原判決を破棄し，これを肯定した事件」の判例紹介において，「本件法律の立法趣旨からすれば，仮に，客観的には通常人が不安を覚えるとは言えないような行為であっても，実際に被害者が不安を覚え，通常人も諸般の事情から被害者が不安を覚えるのはもっともだと思う行為は，不安行為に当たるというべきであり，本件判決の解釈が立法趣旨に適うものと考えられる」[74]としており，筆者も高森の意見に賛成である。

　また，高森は，「当該行為が郵便によるか否かを問わず，行為者と被害者の人的関係，行為の具体的態様，それにより被害者に告げられた内容，同種行為の回数や頻度，さらには，警察による警告や禁止命令との先後関係等を総合的に考察して決すべきものである」と述べている[75]。

　これは，ストーカー規制法におけるストーカー行為罪の構造並びに解釈に関する重要な論点であり，ストーカー行為罪の処罰根拠をどのように限定するかという処罰根拠にもかかわる問題である。

　佐野文彦が指摘するように，「我が国のストーカー行為罪は，侵害犯でなく危険犯と構成した上で，目的要件の存在・行為態様の適示といった処罰根拠に加えて，『不安方法』を一定の行為について要求するという処罰の限定を行っている」のである[76]。これは，本節のストーカー事件から見られる問題点の中では，判例を対象とした条文解釈論の問題点といえるであろうが，ストーカー事件に対する判決と処罰に関するものであり，今後，さらなる議論が必要であろうと筆者は考えている。

結論的に言えば，ストーカー規制法とは，ストーキングを受けている被害者を守るための法律であり，被害者の不安とは，被害者が抱くあらゆる精神的な不安であり苦痛である。筆者は，被害者が不安に感じる行為は，それがいかなる行為であろうとも，ストーカー行為と判断するべきであろうと考えるのである。

第3項　ストーカー規制法の第1次改正と第2次改正

　以上のような事件やストーカー規制法の問題点が指摘された結果，2012年11月，当時は野党であった自民党が，逗子ストーカー事件で規制対象ではなかった執拗なメールを，ストーカー規制法の対象に加える改正案を国会に提出する方針を表明した。2013年6月に公明，民主，自民党の有志の参議院議員らが，DV防止法と同時改正する方向性をまとめ，同年6月21日の第183回通常国会において，両改正案は参議院を通過。同月26日に衆議院本会議で可決されたのである[77]。

　参議院本会議において，内閣委員会の相原久美子議員が，ストーカー規制法に関して，「近年，警察の対応の見直しが必要とされる事案が生じ，あるいは規制の対象とならないようなストーカーが行われ，ついには殺害されるという痛ましい事件が発生いたしました。ストーカー事案の数も高水準で推移し，平成24年中の認知件数は約2万件と，ストーカー規制法施行後最多となっております。本法律案は，このような最近におけるストーカー行為等の実情に鑑み，ストーカー規制法について，電子メールを送信する行為を規制の対象に加えるとともに，禁止命令等を求める旨の申出，当該申出をした者への通知等つきまとい等を受けた者の関与を強化するほか，ストーカー行為等の相手方に対する婦人相談所その他適切な施設による支援を明記しようとするものであり」ますと述べ，全会一致で可決されたのである[78]。

　長谷川京子と山脇絵里子は，この改正のポイントは，「被害者等の手続への関与の強化と警察本部長等の応答義務の導入，被害者等の安全を守るための禁止命令・警告等の管轄の拡大，婦人相談所等による被害者支援や民間支援組織の活動支援に努める義務」にあると述べている[79]。

　そして，第1次改正後の2013年10月8日，元交際相手が女子高生を刺殺した「三鷹女子高生ストーカー殺人事件」が起きている。この事件は，2011年10月

頃，加害者と被害者はインターネットで知り合い，約1年間交際したが，被害者の外国留学をきっかけに2人は別れた。被害者の帰国後，加害者が復縁を迫ったがその願いは達成されず，復縁できないと思った加害者は，殺害計画を練り始めた。事件当日，被害者は両親と三鷹署を訪れて「待ち伏せされている」などの加害者の執拗なストーカー行為について相談した。加害者はその日の昼過ぎに被害者宅に侵入し，1人で高校から帰宅した被害者をペティナイフで襲撃，失血死させたのである[80]。

また，この事件では，交際中に撮影した女性の性的な画像等を，交際を解消された嫌がらせとして，インターネット上に掲載するという，いわゆる「リベンジポルノ」が問題となった。

この「リベンジポルノ」についてであるが，アメリカのカリフォルニア州では，2013年10月1日，刑法典647条を改正し，他人の性的図画のインターネット等への無断流布等を新たに犯罪としている。条文には「被写体に深刻な精神的苦痛を引き起こす目的で，その図画を流布し，かつ被写体が深刻な精神的苦痛を受けた場合は，軽罪として処罰」されると規定している[81]。また，カリフォルニア州では，「自撮り」の写真等を規制対象に追加する州刑法の改正が2014年9月30日に成立している。

藤本哲也は，「アメリカのほとんどの州では，被写体となった者が裸体であるか，恥部，陰部，生殖器，臀部，胸部がある程度あらわになっている状態又は性交や性的行為を行っている画像や動画の投稿を処罰対象としている。画像や動画の種類については，媒体が限定されていない規定になっている」と述べている[82]。

また，欧州連合（EU）でも，欧州連合司法裁判所が，2014年5月13日に「忘れられる権利」を認め，検索結果の削除を求めた判決を下している[83]。

我が国においても，2014年10月9日に，自民党は，嫌がらせ目的で元交際相手の裸の画像などをネット上に公開する，「リベンジポルノ」を防ぐための法案の骨子をまとめ，国会に提出した[84]。

そして，2014年11月18日の第187回臨時国会で，「私事性的画像記録の提供等による被害の防止に関する法律案」が提出され[85]，翌19日に可決され，「私事性的画像記録の提供等による被害の防止に関する法律」（平成26年法律第126号）が制定された。この法律の第3条に「第三者が撮影対象者を特定することがで

きる方法で，電気通信回線を通じて私事性的画像記録を不特定多数の者に提供した者は，3年以下の懲役又は50万円以下の罰金に処する」と定められたのである。

藤本は，被害者救済という立場から，「リベンジポルノの犯罪化による加害者の処罰に加え，インターネット上に流布した性的画像や動画の削除及び当該画像や動画に関わる検索結果の削除による被害者のプライバシーの保護が優先される必要がある」とも述べている[86]。

また，筆者が実施した大学生を対象にアンケート調査を行った際にも見られたSNSを手段とするストーカー行為が第1次改正の規制対象から外れてしまったが，小金井ストーカー殺人未遂事件を契機として，2016年12月6日の第192回国会において可決された第2次改正によりSNSも規制の対象となった。

この第2次改正での主な改正点は，①規制行為等の拡大として，SNSやブログにメッセージを連続送信すること，②禁止命令等の制度の見直し，③ストーカー行為等に係る情報提供の禁止，④ストーカー行為等の相手方に対する措置等（これは，被害者等に対し保護，捜査，裁判所等に職務上関係のある者は，相手方の安全の確保及び秘密の保持に配慮することである），⑤ストーカー行為等の防止等に資するための措置，⑥刑罰の見直しである。また，ストーカー行為罪を非親告罪化することとしたのである[87]。特に，情報提供の禁止は，逗子ストーカー事件で問題となったことから，加えられた規定であると考えられる。また，実際には運用されていなかった仮の命令は削除されている。

第8節　ストーカーの類型と人格特性

次に，ストーカーの類型と人格特性について考えてみよう。藤本によれば，ストーカーの類型について，ジョージタウン大学のサイモン（Simon, R.）は，ストーキングを，①拒絶敏感タイプ，②人格障害タイプ，③関係妄想タイプ，④分裂気質タイプに分類している。①拒絶敏感タイプとは，相手に拒否されると極度に傷つきやすく，恋愛関係においては，相手に完全に依存するタイプの人間である。このタイプのストーカーは，子どもの頃に親の愛情を失ったという苦い経験から，異性との間のノーマルな関係を結ぶことができないのである。②人格障害タイプとは，相手に拒否されたり捨てられたりすることにヒステ

リックに反応するところに特徴があり，このタイプの者は，感情の変化が激しく，少しの距離や侮蔑にも敵意をむき出しにする。このタイプのストーカーは，心の中に愛と憎悪という，相反する感情が同居し，その2つが瞬時に入れ替わることも特徴である。③関係妄想タイプとは，相手が自分に恋をしていると，一方的に信じ込んでしまう妄想障害の一種である。このタイプのストーカーの特徴は，お互いが永遠の愛で結ばれており，相手が自分の存在に気づきさえすれば，絶対に好きになるはずだという妄想を抱いている点である。④分裂気質タイプとは，幻想に基づいて行動するタイプのストーカーであり，その行為は神からそう命じられたとか，相手が自分の苦しみの原因と勝手に信じ込んでしまうことに由来している[88]。

また，ミューレン（Mullen, P.E.）らによれば，ストーカーは，拒絶タイプのストーカー，親密な関係を要求するタイプのストーカー，不適格者タイプのストーカー，怒りタイプのストーカー，略奪タイプのストーカー，という5つのグループで構成されるとする[89]。

そして，鈴木晃によれば，サイバーストーキングについて研究しているオーグルヴィー（Ogilvie, E.）は，サイバーストーキングを，①Eメール・ストーキング，②インターネット・ストーキング，③コンピュータ・ストーキングの3つの類型に分類している。①Eメール・ストーキングは，Eメールを介しての直接的コミュニケーションを図るものである。望んでいないEメールは，最も一般的な形式のハラスメントの1つであり，それには憎しみやわいせつなものや威嚇のメールを含むものである。②インターネット・ストーキングは，被害者を中傷し危険にさらすために，より広範囲にインターネットを使用するのである。このサイバーストーキングは，私的次元より公的次元において行われる。彼らは被害者の反応を餌食としているのである。そして，③コンピュータ・ストーキングは，他人のコピュータの無権限コントロールである。

前の①，②の2つのサイバーストーキングについては，ストーカーとインターネット上の関係をもたないという回避行動によって，ある程度予防することができる。しかしながら，この③のサイバーストーカーは，ターゲットとなるコンピュータが何らかの方法でインターネットに接続するや否や，そのターゲットと直接コミュニケートできるものであり，回避行動をとることが難しい，としている[90]。

福島章は，ストーカーの行動類型を，その加害者＝被害者関係から，①イノセント・タイプ，②挫折愛タイプ，③破婚タイプ，④スター・ストーカー，⑤エグゼクティブ・ストーカーに分類した。①イノセント・タイプとは，対人関係のない相手に対するストーキングである。「イノセント」という言葉は，被害者に罪がなく無邪気で無垢だという意味である。②挫折愛タイプは，加害者と被害者は過去において交際があるものの，一方の熱が冷めて関係からの撤退を希望しているのに，他方がこの関係に執着し，愛の継続を執拗に迫るケースである。③破婚タイプは，過去の関係が親密で，結婚・同棲といった関係にあった者である。そして，④スター・ストーカーは，タレント，歌手，俳優，キャスター，大統領などのファンによるストーキングである。⑤エグゼクティブ・ストーカーというのは，医師，神父，教授，会社役員，ケースワーカーなど職業上，対人的なサービスを行う人がストーキングの被害者になるものである[91]。

　また，影山任佐によるストーキングの類型的分類では，古典型，現代型，未練執着型，誇大自信型，ファン型という分類を試みている。「古典型ストーカー」は，エロトマニア（妄想型）などの妄想患者が多く，対象は，古くは社会的地位の高い者で，妄想の続く限り同一対象に固着するタイプである。「現代型ストーカー」は，人格障害，未婚の青年，孤立し，孤独で恋愛経験なし，バーチャル時代の若者のように生活の様々な面での直接的経験が不足し，いわば「生活ソフト欠乏症」ともいうべき事態が生じ，オタッキーが多く，対象は懇意でない者，女性であるということになる。また，ゲーム感覚で，支配管理を楽しんでいる，自己同一性障害，自己の存在確認をしているタイプでもあるとしている。「未練執着型ストーカー」は，人格障害から正常まで含まれ，嫉妬・独占欲が強い青壮年であり，対象は元恋人，元妻などである。「誇大自信型ストーカー」は，ワンマンな中年男性，恋愛も活動的で仕事もできる，経験豊富でモテるとの思い込みが激しい。対象は，職場の部下などで，相手は変化しやすく，執拗だが，短期間過剰になるタイプである。「ファン型ストーカー」は，グルービー，エロトマニアであり，対象はスターや有名人であるとしている[92]。

　元来，動物には，生き抜くために，危険を遠ざけ他者と適切な距離を取るという行動がある。これはスペーシングといわれる行動で，人間にも備わってい

る。しかし，ストーカーには，①他者の意向を酌んで調整するという行動をとることができない，②自分の中で湧き上がる惜しい・悲しい・寂しい・腹立たしい等の負の感情を鎮めることができない，③相手の意向をねじ伏せても自己の欲求を遂げようという支配欲や，相手の生活を破壊しようという復讐欲を燃え上がらせてしまう，という執着行動にでる特性がみられる[93]。

RRP研究会の臨床心理士の高橋郁絵は，ストーカーを病的な妄想タイプ，復讐タイプ，親密さを取り戻そうとするタイプに分類している[94]。

また，長谷川と山脇は，DV型ストーキングについて述べ，DV型ストーキングは，DVの構造と特徴を引き継いでいるという。その特徴は，①加害者は被害者のほうから別れることを許さず，DV加害者は，被害者のすべてを支配しようと，主人である自分を無視して相手の意思で別れることを許さない，②加害者は，自らの加害を否定し，その責任を被害者やその周囲に転嫁する，すなわち，DV加害者は暴力を振るいながら，その暴力を否認し過小評価し，暴力の責任を被害者が悪いと責任を転嫁し，自分こそが被害者だと主張する，③被害者を孤立させて支配するために，周囲の関与を排除しようとする，加害者は，被害者を，二者だけの関係に閉じ込めるために外部の介入を嫌い，支配関係が崩れることを恐れ，社会的関係から遮断して，被害者を孤立させる，④加害者は，内面と外面を使い分ける，多くのDV加害者は，社会に適応して生きているため，公的・社会的なルールを遵守し，無害な仮面を被って生活している，⑤加害は反復エスカレートする，同じ被害者との間で何度も反復され，反復の度に被害者は傷を深め，加害はエスカレートしていく等である[95]。これは，**第4章**で述べた暴力のサイクルと同じである。

長谷川と山脇は，DVもDV型ストーキングも，親密な関わりにおいて，理不尽な加害を解き放ち，「その扉は加害者自身の社会的なサバイバルのために滅多な相手には開かないけれど，開けば相手を，二者関係に閉じ込め，力で組み敷き，相手が逃げたら自他の生命を滅ぼさずには終われないという深く暗い闇を抱えている」[96]と述べている。

一方，諸澤英道は，ストーカーには，ドメスティック型とストレンジャー型の2つのストーカー型があるとしている。ドメスティック型ストーキングとは，「既に面識関係のある者の間で行われるストーキングであり，関係が破綻した後に，一方が他方をつけまわすケースである。面識関係としては，家族関係だ

けでなく，特定の恋人，親友，友人，職場の同僚，近所の知り合いなども含まれる」としている。ストレンジャー型ストーキングとは，面識関係のないストーキングであるが，被害者からは知らない相手であっても，ストーカー側は，既に何らかの状況下で一方的に知っていたということが多い。その一方的な認識は，必ずしも，生活圏が同じであるとは限らず，政治家，財界人，芸能人，スポーツ選手など，社会的に活躍している人，メディアを通じて公知されている人が被害者になることもあると述べている[97]。

　DV型ストーキングに関しては，**第4章**の配偶者等からの暴力で述べたDV防止法と，この章でのストーカー規制法の両方の法律が適用される類型と，DV防止法だけが適用される類型，そして，ストーカー規制法だけが適用される類型があると考えられる。

　被害者を中心にしてみると，被害者に申立権のあるDV防止法の保護命令を利用し，その違反を警察が取り締まるという方法をとるが，ストーカー規制法の禁止命令は，被害者に申出資格がなく，警察が認めない限り，被害者にはストーカー規制法に基づく保護を求めることができないのである。

第9節　ストーカー被害者対策

第1項　ストーカー行為等の在り方に関する有識者検討会

　ストーカー規制法の第1次改正により附則第5条1項において，ストーカー行為等の在り方について，「近年，当該行為に係る事案の数が高い水準で推移していること，当該行為が多様化していること等を踏まえ，所要の法改正を含む全般的な検討が加えられ，速やかに必要な措置が講ぜられるもの」とされた。また，同条2項において，「政府はこれら行為の実情等を把握することができる立場にあることを踏まえ，ストーカー行為等の規制等の在り方について検討するための協議会の設置，ストーカー行為の防止に関する活動等を行っている民間の団体等の意見の聴取等の措置を講ずることにより，検討に当たって適切な役割を果たすもの」と定められたのである。

　これを受けて，ストーカー行為等の規制等の在り方全般について検討するため，学界，法曹界，被害者及び支援団体の委員からなる「ストーカー行為等の規制等の在り方に関する有識者検討会」が設置された[98]。

この検討会では，ストーカー規制法によるストーカー行為等の規制を更に有効なものとするためにはどうすればよいかという方向性，及び，ストーカー行為等の規制に限らず，どのような効果的な対策を行うことができるかという方向性から，ストーカー対策の在り方を検討している。

　また，この検討会では，ストーカー規制法の第1次改正後の問題点を次のように指摘している。①ストーカー規制法上の規制対象行為と同様に相手方に不安を与える行為と評価できるにもかかわらず，現在は規制対象となっていない行為類型が存在していること，②ストーカー規制法に基づく行政措置は手続きに時間を要する他，罰則についても威嚇力・感銘力の観点から十分とは言えないなど，現行法の規制では不十分な点も認められること，③ストーカー事案は，加害者の被害者に対する執着心や支配意識が強く，重大事件に発展するおそれがあるという特徴があるが，現実には行政措置や検挙等の措置が，その後の行為の抑制効果とはなっていない加害者が存在していること，④警察その他の関係機関において，被害者の相談対応・被害者保護を行うための体制や，被害者が安全な場所に避難する場合に被害者のニーズに応じた支援措置が不十分であること，⑤被害者の住所等に関する情報の管理が徹底されていないこと，⑥ストーカー事案の特徴，対処方法や相談先に関する情報が少ないこと，⑦ストーカー犯罪特有の危険性と早期対応の重要性に関する教育・指導が不十分であること，⑧こうした対策のための関係機関による連携の不足などである[99)]。

第2項　ストーカー総合対策

　2015年3月20日に発表された「ストーカー総合対策」では，①ストーカー事案に対応する体制の整備では，警察における体制整備として，ストーカー事案は事態が急展開し重大事件に発展する恐れが大きいことから，被害者等の安全の確保を最優先に，迅速・的確な加害者の検挙や被害者等の保護措置を行えるように組織的な対応を推進・強化することが掲げられている。すでに2014年4月から，各都道府県警察本部において，認知の段階から対処に至るまで一元的な支援を行うために，生活安全部門と刑事部門を統合した「本部対処体制」を構築し，支援体制の強化を図っている。②被害者等の一時避難等の支援については，婦人相談所の体制を整備して，緊急時にも適切かつ効果的な一時保護を実施することが望まれる。また，その自立を支援するために，国土交通省は，

「犯罪被害者等の公営住宅への入居について」の通達において，2006年2月1日から，犯罪被害者等の公営住宅への優先入居及び目的外使用への措置を講ずるよう発出している[100]。そして，③被害者情報の保護に関しては，捜査段階では，逮捕状の請求に際しての被疑事実の要旨の記載に当たり，再被害防止への配慮の必要性等に応じて被害者の氏名や住所の表記方法に配慮し，公判段階では，弁護人に証拠書類を開示する際に被害者特定事項が被告人に知られないようにすることを求めるなど，被疑者に知られるべきでないと思われる被害者等に関する情報の保護に配慮し，適切な対応に努めること等を推奨している。④被害者等に対する情報提供等としては，相談・支援窓口や事案への対処について国民の理解を深めるための広報啓発と，地方公共団体に伝達すること等，関係機関等に情報を提供することも提案された。そして，⑤ストーカー予防のための教育等は，女性向けの自己防衛マニュアルの作成，啓発のための講座が考えられる。たとえば，リベンジポルノ事案等を考えるとインターネットの適切な利用やインターネットの危険性に関する教育や，教員に対する研修の必要性が提言された。また，⑥加害者に関する取組の推進について，個々のストーカー加害者の問題性を踏まえながら，警察，矯正施設，保護観察所，医療機関等が適切に連携を図りながら，様々な段階で加害者に対して更生のための働き掛けを行う等，関係省庁において施策を推進していくことなど，政府としても，適切な役割を果たしていくことが提案されている[101]。

　以下においては，このストーカー総合対策の中でも，極めて重要であると思われる，③被害者情報の保護と，⑥加害者に関する取組について詳細に述べたいと思う。

第3項　犯罪被害者の匿名化

　被害者情報の保護という意味では，被害者の匿名化は重要なことである。まず，捜査段階では，警察の犯罪捜査規範においては，犯罪の手口や動機，被害者と被疑者の関係，被疑者の言動その他の状況から，犯罪被害者・その親族ら（以下「被害者等」とする）に後難が及ぶ恐れがある場合には，被害者等を保護するため，その氏名や氏名を推知させるような事項を告げないようにしたり，必要に応じた保護措置を取るように求めている。これにより，被害者の供述調書を作成したり，それに供述者の住所・氏名を記載するにあたり，加害者がい

まだ知らない情報を記載しない配慮が求められている[102]。

　また，警察庁の2012年12月20日の通達によれば，刑事手続において，逮捕状には，犯罪事実の要旨は，犯罪事実を特定し，他の犯罪事実との識別が可能な程度に具体的かつ明確に特定することが求められるとしている。「他方，逮捕状に記載された被疑事実の要旨や逮捕時に告知される犯罪事実の要旨の内容によっては，事件の被害者等が，被疑者に知られたくない情報が被疑者に認識されるおそれがある。そこで，恋愛感情等のもつれに起因する暴力的事案，性犯罪，組織犯罪その他の再被害防止への配慮が必要とされる事案においては，逮捕状請求の段階において，被疑事実の要旨の記載方法について，被疑者に知られるべきでないと思われる，被害者等に関する情報を記載しないこととするなどの配慮が必要である」としている[103]。

　被疑事実の要旨の記載方法について，被害者の特定に被疑者が了知している通称名等を用いること，被疑者に知られていない被害者等の住所，居所を記載しないこと，被害者等が自己に関する情報について被疑者に知られたくない旨の意向を示した場合には，上申書，供述調書，捜査報告書等において，当該意向を記録化すること等により，部内において確実に周知するとともに，検察官や裁判官に伝達するなどの配慮をすることを指示している[104]。

　また，匿名化に関して実務上重要なものに，行方不明者捜査願への対応がある。これは，DV加害者が被害者の行方を捜すために出すことがままみられるが，DV被害から避難する事案については，捜査願を受理せず，既に受理したものについては，安全を確認した上で，被害者の所在を告げないという対応を行っている[105]。

　また，被害者の匿名化については，藤本哲也は，「逗子ストーカー殺人事件では，捜査員が逮捕状に記された被害者の名前や住所の読み上げをしたことから，加害者がその情報を利用して被害者の住所等を突き止めたという事実を重く受け止め，逮捕状の被害者名は伏せ，本人の顔写真を添えるとか，起訴状の被害者名をカタカナで表記するとかの工夫がなされているが，検察の裁量だけで起訴状を匿名にすることは法的に問題もあることから，法改正による対応が必要であろう」と述べている[106]。

　2013年に入ってから，検察当局は，性犯罪やストーカー事件の被害者保護の一環として，被害者の氏名を伏せた起訴状を作成し，容疑者を起訴していたこ

230

とが明らかとなった。しかしながら，本来，刑事訴訟法は，犯罪の内容をできるだけ特定して起訴状に記すよう定めており，匿名化は極めて異例な措置である。したがって，これは，起訴状は必ず被告人に送られるため，被害者の個人情報が知られれば再被害のおそれがあるとして，最高検察庁が記載内容を工夫するよう各地方検察庁に求めたことを受けた結果であるとみられる。

2013年3月までの集計では，裁判所が77件の逮捕状に被害者を匿名のまま出しているという。検察も同様に，実名を出さずに起訴するケースが増えている。代わりに記載するのは，ネット上のハンドルネームや携帯電話のアドレス等を用いているようである。

問題なのは，匿名により裁判での被告人の防御権まで侵害することがあってはならず，被害者の情報が不十分では，弁護人は有効な反論のための事実関係の調査もできなくなるということである。

2007年の法改正では，刑事訴訟法の規定により，性犯罪等の被害者の情報を法廷で明らかにしないで済むことができるようになった。起訴状においても，実名等は被告人に教えずに，弁護人だけに伝える方法などが考えられている。裁判の公正さと，被害者保護との両立を図ることは，結局のところ，司法全体への信頼にもつながるのである。

従来，刑事訴訟法では，「できる限り日時，場所及び方法を以て罪となるべき事実」を特定するように求めている（第256条3項）。被害者の氏名は明記されていないが，氏名は，犯罪事実の重要な一部で，原則として起訴状への記載が必要とされてきたのである。

また，刑事訴訟法では，起訴状の謄本は，被告人に送達されることになっている。起訴状に被害者の実名が記されていたとしたら，再被害に遭う可能性が高く，そのため被害者が恐怖感を味わうことになるのは当然のことである。

2013年9月，東京地方裁判所では，検察側が起訴状で被害者名を伏せるような事例では，被害者の調書等を通じて被害者名が漏れないようにするために，まず弁護人に，被告人には被害者名を伝えないようにと要請し，また，協力を拒まれた場合は，弁護人に命令を出すとの方策が，裁判官らの協議で示されたようである[107]。

この命令には，法律上の根拠となる明文規定はない。しかし東京地方裁判所は，手持ちの証拠を相手方に示すように命じる「証拠開示命令」が同様に規定

はないまま，判例で認められている点に着目し，現行法の枠組みの中で，命令を出せると判断したのである。裁判官の間では，「起訴から判決にいたる裁判の過程全体で，被害者名を秘匿にする必要がある」との指摘がなされていたのである[108]。

　たとえば，刑事手続においては，被害者の氏名等の情報を保護するための制度である被害者特定事項秘匿決定，証拠開示の際の被害者特定事項の秘匿要請が，2007年12月26日から実施されている[109]。

　裁判所は，犯行の態様，被害の状況その他の事情により，被害者等の身体若しくは財産に害を加え又は被害者等を畏怖させ若しくは困惑させる行為がなされるおそれがあると認められる事件を取り扱う場合において，検察官及び被告人又は弁護人の意見を聴き，相当と認めるときは，被害者特定事項を公開の法廷で明らかにしない旨の決定をすることができるものとすることとし，前記の決定があったときは，刑事訴訟法第291条の規定による起訴状の朗読並びに第305条1項及び2項の規定による証拠書類の朗読については，これらの規定にかかわらず，被害者特定事項を明らかにしない方法により行うものとすることとしている。

　裁判長は，前記の決定があった場合において，訴訟関係人のする尋問又は陳述が被害者特定事項にわたるときは，これを制限することができるものとすること。ただし，尋問又は陳述を制限することにより，犯罪の証明に重大な支障を生ずるおそれがあるとき又は被告人の防御に実質的な不利益を生ずるおそれがあるときは，この限りでないものとするとしている。

　検察官は，刑事訴訟法第299条1項の規定により，証人の氏名及び住居を知る機会を与え又は証拠書類若しくは証拠物を閲覧する機会を与えるに当たり，①被害者特定事項が明らかにされることにより，被害者等の名誉若しくは社会生活の平穏が著しく害されるおそれがあると認めるとき又は被害者等の身体若しくは財産に害を加え若しくは被害者等を畏怖させ若しくは困惑させる行為がなされるおそれがあると認めるときは，弁護人に対し，その旨を告げ，被害者特定事項が，被告人の防御に関し必要がある場合を除き，被告人以外の者に知られないようにすることを求めることができるものとすること，②被害者特定事項が明らかにされることにより，被害者等を畏怖させ若しくは困惑させる行為がなされるおそれがあると認める場合において，被害者特定事項のうち公訴

事実として起訴状に記載された事項以外のものが，被告人の防御に関し必要がある場合を除き，被告人に知られないようにすることについても，同様とすることになっている[110]。

このように，既に，犯罪被害者に関する情報を保護する制度が認められているのであるから，再被害を防止するという点をも踏まえ，被害者特定事項の秘匿や証拠開示の際の被害者特定事項の秘匿要請と同じ観点で，ストーカー被害者の情報の匿名化についても考慮されるべきだと筆者は考えていたが，第2次改正においてストーカー行為等に係る情報提供の禁止（第8条1項）が定められた。

また，井部ちふみによれば，アメリカのカリフォルニア州は，被害者のプライバシー保護を強化するために，被害者が「Jane Doe」などの所定の仮称を使い，住所など被害者を特定する個人情報を秘匿して，裁判所に性的画像の差し止めなどを請求できるように，州民法を2014年9月30日に改正し，2015年7月1日に施行されたとのことである[111]。我が国でも，このような仮称の使用が，法的に認められれば，被害者の保護がより図られると思われる。

第4項　社会保障制度における被害者情報の保護

その他にも，社会保障制度における被害者情報の保護を考えることが重要である。以下に述べるものは，既にDV被害者に対する保護や支援として運用されているが，ストーカー被害者の保護としても有効であると考えられる。

たとえば，片桐由喜が，「2004年に，住民基本台帳事務処理要領が改正され，加害者からの閲覧請求に対して，市区町村は，これを住民基本台帳法第11条の2各号に掲げる活動に該当しないとして，申出を拒否するとして，被害者を保護している」と紹介している[112]。

また，2008年の医療保険に関しても，被害者に係る組合員の世帯に属する者の認定の取り扱いについては，基本方針の第2の7において，「保険者に申し出ることにより，被扶養者又は組合員の世帯に属する者から外れること」と定められているが，配偶者である組合員からの暴力を受けた世帯員からの申出がなされた場合にも，同様の取扱いができるとしている。この際に，元世帯員の居場所が配偶者である組合員に伝わることを防止するよう配慮されているようである[113]。

医療費通知制度により，住所が知られる危険性に対しては，2013年の通知により，保険者は，被害者の受診した医療機関から，被害者の住所が加害者に知られないよう，被害者からの申出があれば，当該被保険者（＝加害者）宛ての医療費通知には，被害者に係る情報を記載せず，また，医療費通知は被害者から申出のあった送付先に送付することとしている[114]。

　国民年金法施行規則の第3章「費用負担」についての第77条「保険料全額免除の申請」の規定の中の，第77条の7第1項3号においては，DV被害者に対する保険料免除制度を設けているが，この規定は，ストーカー被害者の保護にも援用できると考えられる。

　そして，生活保護についても，夫の暴力から逃れてきた母子等当該扶養義務者に対し扶養を求めることにより明らかに要保護者の自立を阻害することになると認められる者であって，明らかに扶養義務の履行が期待できない場合には，扶養義務者に対して直接紹介することが真に適当でない場合として取り扱って差し支えないと，生活保護法施行規則第3条1項3号に規定している。

　更に，児童扶養手当法施行令第1条の2第2号と2条2号により，父又は母が配偶者からの暴力の防止及び被害者の保護等に関する法律第10条1項の規定による命令を受けた児童を養育する被害者は，児童扶養手当を受給できることとなっている[115]が，これも，ストーカー被害者に準用できるであろう。

　この他に，ストーカー総合対策においては，被害者保護の観点から，運輸支局等における登録自動車の登録事項等証明書の交付請求や，税務，郵便の転居等の個人情報の管理に対する対応の徹底を掲げている。

　このように刑事司法制度での被害者の匿名化は，再被害防止という点からも重要である。住民台帳等の閲覧等については，すでに被害者情報の保護が行われているが，社会保障制度に基づく被害者情報の保護は，DV型ストーカー被害者にも準用することは可能であり，生活保護等に関しても，被害者の生命身体の安全を確保するためにシェルター等に避難し，仕事を続けることが不可能になる場合を考慮すると，ストーカー被害者に準用すべき施策だと筆者は思っているが，この点も第2次改正で個人情報の管理が努力義務化された。

第5項　加害者に関する取組

ストーカー総合対策でも掲げられた，加害者に関する取組の推進については，

一般的に，被害者やその遺族は，加害者の社会復帰を考えるよりも，被害者の救済を考えるべきであるとの意見を表明する場合が多いのであるが，逗子ストーカー殺人事件の被害者遺族は「厳罰化と警察の取り締まりだけでは限界がある。加害者をなくす方法を見つけ，世の中に訴えたい。梨絵と同じ目に遭う人が，2度と現われないように」[116]と，加害者の治療が必要だという意見も存在している。

そこで，まず，加害者対策として考えられるのは，精神医学的・心理学的方法による治療プログラムである「常識的家族療法」（Family Therapy in Commonsense）が有効であるという生島浩の見解がある[117]。この常識的家族療法とは，黒田章史・下坂幸三によれば，境界性パーソナリティー障害及び摂食障害，不登校，ひきこもり，家庭内暴力など，広い意味での行動化型の青年期患者を主な対象とした，下坂幸三により，1980年代後半に開発された「家族面接技法」で，これは，「社会的能力の向上を図るために，他人の話をなぞるように聴き取る訓練を面接場面で繰り返し行い，人の気持ちや考えをなぞることができるようになることを目指し，そのなかで，徐々に常識的な怒り方・悲しみ方，そして，最終的には，仕方なく諦めることを習得させる手法」である[118]。

次に，「コミュニティ強化と家族訓練」（Community Reinforcement and Family Training: CRAFT）が考えられる。これは，治療困難とされる薬物依存症患者に対して，認知行動的技法，機能分析を主に用いて，患者に関係する家族や友人を通して治療に取り組むことにより，治療を拒否している患者を治療につなげる科学的に支持された介入である[119]。その中核は，コミュニケーション・トレーニングであり，ストーカーの行動様式は理解しがたいところがあるので，そのパターンを正確に理解することが，このCRAFTを活用することによって，可能になるのではないかと考えられている。

そしてまた，ストーカー加害者の更生プログラムの受講が，対応困難なストーカーの歪んだ感情と攻撃性にアプローチして，ストーカー行為の凶悪化を防ぐということも考えられる。

その他に，特定非営利活動法人女性・人権支援センター「ステップ」[120]の加害者プログラムがある。このプログラムはアメリカの刑務所で用いられている選択理論心理学を軸にした更生プログラムである[121]。これは，本来，DV加害者の更生プログラムであるが，特に，DV型ストーカーの加害者更生プログラ

ムとして使用することが可能であろうと思われる。

　また，宇井総一郎によれば，保護観察所における「暴力防止プログラム」が，保護観察中の者に対するストーカー等の更生プログラム等の実施として，既に用いられているとのことである。このプログラムは，保護観察所においては，2008年6月から，専門的処遇プログラムの一環として，「他人の生命又は身体の安全を害する暴力犯罪を反復する傾向のある」保護観察対象者に対して，「暴力防止プログラム」を実施している[122]が，ストーカー事犯，DV事犯等を行った対象者についても，その対象要件を満たす場合には，同プログラムを行っているのである[123]。

　このプログラムは，認知行動療法等を理論的根拠として策定されたものであり，主として保護観察対象者の内面に働きかけ，認知や行動の変容を促すことを通じて，暴力的性向を有する対象者の再犯防止及び改善更生を図ることを目的としているのである。

　また，保護観察所では，精神科医を交えたアドバイザリーミーティングを行っている。鈴木秀一によれば，これは，精神的な問題を抱えるケースの対象者に，精神科医をアドバイザーとして招いて，処遇を検討するというものであると説明されている[124]。

　現時点では，以上のようなストーカー被害者対策が考えられているが，ストーキングは「終わらない被害である」と言われていることからも，将来的には，更なる有効なストーカー加害者対策の発展と開発が望まれる。我が国でも，真剣に，ストーカー加害者対策を考える時期に来ているのではないかと，筆者には思われる。

第6項　再被害防止のための連携

　以上の他に，再被害に対する恐怖や不安は，犯罪被害者等の回復を妨げる大きな障害となり得ることにも配慮しなければならない。この事実を踏まえて，警察や法務省等の諸機関は，犯罪被害者等が再び平穏な生活を取り戻すために，関係機関の連携による，再被害防止のための取組を行っているのである。

　たとえば，警察においては，「再被害防止要綱」に基づき，同じ加害者から再び危害を加えられるおそれのある犯罪被害者等を「再被害防止対象者」[125]に指定し，再被害防止のための関連情報の収集，関連情報の教示・連絡体制の確

立と要望の把握，自主警戒指導，警察による警戒措置，加害者への警告等の再被害防止措置を実施している。

　また，法務省においては，犯罪被害者等が加害者との接触回避等の措置を講じることにより再被害を避けることができるよう，「出所情報通知制度」を実施し，警察から再被害防止措置上必要とする受刑者の釈放等に関する情報の通報要請があった場合，通報を行うのが相当であると認められるときは，受刑者の釈放等に関する情報を通報している。

　そして，ストーカー事案は，事態が急展開して重大事件に発展するおそれが大きいことから，警察においては，ストーカー事案等に一元的に対処するための体制を全国の警察本部において確立し，被害者等の安全確保を最優先に，加害者の検挙や被害者等の保護措置等，組織による迅速かつ的確な対応の徹底を図っているほか，保護観察付執行猶予となった者に関する保護観察所等との連携強化，被害者支援における婦人相談所，日本司法支援センター等の関係機関との協力等，被害の拡大及び再被害の防止対策を行っているのである[126]。

　このように，再被害防止のための連携が重要であることはいうまでもないが，現時点では，我が国での加害者更生プログラム等を活用してのストーカー被害を防止する手段も重要であると思われる。今後の発展に期待したいと思う。

第10節　更なる改正に向けて

　以上，本章においては，ストーカー被害の現状や，ストーカー規制法制定の背景事情，それに，ストーカー規制法の問題点やストーカー被害者対策あるいはストーカー加害者対策等について論じてきたが，昨今，我が国においては，ストーカー犯罪の増加が，被害者の悲惨な状況を生み出していることを考えるとき，ストーカー被害者対策の一環としての加害者処遇プログラムの導入を，真剣に検討すべきであると筆者は考える。

　これは改めて言うまでもないことではあるが，ストーカー犯罪は，加害者・被害者の関係の種類に従った規制を画することに何らの合理性はなく，実際には，過去，近隣関係のトラブルや解雇された職場の人間関係，あるいは医療トラブルなどを契機に，嫌がらせ若しくは報復のためのストーキングも起こっている。長谷川京子の言うように，たとえば，ストーカー規制法の規制対象を，

第5章　ストーカー被害とストーカー規制法　　237

加害者の目的によって限定する現行法は，ストーキング被害を潜在化させ，隠れたストーカーを生み出しているともいえるのである[127]。これは，現行法に，「恋愛感情又はそれが満たされなかった怨恨感情を充足する目的」という主観的要件があるからである。

先に述べた歌舞伎役者への女性ファンのストーカーの事例で認められた受忍限度論を，ストーカー規制法に適用すれば，恋愛感情に限定せずに，嫌がらせ行為に対しても機制できるのではないかと筆者は考える。

長谷川京子と山脇絵里子は，「ストーキングは，相手の私的生活に侵入して，不安や恐怖を覚えさせる一連の行為であり，経過をたどって展開され，時に急激に危険性を増し，凶悪な事件を発生させる。その発生した事件を詳しく検証すれば，共通のリスク要素を析出でき，それに対する有効な社会的・法的対応が見えてくる」と述べている[128]。

また，長谷川と山脇は，ストーカー行為を，「特定の者及びその者と同居する家族，その他社会関係上密接な関係を有する者に対し，その私的生活領域に侵入して，不安を覚えさせる一連の行為」と定義するべきであると提言している[129]。

また，藤本哲也は，「現行ストーカー規制法上の問題点の多くは，ストーカー規制法が禁止命令の発令機関を警察や公安委員会という行政機関に置いていることからくる構造上の問題に起因しているのではないか」と述べ，「つきまとい等の行為があれば，被害者は直接，裁判所に禁止命令を申し立て，裁判所はその危険性を判断して禁止命令を出し，警察がその違反を取り締まるというストーカー規制法の基本構造を改める必要があるであろう」と提案している[130]が，筆者も，裁判所で禁止命令を出し，警察がストーカーを取り締るという基本構造のほうが，ストーカー犯罪対策としては，より優れているように思う。

この点に関しては，2000年5月16日の参議院地方行政・警察委員会におけるストーカー行為等の規制等に関する法律案審議において，提案者の松村龍二議員の趣旨説明において，既に，アメリカでは，「裁判所がプロテクティブオーダーあるいはプロテクションオーダー，保護命令というのを出しまして，これに違反すると，これは法廷侮辱罪のような形で処罰される，こういう仕組みになっております。最終的には裁判所の権限とするのがよろしいのでしょうけども，まだいきなりそこまではいけない」[131]と述べていることからも，アメリカ

型の規制方法を考慮に入れ，検討した経緯がみられるのであり，将来的にはストーカーの規制手続に関して，大幅な修正が行われるべきであろうと思われる。

　このようにストーカー犯罪については，多くの学者や研究者が，ストーカー規制法の構造上の問題や具体的な規定の仕方，あるいは個々の条文に関する問題，規制対象の問題，さらには，警察の対応に関する問題，警察と他機関との連携に関する問題等について論じている。ストーカー規制法は2度改正されたが，これらの改正によって問題点のすべてが解決したとは言い難いように思う。筆者としては，これまでの議論を踏まえた上での，更なる改正を要すると考える。これはいまさら言うまでもないことであるが，抜本的な改正をする上で何よりも肝要なことは，「ストーカー行為は人権の侵害である」という前提に立って，改正内容のすべてを検討することであろう。関係当局の配慮と努力に期待したいと思う。

注

1) 秋岡史「ストーキング被害者を救えない日本の警察」『論座』2000年5月号24-25頁。

2) 宍倉正弘「ストーカー被害，対策法の施行」『警察時報』55巻8号（2000年）52-63頁。

3) 自由民主党「深刻化するストーカー被害 法整備を望む声も」『月刊自由民主』560号（1999年）84-85頁。

4) 田島浩治「鹿児島県における不安防止条例の制定とその効果——ストーカー被害の対策のために」『警察公論』55巻4号（2000年）28-35頁。

5) 1999年2月2日，兵庫県揖保郡太子町の県道で，姫路市の会社員Y当時20歳が軽乗用車を運転中，元交際相手の男に車で正面衝突されて殺害された。男は直後に自殺し，殺人容疑で被疑者死亡のまま書類送検されたものである。被害者Yは，1998年12月，男に別れを告げた後，男から執拗に追跡され，連れ戻されては監禁され，肋骨を折るほどの暴行で重傷を負った。度々，警察に助けを求めたが守ってもらえなかったのである。事件当初，告訴しようとしたが，瀧野署員の勧めで示談した。しかし，その後も暴行を受けたが，捜査は開始されなかった。結果として，被害者は殺害されるに至ったのである。兵庫県警は2000年，瀧野署の対応が不適切だったとして，当時の署長ら3人を処分した。なお，神戸新聞2006年1月13日，長谷川京子＝山脇絵里子『ストーカー被害に悩むあなたにできること——リスクと法的対処』日本加除出版（2014年）14頁参照。

6) 秋岡・前掲注1）24-25頁。

7) 秋岡・前掲注1）26頁。

8) リンデン・グロス，秋岡史訳『ストーカー——ゆがんだ愛のかたち』祥伝社（1995年）。

9) 自由民主党・前掲注3）84-85頁。

10) 警察庁生活安全局生活安全企画課・刑事局捜査第一課「平成29年におけるストーカー事案及び配偶者からの暴力事案等の対応状況について」（2018年3月15日）。

11) 内閣府男女共同参画局「男女間における暴力に関する調査報告書」（2015年3月）。

12) 鈴木眞悟「若年女性における被害の実態」『科学警察研究所報告防犯少年編』40巻1号（1999年）53-66頁。

13) 安香宏＝鎌原雅彦＝清水裕＝星野周弘＝麦島文夫『犯罪被害──痴漢・ストーカー被害に対する不安感と対処に関する研究（調査報告書）』社会安全研究財団（2001年）。

14) 秋山千明「ストーカー被害とその対策──大学生のアンケート調査からの一考察」常磐大学大学院被害者学研究科修士論文（2014年）。

15) *Stalking in America*. National Institute of Justice in Brief, 1998, pp.19.

16) Bjerregaard, B., An Empirical Study of Stalking Victimization. *Violence Victim*. Vol. 15, No.4, Winter 2000. pp.389-406.

17) Baum, K., Catalano, S., & Rand, R. et.al., *Stalking Victimization in the United State*. U.S. Department of Justice, Bureau of Justice Statistics, Washington, DC., 2009, pp.1-15.

18) Sheridan, L.P., Blaauw, E. and Davies, G.M., "Stalking: Knowns and Unknowns," *Trauma Violence Abuse*, No. 4, 2003, pp.148-166.

19) 齋藤純子「ドイツのストーキング対策立法──『暴力保護法』と『つきまとい処罰法』」『外国の立法』233号（2007年）98-99頁。

20) 秋岡・前掲注1）31頁。

21) 岡田久美子「ストーカー行為等規制法」『法学セミナー』550号（2000年）61-63頁。

22) 長村順也「『ストーカー行為等の規制等に関する法律』の概要」『捜査研究』585号（2000年）9-13頁。

23) 第147回国会参議院地方行政・警察委員会会議録第10号（2000年5月16日）1-9頁。

24) 小磯武男「歌舞伎役者が女性ファンに対し、歌舞伎を演じる権利等を侵害されたとして求めたストーカー行為等の禁止等が認容された事例（大阪地裁平成10年6月29日判決）」『判例タイムズ』52巻19号（2001年）170-172頁。

25) 藤本哲也「ストーカー規制法」『犯罪学の窓』中央大学出版部（2010年）42-50頁。

26) 長谷川＝山脇・前掲注5）57頁。

27) 戒能民江「DV防止法の成立」『ドメスティック・バイオレンス防止法』尚学社（2001年）18頁。

28) 長谷川＝山脇・前掲注5）61-62頁。

29) 精神病院で30年以上過ごしたヒンクリーであるが、2016年7月27日に、ワシントンアメリカ連邦地方裁判所は、危険性はなくなったと判断し、8月に入院措置を解除すると決定した。Newsweek日本版2016年7月28日 http://www.newsweekjapan.jp/stories/world/2016/07/post-5557.php（2016年7月28日閲覧）。

30) 藤本哲也「ストーカー犯罪と法規制──イギリスの諮問委員会報告書を中心として」『犯罪と非行』112号（1997年）25-52頁。

31) 江下雅之「反ストーキング法」『国会月報』43号（1996年）53頁。

32) 江下・前掲注31）53頁。

33) 江下・前掲注31）53-54頁。

34) http://www.ncja.org/ 参照。

35) 中川正浩「いわゆる『ストーカー問題』管見──英米における『ストーキング防止法』の概要について」『警察政策研究』2号（1998年）108-135頁。

36）中川・前掲注35）126頁。

37）http://victimsofcrime.org/our-programs/stalking-resource-center 参照。

38）長谷川＝山脇・前掲注5）6頁。

39）United States v. Dixon 113 S. Ct. 2849（1993）.

40）中川・前掲注35）108-135頁。

41）中川・前掲注35）111頁。

42）中川・前掲注35）111-112頁。

43）中川・前掲注35）112頁。

44）江下・前掲注31）52-55頁。

45）斎藤憲司「『ストーカー法』の制定——1997年ハラスメント防止法」『ジュリスト』1114号
（1997年）105頁。

46）河島太朗「イギリス ストーカー行為の規制強化」『外国の立法』254-1号短信（2013年）29頁。

47）齋藤・前掲注19）98-121頁。

48）嘉門優「ドイツにおけるストーカー行為処罰規定の新設について」『國學院法學』45巻4号
（2008年）67-100頁。

49）齋藤・前掲注19）112頁。

50）嘉門・前掲注48）67-100頁。

51）四條北斗「『漸次犯』という概念について——ストーキングに対する構成要件と実行行為」
『東北学院法学』73号（2012年）220-256頁。

52）渡辺富久子「ドイツ ストーカー被害者の保護」『外国の立法』271-2短信（2017年），BT-
Drucksache 18/9946, 10654.

53）戒能・前掲注27）18頁。

54）長谷川＝山脇・前掲注5）2頁。

55）読売新聞2012年11月7日朝刊。

56）毎日新聞2013年6月14日夕刊。

57）福岡高判平成26年6月24日刑事裁判速報集平成26年160頁。

58）最判平成28年7月21日裁判集刑事320号395頁。

59）櫻井敬子「行政法講座 8——ストーカー規制法の意味すること」『自治事務セミナー』43巻7
号（2004年）9頁。

60）櫻井・前掲注59）10頁。

61）櫻井・前掲注59）8-11頁。

62）江下・前掲注31）52-55頁。

63）江下・前掲注31）55頁。

64）魚谷増男「『ストーカー行為規制法』の法的問題点と今後の課題」『平成法政研究』5巻2号
（2001年）9頁。

65）原田保「ストーカー規制法の問題点」『愛知學院大學論叢法学研究』43巻1号（2002年）131-
158頁。

66）長谷川京子「ストーカー行為規制法」『講座 ジェンダーと法 第3巻 暴力からの解放』（日本
加除出版，2012年）25頁。

67）長谷川・前掲注66）26頁。

68）藤本哲也「ストーカー規制法」『犯罪はなぜくり返されるのか』ミネルヴァ書房（2016年）

84-85頁。

69) 藤本・前掲注68) 85-86頁。

70) 藤本哲也「ストーカー規制法の問題点」『戸籍時報』699号（2013年）111-112頁。

71) 藤本・前掲注68) 87頁。

72) 藤本・前掲注68) 87-88頁。

73) 四條北斗「ストーカー規制法2条1項1号の『見張り』および『押し掛ける』の意義」『大阪経大論集』66巻1号（2015年）311頁。

74) 高森高徳「交際要求の手紙等を郵送した被告人の行為について，ストーカー行為等の規制等に関する法律違反に当たらないとした原判決を破棄し，これを肯定した事例」『研修』677号（2004年）110頁。

75) 高森・前掲注74) 108-110頁。

76) 佐野文彦「ストーカー行為罪に関する解釈論と立法論の試み」『東京大学法科大学院ローレビュー』10巻（2015年）29頁。

77) 長谷川＝山脇・前掲注5) 28頁。

78) 官報号外第183回国会参議院会議録29号（2013年6月21日）1-2頁。

79) 長谷川＝山脇・前掲注5) 38-39頁。

80) 読売新聞2013年10月9日朝刊。

81) 井樋三枝子「アメリカ 性的図画のネット流出を犯罪とする州法改正」『外国の立法』257-2号（2013年）。

82) 藤本哲也「いわゆるリベンジポルノ被害防止法について」『戸籍時報』727号（2015年）82-85頁。

83) http://current.ndl.go.jp/node/26137（2014年10月5日閲覧）

84) 朝日新聞2014年10月10日朝刊。

85) 日本経済新聞2014年11月18日夕刊。

86) 藤本・前掲注82) 82頁。

87) 藤本哲也「ストーカー規制法の一部改正」『戸籍時報』755号（2017年）76-79頁。

88) 藤本哲也「ストーカー犯罪と法規制」『刑事政策の諸問題』中央大学出版部（1999年）109-134頁。

89) Paul E. Mullen, Michele Pathe, Rosemary Purcell, and Geoffrey W. Stuart, "Study of Stalkers," *American Journal of Psychiatry*, August 1999, pp.1244-1249.

90) 鈴木晃「サイバーストーキング」『中京大学大学院生法学研究論集』21号（2001年）169-185頁。

91) 福島章「ストーカーの心理」『刑政』109巻1号（1998年）66-73頁。

92) 影山任佐「ストーカーの精神病理」『犯罪精神医学研究』金剛出版（2000年）214-232頁。

93) 長谷川＝山脇・前掲注5) 33頁。

94) 高橋郁絵「ストーカー対策と予防」『MIW通信』34号（2014年）6-8頁。

95) 長谷川＝山脇・前掲注5) 34-36頁。

96) 長谷川＝山脇・前掲注5) 36頁。

97) 諸澤英道「被害者学の過去，現在，未来──ストーカー規制法を通して被害者学の課題を考える」『被害者学研究』25号（2015年）5-21頁。

98) 藤本哲也「『ストーカー行為等の規制等の在り方に関する報告書』について」『戸籍時報』719

号（2014年）78-81頁。

99）ストーカー行為等の規制等の在り方に関する有識者検討会『ストーカー行為等の規制等の在り方に関する報告書』（2014年8月5日）1-15頁。

100）「犯罪被害者等の公営住宅への入居について」国土交通省 国住総第137号平成17年12月26日。

101）ストーカー総合対策関係省庁会議「ストーカー総合対策」2015年3月20日。藤本哲也「ストーカー総合対策」『戸籍時報』730号（2015）64-67頁。

102）長谷川＝山脇・前掲注5）64頁。

103）「再被害防止への配慮が必要とされる事案における逮捕状の請求等について（通達）」警察庁 丁刑企発第239号平成24年12月20日。

104）長谷川＝山脇・前掲注5）72頁。

105）長谷川＝山脇・前掲注5）48頁。

106）藤本・前掲注68）88頁。

107）東京新聞デジタル版2013年8月28日。

108）朝日新聞2013年10月19日朝刊。

109）『犯罪白書2012年版』（2012年）197頁。

110）法務省「犯罪被害者等に関する情報の保護（諮問事項第三）に関する資料」（http://www.moj.go.jp/content/000005113.pdf参照）。

111）井部ちふみ「米国におけるオンライン青少年保護——カリフォルニア州のリベンジポルノ規制を中心に」『情報通信政策レビュー』9号（2014年）76-90頁。

112）片桐由喜「DV被害者支援における社会保障法制の課題と展望」『法律時報』86巻9号（2014年）70頁。

113）「配偶者から暴力を受けた者の取扱い等について」保国発0227001号平成20年2月27日。

114）「『配偶者から暴力を受けた者の取扱い等について』の一部改正」保国発1118第1号平成25年11月18日。

115）片桐・前掲注112）71頁。

116）朝日新聞2013年10月4日朝刊。

117）生島浩「ストーキング加害者の立ち直り支援に関する試論——彼らを再び社会に受け入れるために」『犯罪と非行』178号（2014年）84-96頁。

118）黒田章史＝下坂幸三「常識的家族療法——治療の中で家族の力をどう生かすか」『精神科臨床サービス』4巻2号（2004年）155-160頁。

119）ジェーン・エレン・スミス＝ロバート・J・メイヤーズ，境泉洋＝原井宏明＝杉山雅彦監訳『CRAFT依存症患者への治療動機づけ——家族と治療者のためのプログラムとマニュアル』金剛出版（2012年）。

120）http://home.k06.itscom.net/npo-step/参照。

121）週1回で，1年間52回の教育プログラムを受ける。栗林加代美「DV加害者の8割が脱DV——再被害を防ぐDV加害者更生プログラム」『更生保護』65巻7号（2014年）33-36頁。

122）内容は，暴力防止ワークブックを用いて，自己の暴力について分析させ，怒りや暴力につながりやすい考え方の変容を促し，再び暴力を起こしそうな危険場面での対処方法や対人関係の技術を習得させる。そして，対処方法としては，身体の状態の変化を体験したり，対人スキルの練習，ロールプレイなどを通じて体験的に習得させる。この暴力防止プログラムは，保護観察官が個別処遇により，おおむね2週間に1回実施し，受講者と共に個別具体的な再発防止計画

を作成している。

123）宇井総一郎「更生保護におけるストーカー事犯者，DV事犯者等に対する取組」『罪と罰』51巻4号（2014年）17-27頁。

124）鈴木秀一「ストーカー事案の保護観察処遇について」『更生保護』65巻7号（2014年）25-28頁。

125）再被害防止対象者とは，犯罪の被害者等で，犯罪の手口，動機及び組織的背景，加害者と被害者等との関係，加害者の言動その他の状況から，加害者から再犯による生命又は身体に関する犯罪被害を受けるおそれが大きく，組織的・継続的な再被害防止措置を講じる必要があるものとして，警察本部長等が指定する者をいう。「再被害防止要綱の改正について（通達）」警察庁丙刑企発第23号平成19年6月11日。

126）『平成27年版犯罪被害者白書』（2015年）8-9頁。

127）長谷川・前掲注66）24頁。

128）長谷川＝山脇・前掲注5）142頁。

129）長谷川＝山脇・前掲注5）152頁。

130）藤本・前掲注98）81頁。

131）会議録・前掲注23）4頁。

第6章　女性に対する暴力防止法制定への提言

第1節　犯罪としての女性に対する暴力

　第1章「女性に対する暴力」では，本書のテーマであり総論でもある「女性に対する暴力」について論述した。筆者は，女性に対する暴力とは，「特定の社会的，経済的，文化的，政治的背景に特徴づけられるものであるが，一般的には，女性に対する肉体的，精神的，性的又は心理的損害又は苦痛が結果的に生じるか若しくは生じるであろう性に基づくあらゆる暴力行為を意味し，公的又は私的生活のいずれで起こるものであっても，かかる行為を行うという脅迫，強制又は自由の恣意的な剥奪を含んでいるもの」とする国連の定義を，本書での定義として採用した。その上で，まず，国連の女性に対する暴力への取組の動向について紹介した。

　特に，1979年に，「女性に対する差別」が，権利の平等の原則・人間の尊厳の尊重の原則に反するものであり，女性に対する差別が，社会や家族の繁栄の増進を阻害し，女性の潜在能力の開発を一層困難にするものであるという認識の下に，女性に対するあらゆる形態の差別を撤廃するために必要な措置を講じることを目的とする「女性差別撤廃条約」が採択されたこと，そして，1985年には，私的領域での女性への暴力など「女性の人権侵害」が問題となって，「ナイロビ将来戦略」へとつながり，1995年には，「北京宣言」において，世界的に取り組むべき優先的課題を盛り込んだ「行動綱領」と，その実現への決意を示したことについて論述した。

　この行動綱領は，女性の権利を人権として確認するとともに，貧困，教育，健康等12の重要分野において，女性の地位向上を促進するための戦略目標と，具体的行動を提示するまでに発展したのである。そして，こうした流れを受け

245

て，『女性に対する暴力に関する立法ハンドブック』が作られたことを紹介したが，この『女性に対する暴力に関する立法ハンドブック』が，筆者の本書を執筆する動機づけとなった重要な文献の1つである。

　続いて，**第1章**では，国連の動向を受けての我が国での女性に対する暴力への取組みを紹介した。そこでは，我が国の男女共同参画社会の形成は，戦後になってからの婦人参政権の確立と，日本国憲法の制定が大きな役割を果たしたことを明らかにした。なぜならば，女性は，個人の尊重と幸福追求権を定め，法の下の平等を明記した日本国憲法のもとで，ようやく，個人として尊重され，男性と同等に人権をもつ存在であることが保障されたからである。

　そして，1975年には，世界行動計画を受けて，日本政府は，国際婦人年世界会議における決定事項の国内施策への取り入れと，その他女性に関する施策について，関係行政機関相互間の事務の密接な連絡を図ると共に，総合的かつ効率的な対策を推進するために，婦人問題企画推進本部の設置を決定したのである。

　また，1980年には，我が国は女性差別撤廃条約に署名し，国内法の整備を行い，1985年には，日本政府が女性差別撤廃条約を批准している。こうした流れの中で，国連の「ナイロビ将来戦略」を受け，我が国は，1987年に，21世紀に向けて男女共同参画社会の形成を目指す，「西暦2000年に向けての新国内行動計画」を策定し，1996年には「男女共同参画2000年プラン」を策定したのである。

　やっと，我が国も男女平等の理念のもと，女性に対する暴力が，男女差別という社会的構造から発生した問題であることを認識し，1999年には，「男女共同参画社会の形成」についての「基本理念とその方向性」を示し，将来に向かって，国及び地方共同団体，国民の，男女共同参画社会の形成に関する取り組みを総合的かつ計画的に推進するために，「男女共同参画社会基本法」が制定されるに至ったのである

　また，2000年には，「女性に対する暴力」に関連する立法として，「児童虐待防止法」，「ストーカー規制法」が施行され，2001年4月には，「DV防止法」が成立している。

　さらに，2005年には「第2次男女共同参画基本計画」が，2010年には「第3次男女共同参画基本計画」が策定された。そして，2015年12月の「第4次男女

共同参画基本計画」において，ようやく，「女性に対するあらゆる暴力の根絶」に向けた施策を総合的に推進することを宣言し，その基本計画を策定したのである。

以上が，**第1章**で述べた国連の動きとそれを受けての我が国の「女性に対する暴力」に関する諸施策の概要であるが，**第1章**の最後においては，「女性に対する暴力の原因論」についても論述を試みたことに言及しておきたいと思う。なぜならば，これまでに，我が国においては，「女性に対する暴力」についての関心が薄く，その原因論について論じている論文は，皆無に等しかったからである。筆者は，本書において，ハーウェイとオニールの編著『パートナー暴力』で説明されている4つの説明要因を参考にして，巨視的社会原因論，社会文化的原因論，生物学的原因論，進化心理学的原因論，被害者・加害者相互関係原因論に分けて，筆者の考えを展開したが，考察を進めていくうちに，男性による女性に対する暴力は，複雑な原因が絡み合って生じており，単一原因理論では説明しきれないところがあるように思われた。そこで，何が男性による女性に対する暴力を引き起こさせる原因であるのかという質問に答えられるのは，複雑に相関関係をもつリスク要因の多様性を考慮に入れた理論によるとしか説明がつかないと考え，「多元的原因論」あるいは「多重理論」による説明を，「女性に対する暴力」の原因論として採用したのである。筆者は，これを，「複合的原因論」と呼んでいる。

第2章では，先行研究を概観した。以下，繰り返しになるかもしれないが，先行研究の分析結果を紹介しておきたいと思う。

まず，最初に用いたのは，国連人権委員会の特別報告者であるラディカ・クマラスワミによる「女性に対する暴力——その原因と結果」という報告書である。この報告書は，11冊にも及ぶ膨大な資料であり，「予備報告書」と「委託調査報告書」，それに「朝鮮民主主義人民共和国，大韓民国及び日本への訪問調査による慰安婦問題」などで構成されている。

「予備報告書」の最後の「結論と予備的勧告」において，クマラスワミは，女性への暴力及び原因と結果に関する全般的概観を行っているが，続く報告書では，家庭内の暴力，コミュニティにおける暴力，国家による暴力について，それぞれ具体的な問題を取り扱っている。そして，それぞれの報告には，各領域での女性への暴力を根絶するための詳細な勧告も含まれているのである。

第6章　女性に対する暴力防止法制定への提言　　247

「1999年の報告書」では，家庭内暴力に対する国家が遵守すべき国際的義務について焦点を当てて論じている。そして，「被害者に対する支援サービス」については，家庭内暴力を犯罪とするだけではなく，被害者が抱える身の安全，経済力，住宅，雇用，保育等，さまざまな必要に応じたサービスが求められていることに言及している。

クマラスワミの最終報告書は，国際的なレベルで行われた女性を暴力から守るための基準設定と規範の創設への努力，女性に対する暴力の撤廃のために国家が行った関連法の改正，情報発信や意識向上キャンペーン等の教育的，社会的対策などについて言及し，国際的，地域的，国家的なレベルでの「女性に対する暴力」の主要な発展について論じているのである。また，最終報告書では，「女性に対する暴力」は，多面的な問題であり，単純で単一的な解決はあり得ないことを強調している。**第1章**で論述した「女性に対する暴力原因論」と同じように，解決策も「単純で単一的な解決策」はあり得ないとクマラスワミも結論づけているのである。

本書のテーマである「女性に対する暴力」の先行研究として評価できるものは，残念ながら，このクマラスワミの一連の報告書しかないというのが実状である。

次に，**第2章**では，先行研究として，「女性に対する暴力に関する調査研究」についても紹介したのであるが，主なものとしては，内閣府の平成27年「男女間における暴力に関する調査報告書」，それに，東京都，山口県，立川市，静岡市，高崎市など各都県市の調査を紹介した。

これらの調査から，女性に対する暴力，特にDV被害経験は，東京都の調査では約2割（17.2％）の女性が，2006年の内閣府の調査でも約2割の女性が，DVを受けていることが分かる。そして，最近においては，立川市の調査では，30.1％，2012年の内閣府の調査では，命の危険を感じた女性は28.2％と，約10ポイントその割合が増加しているのである。

さらに，**第2章**では，「女性に対する暴力の学術研究」を紹介した。以下に紹介するものは，国連の動向を紹介したもの以外は，必ずしも「女性に対する暴力」に特化したものではないが，本書の先行研究として，性暴力犯罪，DV犯罪，ストーカー犯罪に関する論考は，先行研究としての位置づけを行っている。

まず，林陽子の「国際的人権問題『女性に対する暴力』──『性暴力』をめぐる国連での議論」においては，1985年のナイロビ戦略以後，「性暴力」をめぐって，国連で，どのような議論がなされてきたかを概観していることを紹介した。

　また，女性に対する暴力の研究者として著名な戒能民江は，「女性に対する暴力と女性の人権」という論文において，近年，日本においても「女性に対する暴力」について関心が高まってきたが，「女性に対する暴力」という概念は極めて新しいものであると述べ，特にDVと女性の人権を取り上げて分析し，大切なことは，DV問題を認識することであり，女性の人権保障という視点をもつことであると注意を喚起している。

　この林陽子と戒能民江の2つの論文は，分量的な問題はあるものの，本書の先行研究として評価することは可能であると思う。

　また，角田由紀子は，『性差別と暴力──続・性の法律学』において，我が国で女性たちが中心になって作り出してきた社会の変化を踏まえて，角田の弁護士としての仕事の場である法律の分野に的を絞り，性差別と暴力のない社会への道を探っている。角田の論文は，性暴力犯罪に関する先行研究と位置づけることが可能である。

　その他に，諸外国の女性に対する暴力の取組を紹介している論文がいくつかあり，また，女性に対するあらゆる形態の差別撤廃に関する論文もある。そして，政府レベルのものとしては，我が国の男女共同参画会議・女性に対する暴力に関する専門調査会の「『女性に対する暴力』を根絶するための課題と対策──配偶者からの暴力の防止等に関する対策の実施状況のフォローアップ」などの先行研究がある。これは，本書のDV犯罪に関連する先行研究である。

　次に，本書の**第3章**，**第4章**，**第5章**は，いわゆる「女性に対する暴力」の各論部分に当たるものである。

　以下，**第3章**から**第5章**で論述した内容を簡単に要約しておくことにしたい。

　まず，「女性に対する暴力」の具体的な事例として，**第3章**では性暴力犯罪について論じた。

　歴史的にみれば，強姦罪は，被害者である女性の性的自由の侵害ではなく，女性を所有する男性の所有権の侵害として構成されてきた。こうした流れに批判的な筆者は，性暴力とは，女性に対する支配，征服，所有という欲望が性行

第6章　女性に対する暴力防止法制定への提言　　249

為という形をとった暴力であり，女性が望まないすべての性的行為が強姦罪であると指摘したのである。

それゆえ，本書では，「性暴力犯罪とは，社会的に形成される男女の性差に基づくあらゆる暴力行為であり，主に，女性に対して損害や苦痛を与え，人間としての尊厳を侵害する力の行使をさすもの」と定義した。

国連のマクドゥーガル特別報告者の最終報告書によれば，性暴力とは，「性的手段を利用してまたは性を標的として行われる，身体的または心理的なあらゆる暴力」と定義しているが，この定義のほうが分かり易いかもしれない。

いずれにせよ，「性暴力は，強制的な条件下で行われたことを要件とし，しかも強制的な状況は，広く定義されるべきである」とするのが，**第3章**での主張の要旨である。

次に，**第3章**では，2017年6月16日に性犯罪についての刑法の一部改正が行われたが，我が国の改正前の刑法における性暴力犯罪としての強姦罪と強制わいせつ罪について，筆者は，①強姦・強制わいせつ罪の規定の見直し，②強姦罪と強制わいせつ罪の保護法益の変遷，③抵抗要件としての「暴行と脅迫」の是非，④強姦罪のジェンダー中立化，⑤強姦罪と強制わいせつ罪の非親告罪化の是非，⑥不同意と挙証責任の転換，⑦夫婦間強姦等について論じた。

そして，その中でも，強姦罪の法益概念の変遷は，伝統的な性犯罪の規定や運用が，家父長制や男性中心の世襲制度のイデオロギーに基づくものであり，法の運用それ自体が，被害者女性に対する非難や差別や偏見をもたらしているとして，性刑法を真正面から批判し，既成概念に挑戦してきたのが，1960年代のフェミニズム運動であったことを明らかにしたが，これは，いまさら指摘するまでもない事実であろうと思われる。

抵抗要件としての「暴力と脅迫」についても，事実認定では，被害者の抵抗が何よりも重視されていることに言及し，たとえば，平成20年6月27日の大阪地裁の強姦無罪判決においても，被害少女が性交に同意していなかったことを認めながらも，暴行の程度は反抗を著しく困難にする程度のものとは認められないとして無罪を言い渡している。筆者は，この判決の正当性を問題としたのである。

こうした現実を直視するとき，改正前の刑法の性犯罪規定の「暴行・脅迫」という要件は今回の刑法の一部改正においても見直しはなされなかったが，筆

者は被害者保護の観点から見直されるべきであると思うし，性暴力犯罪被害の実態を反映した立法が是非とも必要であるように思われると，結論づけたのである。

また，強姦罪のジェンダー中立化については，アメリカの事例を紹介して，我が国にも，同様の視点を取り入れるべきであることを提案した。

たとえば，アメリカのように，性的接触罪は，「挿入を除く性的部位への接触または性器等による身体への接触である」と解すれば，強姦罪の被害者に，男女の区別を設ける必要はなく，我が国のように，強姦罪の被害者を女性のみに限定すると，男性に対しては，強姦罪の成立する余地はなく，強制わいせつ罪を適用することになるが，筆者には，強姦罪の被害者に男性を加えるという法改正が推し進められている現今の我が国において，被害者を男女両性とするジェンダー中立化を推し進めることが必要ではないかと主張したのである。この点は，今回の刑法の一部改正において，筆者の主張が認められた。

次に，**第3章**で詳述した，強姦罪と強制わいせつ罪の非親告罪化の是非についてであるが，我が国の裁判例でまま見られるように，親告罪であるがゆえに，身体的にも精神的にも疲弊している被害者に対し，強姦されたという立証責任を課し，被害者の被害証言があたかも虚偽でもあるかのように指弾する裁判官の態度は，不見識，理不尽極まりないものであるように筆者は思われる。非親告罪化が実現すれば，被害者の過去の性体験や被害者の落ち度が裁判で糾弾されることがなくなり，それによって，被告人弁護士の弁護のあり方や裁判官の意識が改善されれば，裁判における被害者の精神的負担は軽減され，裁判を受けることへの危惧感は払拭できるのではないかと思うと筆者は主張したが，この点も今回の刑法の一部改正で，非親告罪化が実現した。

また，これは今回の刑法の一部改正では改善されなかったが，これまでの裁判例にみられるように，過去の性的経験を根拠に，被害女性の供述の信用性を判断することは偏見であり，ましてや，抵抗の程度で，同意を推認することは，被害者に応戦を強要するものであって，被害者の供述の信用性を確保するための補強証拠の要求は，女性不信としか考えられず，これらが強姦事件の法廷を，「被告人ではなく，被害者を裁く場」にしているのではないかと思う。今後の法改正で争点とされることを期待したい。

同じく，**第3章**で詳しく解説した不同意と挙証責任の転換については，被害

第6章　女性に対する暴力防止法制定への提言　251

者からすれば，不同意性交を強いられること自体が，性的自由，性的自己決定権を侵害するものであるとの立場を堅持した。

また，筆者のように，すべての性犯罪において，不同意性交の処罰を前提とする考えからは，被害者ではなく，加害者が同意の存在を立証しなければならず，同意があったことが立証できない限り，加害者を有罪とすべきであろうと思う。換言すれば，被害者が強姦されたこと，つまり，性的交渉に被害者の同意がなかったことを，被害者自身が検察官の手を借りて立証するのではなく，同意があったという事実の証明は，加害者によってなされるべきであるというのが，性暴力犯罪に対する筆者の基本的見解である。

現在の裁判で行われているように，強姦罪の立証責任を検察官と被害者に負わせているがゆえに，弁護人は，被害者の証言の信憑性を疑わせるように，被害者の過去の性経験を持ち出し，被害者を詰問するような尋問が行われることが考えられ，被害者が，二次被害を受ける可能性を払拭できないことになるのである。

そのようにして，刑事裁判では，強姦という犯罪の争点とは何ら関係のないプライバシーの侵害が生じるおそれが考えられることから，アメリカでは，レイプ・シールド法（Rape Shield Law）が制定されているのである。我が国においても，被害者の同意がない場合は，すべて強姦罪となるという，強姦罪認定の方法が採用されるべきである。そして，その場合，アメリカのようなレイプ・シールド法を導入すべきであるというのが，筆者が，**第3章**で強調したところである。

また，それに加えて，筆者は，配偶者間の強姦を，特別の類型として刑法に明文化することにより，現行のDV防止法による被害者の保護も，さらに担保されることになるのではないかと主張した。

第4章の配偶者等からの暴力では，筆者は，DVとは，女性差別の社会を背景に，私的領域における親密な関係で起きる女性に対する暴力であり，女性の人権侵害であるとする考えを展開した。

そして，そこでは，我が国より先にDVに関する法的規制がなされた諸外国における動向について論じたのである。

アメリカでは，1994年に「女性に対する暴力防止法」（The Violence Against Women Act 1994）を制定した。こうした先進的な法制定にみられる，アメリカ

での性的暴力，家庭内暴力に対する女性の平等に関する活発化した感性は，現存する法制度の根本的改善を促進しているといえるとの筆者の見解を示したのである。

フランスにおいては，1810年のナポレオン法典を全面改正した1992年のフランス新刑法典で，DVを，故殺罪，謀殺罪，拷問及び野蛮行為罪，傷害致死罪，暴行傷害罪等の重大な犯罪について，被害者が，配偶者又は内縁のパートナーである場合に，刑罰の加重事由となるものとして規定されていることを紹介した。また，フランスは，我が国では，力点を置いていない，DV加害者に対する刑事罰の適用の推進，あるいはまた，DVという暴力犯罪の重罰化が，その特色であることを明らかにしたのである。

スウェーデンにおいては，1988年の「訪問禁止法」（Lag om besökförbud 1988: 688）が，親密圏における男性から女性への暴力を取り上げて，1998年に，「女性の安全法」（Kvinnofrid 1998: 393）を定め，DVが女性に対する暴力であることを明確化したことを紹介した。また，2011年には，訪問禁止法が改正され，「接触禁止法」（Lag om kontakt）と改名されたことを明記したのである。

次に，**第4章**では，我が国のDVに関して詳述したが，我が国の明治民法，戦後の民法改正での離婚事由，「継続し難い重大な事由があるとき」として扱われることが，通説，判例であることを紹介し，女性活動家たちによって，1992年が，日本のDV元年とされたことについても述べている。

また，1995年の第4回世界女性会議を契機として，我が国では，「女性に対する暴力」という視点で立法化が議論され，最終的に，「配偶者からの暴力」だけが取り出され，当事者とその痛みや困難を自らの痛みとして共有する女性たちの力が，DV防止法の制定の原動力となったことを明らかにしたのである。

そして，**第4章**では，我が国のDV防止法の立法に至る経緯，DV防止法の内容についても述べている。すなわち，DV防止法は，2001年4月に成立し，その後，2004年に第1次改正，2007年に第2次改正，2013年に第3次改正がなされている。

そして，2013年の第3次改正により，第28条の2が追加され，生活の本拠を共にする交際相手からの暴力及び被害者についても，DV防止法を準用する旨の規定が置かれたことを紹介した。我が国のDV防止法には，憲法と同じように前文があるが，この前文により，DV防止法は，女性の人権保障立法である

第6章　女性に対する暴力防止法制定への提言　253

ことを明記したものであることを宣言したのである。

その後のDV防止法制定の意義，DVの実態については，1992年の戒能民江らの「夫（恋人）からの暴力」調査研究会による被害調査，内閣府の2007年のDV全国実態調査など，そしてまた，配偶者暴力相談支援センターの相談件数，警察における配偶者からの暴力事案等の認知件数の推移等を示している。

次に，配偶者暴力の種類について述べ，内閣府では，配偶者暴力として，身体的暴力・精神的暴力・性的暴力の3種類を挙げているが，諸外国では，身体的暴力・言語的暴力・心理的（精神的）暴力・性的暴力・社会的暴力・経済的暴力及びストーキングを挙げていることについて言及し，これらの違いを明らかにした。

この点，内山絢子も，かなり広義の概念を用い，DVとして，身体的暴力・精神的暴力・性的暴力・社会的暴力・経済的暴力・物を通じての暴力・子どもを通しての暴力・ストーキングと8種類を挙げていることを紹介したのである。

また，宮地尚子は，目に見えず証拠も残りにくい形でなされる人間の精神の攻撃が，DVの恐ろしさの本質であること，その痛みや傷は世代を超えて連鎖し，悪循環を社会にもたらしてしまうことを指摘し，世代間連鎖について述べていることについても紹介した。

そして，DVを理解する上で重要な概念である「DV暴力のサイクル」について，レノア・ウォーカーが，図式化して説明していることも明らかにした。繰り返して述べることもないであろうが，暴力のサイクルを，**第1章**で述べた被害者・加害者相互関係原因論から説明し，DVの加害者は，蓄積期，爆発期，ハネムーン期という周期で，暴力を継続するものであることを論じたのである。

また，宮地は，このウォーカーの概念を拡張し，DV加害者の支配的行動を説明するために，ドゥルース・モデルの「権力と支配の車輪」を用いて説明を試みていることも紹介した。

DVは，親密な人間関係間で繰り返し暴力が振るわれ，エスカレートする傾向があり，それに加えて，被害者のほうから別れようとする時に，最も危険性が高まる構造があることに注意しなければいけないことについても，言及したのである。

そして，DV加害者の人格特性に関して，内閣府の行った事例調査によれば，暴力を振るうパートナーが一歩家庭の外に出ると，人付き合いもよく愛想の良

い，いわゆる「外面の良い」「人当たりの良い」「面倒見の良い」など，家庭の外においては，人物的な評価が高い場合が少なくないという特徴を挙げていることを紹介し，一方，内山絢子によれば，DVの背後には，女性軽視，伝統的・固定的な性別役割分担意識などの価値観に基づき，男性が女性に服従を強要し，男性としての権威を誇示し，女性は男性の所有物といった価値観を有していることが多いと指摘していることも紹介した。筆者の考えは，内山の考えに近く，男性は女性を支配下におきたがる傾向があり，こうした人格特性が，DVと結びついているのではないかと感じているのである。

　また，**第4章**のDV対策では，フランス，スウェーデン，アメリカ，イギリス，カナダにおける法的対応の変遷について述べ，その後，我が国での新たな法的対応について論じている。その上で，我が国の公的シェルターと民間シェルターの対応と，カウンセリングによる施策を，さらには，その他の施策として，DV対応において市区町村が果たすべき役割などについて紹介したのである。

　そして，最後に，今後のDV対策としては，DV加害防止のための支援，DV被害者の自立に資する支援，再犯防止や脱暴力更生へと至る新しい取組が必要となってくることについて述べた。

　各論の最後である**第5章**では，女性に対する暴力の1つであるストーカー被害とストーカー規制法ついて論じている。

　ストーカー被害が我が国で問題となり，ストーカー規制法が制定されるきっかけとなった事件は「桶川女子大生ストーカー殺人事件」であったが，法が制定されても，長崎ストーカー事件や逗子ストーカー事件などストーカー被害が深刻な社会問題となっているのが現状であることについて注意を喚起した。

　ストーカー規制法制定前の背景については，1999年の『月刊 自由民主』において，「深刻化するストーカー被害　法整備を望む声も」と題して，我が国でのストーカー防止法の制定に関する防止策とともに，我が国の法整備を強く望む声があったことを紹介している。また，1999年10月に，鹿児島県がストーカー行為を規制する条項を含んだ「不安防止条例」を施行しているが，これはストーカー行為の規制法令としては我が国で最初のものであった。

　次に，**第5章**のストーカー被害の現状のところでは，警察による資料や各種調査等から，男性よりも女性のストーカー被害が多いことを明らかにした。

これらの実態調査からすると，我が国でのストーカー被害は，ストーカー規制法制定前も，制定後も，減っていないのが実情である。

　そして，**第5章**では，ストーカー規制法制定の経緯とその概要について述べ，アメリカの反ストーキング法（Anti-Stalking Law）や，イギリスの「2012年自由保護法」（Protection of Freedom Act 2012）が施行され，ストーカー行為の罰則が強化され，ストーカー罪が新設されたこと，さらには，ドイツの暴力防止法は，DVからの保護に加えて，ストーキングからの保護も対象とすること等，諸外国のストーカー規制法について紹介した。

　また，我が国のストーカー規制法には問題点が多々あり，多くの学者や研究者たちが，いろいろな意見や批判を展開しているが，そうしたストーカー規制法の欠陥が，逗子ストーカー事件，長崎ストーカー殺人事件などの凶悪な事件を生み出した一要因であることに注意を喚起した。

　ストーカー対策についても，多くの見解が示されているが，ストーカー行為を現に受けている者の望みは，ストーカー行為がなくなることであることは言を俟たないであろう。この点に関して，櫻井敬子は，ストーカー規制法の効果は，被害者の平穏で安全な日常生活が回復されてこそ意味があり，まず警察当局が行為者に接触することが先決で，第三者として当人に会って現認するということが，すべての始まりであると指摘したが，この考えはストーカー対策の基本中の基本であろうと考える。

　このような櫻井の指摘からも伺われるように，被害者が被る精神的苦痛が多大であるストーカー犯罪を，警察が規制できないのであれば，裁判所が禁止命令等を下し，警察が加害者を逮捕するというように手続きを変更すれば，円滑に法律が執行できるのではないだろうかという筆者の意見も，**第5章**で明らかにしたところである。

　本書で紹介したようなストーカー規制法の問題点が，学者や研究者によって指摘された結果，2013年6月に，公明，民主，自民党の有志の参議院議員らが，DV防止法と同時改正する方向性をまとめ，同年6月21日の第183回通常国会において，両改正案は参議院を通過。同月26日に衆議院本会議で可決されたという経過についても説明したところである。その後，2016年12月6日に制定された第2次改正の概要についても論じた。

　また，ストーカーの類型と人格特性についても国内外の意見なども紹介した。

そして，ストーカー被害者対策については，①ストーカー行為等の在り方に関する有識者検討会での検討，②ストーカー総合対策についての関係省庁会議での提案，③犯罪被害者の匿名化，④社会保障制度における被害者情報の保護，⑤再被害をなくすための加害者に関する取組等について，また，⑥再被害防止のための連携における関係諸機関の取組について論じたところである。

第5章の最後では，ストーカー規制法の更なる改正に向けての提言を試みている。

次に，本書でこれまで検討してきた結果を踏まえて，「女性に対する暴力」を防止するためには，個々の特別法に頼るのではなく，包括的な法律としての「女性に対する暴力防止法（仮称）」のような基本法が必要であると筆者は考えるので，以下においては，女性に対する暴力を防止するための基本法の制定の提案を試みたいと思う。

第2節　「女性に対する暴力防止法（仮称）」の骨子

以上，これまでに，総論，各論のそれぞれの箇所において，さまざまな女性に対する暴力に関する議論や意見，あるいは提案について要約をしてきた。また，本書の**第1章**の女性に対する暴力の原因論において述べたように，女性に対する暴力の原因は，単一原因ではなく，複合的な原因にあると考える筆者の立場からは，個々の法律を統括するための基本法となる「女性に対する暴力防止法（仮称）」の制定が必要と考えるのである。

以下においては，これらの各犯罪に対する対策も含めて，包括的な女性に対する暴力防止法のような基本法の創設の提案について述べてみたい。

第1項　「女性に対する暴力防止法（仮称）」の必要性

まず，包括的な法律としての女性に対する暴力防止法（仮称）」の必要性についてであるが，1999年の男女共同参画基本法案の提出理由にあるように，我が国では男女平等に重点をおき，立法化を試みている。これは，1995年の北京宣言での「女性と男性の間の不平等」という文言に影響を受けたものではないかと考えられる。確かに，最終目標は男女平等であるが，我が国のようにいまだ男性が優位な社会においては，女性の社会的地位の向上のためには，まず女

性に対する暴力をなくすための法律は必要不可欠であると筆者には思われる。

また国連の女性2000年会議においても，女性に対する暴力に関する実効的な法律の見直しと導入を行うことに合意しているという事実を勘案する時，我が国における「女性に対する暴力防止法（仮称）」の制定は，当然であり，必然であるように筆者には考えられるのである。

また，島岡まなの言うように，「女性に対する暴力の背景となるような差別は犯罪であり，生命，身体，自由，性的自己決定権を侵害することは，他人によって犯されるよりも，親密な関係において犯される方が危険性も違法性も高く悪質である」[1]とする規範意識が重要であると筆者は思う。

そして，女性に対する暴力とは，須藤八千代の指摘するように，「知的障害，病気，家族関係，母子関係，経済的問題等が，誕生した時から現在までの長い人生生活において，増幅しながら生じる複合的な体験，と捉えるべきである。したがって，個人的なエピソードと，女性を取り巻く地域や環境をグローバルなレベルまで視野に入れた構造的視点が必要である」[2]ということになる。この主張を勘案するとき，たとえば，①性暴力被害者治療センター，②ステップハウスの制度化，DV被害女性の同伴児童に対する支援機能の整備などが検討課題となる。そして，こうした女性に対する暴力の基本的問題を解決するためには，包括的な「女性に対する暴力防止法（仮称）」を制定すべきであるという結論になるであろう。

また，これまでに論じてきたように，暴力の原因は，家父長的社会構造と個人的事情の複合的な関係にあると考えられる。したがって，女性に対する暴力の予防策についても，社会的原因と個人的原因の両方から考えなければいけないのである。高橋由紀子の言う如く，「社会的予防としては，①女性への暴力が排斥される社会的風土を作る，②男女の不平等を除去し，あらゆる生活領域で平等を実現する，③暴力の世代間連鎖を断ち切る」[3]ことが必要である。こうした「女性に対する暴力の原因論」をも加味して，立法化することも重要であり，「女性に対する暴力防止法（仮称）」は必要であると筆者は思う。

また，DV防止法では，保護命令は民事手続であるが，命令違反については刑事罰が規定されている。井上匡子の解説するように，「家族関係に関する制度としては，共通する児童虐待防止法は，子どもという絶対的な弱者を対象とし，専門機関である児童相談所による後見的介入という方法を採っている。し

かしながら，DV防止法は，間接的介入という方法を採っている」[4]のである。

　そして，ストーカー規制法は，すでに説明したように，警察による直接的介入という方策である。また，DV防止法の保護命令制度は，地方裁判所が行う審尋や将来の被害の危険についての証明を要件としている。本書のように，性的暴力犯罪，DV犯罪，ストーカー犯罪等の具体的事例に対応するための基本法は，こうした諸点に配慮しながら，内容を絞り込んで，「女性に対する暴力防止法（仮称）」として，統一的で効果的な法律を作成する必要があると思う。

第2項　「女性に対する暴力防止法（仮称）」の枠組み

　諸澤英道は，「すべての国民は，法の下に自由かつ安全に生活する権利を憲法上保障されており，その権利を侵害された者は，被害者である」として被害者を「自由かつ安全に生活する権利」を奪われた者であると定義している[5]。この定義から考えれば，女性に対する暴力は，女性が，「法の下に自由かつ安全に生活する権利」を侵害されているということになる。この点は，「女性に対する暴力防止法（仮称）」の理念として，その枠組みである骨子の中心に置かれるべきであろう。

　また，戒能民江も，「領域横断性が被害者学の大きな特徴であろう」と述べて，「領域横断性」を被害者学の特徴としている。さらに戒能は，被害者・加害者の多様性を意識せざるを得ず，「国籍，民族，階層，性別，セクシュアリティといった，さまざまな変数との交差（intersectionality）を考慮した，被害者学研究が行われていく」ことが必要であるとも述べている[6]。この点も，本書のテーマである「女性に対する暴力」は，結局のところ，「暴力を受けた被害者」を対象とするものであり，言い換えれば，「被害者としての女性」を対象とするものである。本書が，基本的には，被害者学の視点に基盤を置いて論じていることからも明らかなように，「領域横断性」を考慮した包括的で被害者の人権に配慮した立法化が望まれるであろう。この「領域横断性」という概念は，本書の**第3章**と**第4章**，そして**第5章**で論じた，性暴力犯罪，配偶者からの暴力，ストーカー犯罪等を結びつける重要な用語であり，包括的で基本的な「女性に対する暴力防止法（仮称）」を検討する上で，1つのキーワードとなる概念であろうと思われる。基本法である「女性に対する暴力防止法（仮称）」の骨子の中心概念として位置づけたいと思う。

また，2010年12月の「第3次男女共同参画基本計画」の「第9分野　女性に対するあらゆる暴力の根絶」においては，「女性に対する暴力は，犯罪となる行為をも含む重大な人権侵害であり，その回復を図ることは国の責務であるとともに，男女共同参画社会を形成していく上で克服すべき重要な課題である。特に，インターネットや携帯電話の普及により，女性に対する暴力は多様化してきており，こうした課題に対しては，新たな視点から迅速かつ効果的に対応していくことが求められる。女性に対する暴力を根絶するため，社会的認識の徹底等根絶のための基盤整備を行うとともに，配偶者からの暴力，性犯罪等，暴力の形態に応じた幅広い取組を総合的に推進する」という基本的な考え方が示されている。そもそも本書は，この提言を先取りしたものであり，本書の各論の構成と「第3次男女共同参画基本計画」の提言は，見事に一致しているのである。「基盤整備と総合的取組」の視点も，「女性に対する暴力防止法（仮称）」の基本的枠組みの中心に置きたいと思う。

さらに，2015年12月の第4次男女共同参画基本計画は，「第7分野　女性に対するあらゆる暴力の根絶」において，「女性に対する暴力は，犯罪となる行為をも含む重大な人権侵害である。その予防と被害からの回復のための取組を推進し，暴力の根絶を図ることは，男女共同参画社会を形成していく上で克服すべき重要な課題であり，国としての責務である」ということや，「配偶者等からの暴力，性犯罪，ストーカー行為等の形態に応じた幅広い取組を総合的に推進するという考え方」を掲げている。この提言にみられる，女性に対する暴力は「人権侵害である」という視点と，「暴力の根絶を図ることは，国の責務である」という考え方は，筆者の考える「女性に対する暴力防止法（仮称）」の骨格をなすものであり，重要な概念枠組となることは，間違いのない事実である。

第3項　「女性に対する暴力防止法（仮称）」の骨子の内容

我が国には，本書で紹介した強姦罪や強制わいせつ罪，DV防止法，ストーカー規制法の他にも，売春防止法等の女性のための法律はあるが，それぞれがバラバラに運用されている。たとえば，ワンストップ支援センターやシェルターなどは，地方公共団体の下や，民間団体で支援を行っているのが現状である。「女性に対する暴力防止法（仮称）」のような全てを網羅できる法律があれ

ば，被害者である女性を守るために，円滑な規制や支援ができるのではないだろうか。そこで，以下では「女性に対する暴力防止法（仮称）」の骨子となるものを考えてみたい。

　『弁護士白書2015年版』によれば，犯罪被害者を取り巻く状況を考えるとき，再被害の防止は犯罪被害者が直面する喫緊の問題であるという。

　まず，被害者の安全確保は重要な問題である。被害者，特に性犯罪，DV，ストーカー犯罪の被害者は，加害者が逮捕されるまでは，常に再被害に遭う危険に曝されている。加害者が逮捕され刑が執行されたような場合でも，加害者の身体拘束が解かれた後に，再被害に遭うケースも存在する。この「再被害の防止」ということは，「女性に対する暴力防止法（仮称）」でも重要な視点であり，骨子の1つとして採用したいと思う。

　次に，プライバシーの保護が重要な問題となる。本書で扱った性犯罪，DV犯罪，ストーカー犯罪などの世間の耳目を集めるような事件では，犯罪被害者側のプライバシーに関わる報道が過熱することがあることはよく知られているところである。また，性犯罪や親族間の事件などでは，公開の法廷における審理によって，被害者の名誉や社会生活の平穏が害される場合もある。マスコミによるメディア・スクラムや，報道による被害だけでなく，近年では，インターネットの普及により，犯罪とは全く無関係な内容まで，インターネット上で公開される被害も生じるようになった。特にインターネット上で公開された内容に関しては，事実と異なることも多く，被害者がさまざまな手段を講じても削除できなかったり，転載されたりして，長期間残ってしまうこともある。ここで指摘されている「被害者のプライバシーの保護」は，筆者の「女性に対する暴力防止法（仮称）」の重要な視点であり，骨子の1つとすることは言うまでもない。

　また，裁判員裁判の場合，知人が裁判員に選任され，自分の事件の詳細を知られる可能性があるのではないかと，不安を感じる被害者もいる。

　性暴力犯罪の被害者は，性感染症，望まない妊娠やPTSD（心的外傷後ストレス障害）等精神的症状等に長く苦しみ日常生活が困難になるなど，深刻な被害を受けている[7]。しかも，多くの性暴力犯罪やDVの被害は潜在化しやすいという特徴があるために，医療やカウンセリングや法的な支援を受けられずにいるのである。

第6章　女性に対する暴力防止法制定への提言　　261

日本弁護士連合会が述べているように，ワンストップ支援センターやシェルターなどへの「開設費用や継続的運営費用への財政的支援」や，オーストリアの危機介入センターのように，国からの資金提供を考えるべきであろうと思われる。これらの諸点が「女性に対する暴力防止法（仮称）」の骨子として構成されることは言うまでもない。

　このような数多くの提言や主張を取り入れて，筆者は，現行憲法の名の下に，「男女の平等」と「法の下に自由かつ安全に生活する権利」を，被害者である女性に保障するために，地球上から男女差別などすべての差別をなくすための次の一歩として，女性に対する暴力の包括的な立法を提案したいと思うのである。

　しかしながら，これは最も基本的なことであり，誰もが納得することであろうと思うが，「人は，皆，女性から生まれるのに，なぜ男性は女性を支配下に置こうと考える」のであろうか。アメリカでは，男性が，陣痛の痛みと出産の苦しみを味わえるように，電気ショックにより体験できるようになったことがテレビ番組で紹介されていた。

　男性はもちろんのこととして，女性がいなければ，種族の保存と繁栄は考えられないのであるから，女性は大事に扱われなければならない，と筆者は思うのである。

　この素朴な疑問と考えが，筆者の「女性に対する暴力防止法（仮称）」の底辺に流れている考えである。

第4項　諸外国の「女性に対する暴力」関係の法律

　ちなみに，外国での女性に対する暴力関係の法律は，**第4章**の配偶者等からの暴力のところでも述べたが，アメリカの1994年の「女性に対する暴力防止法」，スウェーデンの包括的な法律である，1998年「女性の安全法」がある。

　アメリカの「1994年女性に対する暴力法」は，性差別に基づく暴力犯罪に対する民事責任の規定を創設したのである。

　第4章では述べなかった，アメリカの2005年の「女性に対する暴力防止法及び司法省の再受権に関する法律」（Violence Against Women and Department of Justice Reauthorization Act 2005）の改正については，暴力の被害者の更なる居住権を保障するための新たな条項とプログラムを導入している。すなわち，

DVの被害者を，住居や公営住宅の入居について優遇するための法律の改正である。公営住宅に関わる職員への教育や研修，入居許可の改善や住居政策など，住宅行政に関わる機関と，被害者支援団体との協力の改善のための資金提供を行うこととしたとのことである[8]。

　この他にも，オーストリアの1997年「暴力保護法」(Violence Protection Act 1997) は，警察の介入後，DVの被害者が，将来に向けて支援を受けることができるよう危機介入センターの設置を全ての州に義務づけているのである。この危機介入センターは，女性のNGOにより運営されており，内務省及び女性省から，5年契約を基本として，資金提供を受けている[9]。

　また，スペインの2004年「ジェンダー暴力に対する総合的な保護対策に関する基本法」(Ley Orgánica 1/2004, de 28 de diciembre, de Medidas de Protección Integral contra la Violencia de Género) は，暴力への敏感さ，防止，発見，及び被害者の権利に関する条項を一体化させ，女性に対する暴力問題に取り組むために，具体的に制度化されたシステムを作り，刑法の下の規制を導入し，さらに，被害者のための法的な保護を規定している[10]。また，スペインでは，女性に対する暴力の事案で，2年未満の懲役を言い渡された際に，刑の執行猶予または他の刑への代替をすることができることが，規定されている。しかしながら，この刑の執行猶予判決の場合は，加害者は，加害者更生プログラムへの参加が義務づけられているのである[11]。加害者更生プログラムが法律で担保されていることに注意しなければならない。

　さらに，欧州連合（以下，EUとする）は「暴力被害者（特に家庭内暴力）に対して，EU全域でのその保護」を認める新たな規制を採択した。この「規制は，暴力（家庭内暴力等）やストーカー等の被害者を加害者による更なる危害から保護するために提案されたもので，自国で取得した保護命令は，被害者が旅行や転居により他の加盟国に移動しても，自国と同レベルで提供され，この結果，被害者に対するEU全域での保護が実現する」ことになっている[12]。

　また，2010年以降，EUでは，「ジェンダー政策」が進展をみせているが，これは，1995年の第4回世界女性会議で採択された北京行動綱領に「ジェンダー主流化」(gender mainstreaming) の概念が明確化されたことによるものである。

　2010年3月に，EUは，「女性憲章」[13]を採択した。女性憲章では，EUがその

すべての政策にジェンダーの視点を強化し，ジェンダーの平等を促進する5つの優先施策を表明した。①雇用機会の均等，②同一価値労働・同一賃金，③意思決定における平等，④女性に対する暴力の排除，⑤EUを越えたジェンダーの平等などの活動を行うこととしたのである[14]。「女性に対する暴力の排除」が優先政策となっていることに留意すべきであろう。

また，韓国では，1995年に「女性発展基本法」が制定され，女性政策の基本法としての地位を維持してきたが，2014年5月，「両性平等基本法」と名称が変更され，全面改正がなされたのである。この全面改正により，ジェンダー主流化に基づいた実質的な両性平等の実現という方向性が明確となった。両性平等とは，性別による差別，偏見，侮辱及び暴力がなく，人権を同等に保障され，あらゆる領域に同等に参画し待遇を受けることと定義されている[15]。

また，タイにおいても，2015年9月9日「ジェンダー平等法」が施行された。この法律は，生まれとは異なる性別の風貌を持つ者への差別を「ジェンダーに基づく差別」として定義に含めている[16]。

以上のように，諸外国の「女性に対する暴力」関係の法律は，急速な進展を遂げており，我が国がはるかに遅れた状況にあることが分かるであろう。そうした意味からも，女性に対する暴力に関する基本法の創設は，我が国の喫緊の課題であると筆者は思う。

以上が本書の総括であり，「女性に対する暴力防止法（仮称）」創設の提案である。少し誇張した表現と思われるかもしれないが，「女性に対する暴力の根絶」は，人類最後の解決すべき喫緊の課題と言えるのではないかと筆者は思う。

それでは，最後に，基本法としての「女性対する暴力防止法（仮称）」の枠組みとなる骨子を挙げておきたいと思う。

「女性に対する暴力防止法（仮称）」の骨子

1．女性に対する暴力は人権侵害であるという視点の明確化
2．男女差別の撤廃を推進するための基盤整備と総合的取組の規定の制定
3．女性が自由かつ安全に生活する権利の保障
4．女性の身体，自由，性的自己決定権の保障
5．女性を取り巻く環境を視野に入れた構造的視点
6．女性に対する暴力原因論に配慮した条文の制定

7．女性に対する暴力の根絶は国の責務であることの明確化

8．被害者の保護と被害者の安全確保

9．被害者のプライバシーの保護

10．被害者同伴の児童に対する支援策

11．再被害防止策に関する規定の制定

12．「領域横断性」を考慮した規定の制定

13．女性に対する暴力加害者治療センターの創設

14．保護命令等の制定機関としての裁判所の位置付け

15．性犯罪・DV犯罪・ストーカー犯罪等の形態に応じた総合的な施策の推進

16．ワンストップ支援センター，シェルター，ステップハウス等の制度化と財政的支援

17．加害者の処遇プログラムやしょく罪プログラムに関する規定の整備

　以上が本書の提案する「女性に対する暴力防止法（仮称）」の骨子の概要である。「女性に対する暴力防止法」を立案するにあたっては，これらの基本的枠組みに他にも取り入れるべき内容は数多くあると思われるが，ここで列挙した項目は，必要最小限のものであることに留意していただきたいと思う。1日でも早く，女性に対する暴力を防止するための基本法の制定を望みたい。

注

1) 島岡まな「DV罪の保護法益と刑事規制——フランス刑法を参考として」『法律時報』86巻9号（2014年）77頁。

2) 須藤八千代「婦人保護施設の現在とその理論的検証」『社会福祉研究』13巻（2011年）19頁。

3) 高橋由紀子「ドイツにおける女性に対する暴力への取り組みとDV法」『国際女性』19号（2005年）163頁

4) 井上匡子「DV防止法と親密圏における非対称性問題」『民事研修』636号（2010年）59頁。

5) 諸澤英道「被害者の権利と被害者学——新しい被害者学の試み」『法学研究』49巻1号（1976年）207頁。

6) 戒能民江「被害者とはだれか——『女性に対する暴力』と被害者学」『被害者学研究』26号（2016年）4頁。

7) 日本弁護士連合会「犯罪被害者支援の現状と弁護士の役割」『弁護士白書』（2015年）2-35頁。

8) 国連経済社会局女性の地位向上部，ヒューマンライツ・ナウ編訳『女性に対する暴力に関する立法ハンドブック』信山社（2011年）48-49頁。

9) 国連経済社会局女性の地位向上部，ヒューマンライツ・ナウ編訳・前掲注8）46頁。

10）国連経済社会局女性の地位向上部，ヒューマンライツ・ナウ編訳・前掲注8）18頁。

11）澤敬子「スペイン護民官聞き取り調査報告――ジェンダー・バイオレンス問題を中心に」『現代社会研究科論集』（2013年）21頁。

12）武田美智代「EU 暴力被害者保護に関する EU 規則の成立」『外国の立法』257-1号（2013年）。

13）女性憲章とは，男女平等への関与の強化に関する文書。1995年の世界女性会議における北京行動綱領の採択から15年，女性差別撤廃条約から30年を記念して，2010年3月10日の国際女性デーに向け欧州委員会が策定したのである。

14）武田美智代「ジェンダーの平等に向けた EU の施策――企業の女性役員割合に関する指令案を中心に」『外国の立法』257号（2013年）139-143頁。

15）藤原夏人「韓国の両性平等基本法」『外国の立法』264号（2015年）99-122頁。

16）光成歩「タイ ジェンダー平等法の施行」『外国の立法』266-2号短信（2016年）。

著者紹介

秋山千明（あきやま ちあき）

1986年　和洋女子大学文家政学部卒業
2006年　中央大学法学部卒業
2009年4月～2011年3月　中央大学大学院法学研究科聴講
2014年　常磐大学大学院被害者学研究科修士号取得
2016年5月25日　東京保護観察所　港区保護司委嘱
2016年6月　港区更生保護女性会会員
2017年9月　常磐大学大学院後期博士課程被害者学研究科単位取得満期退学
2018年4月　東洋英和女学院大学人間科学部　講師

研究歴

2006年　刑務所の過剰収容の研究
2010年　経済犯罪の研究
2013年　ストーカー犯罪の研究
2014年　女性に対する暴力の研究

女性に対する暴力——被害者学的視点から

2019年1月10日　初版第1刷発行

著者Ⓒ　秋 山 千 明

発行者　苧 野 圭 太
発行者　尚 学 社

〒113-0033　東京都文京区本郷1-25-7　電話(03)3818-8784　振替00100-8-69608
ISBN978-4-86031-156-8　C3032

印刷・ベクトル印刷／製本・三栄社